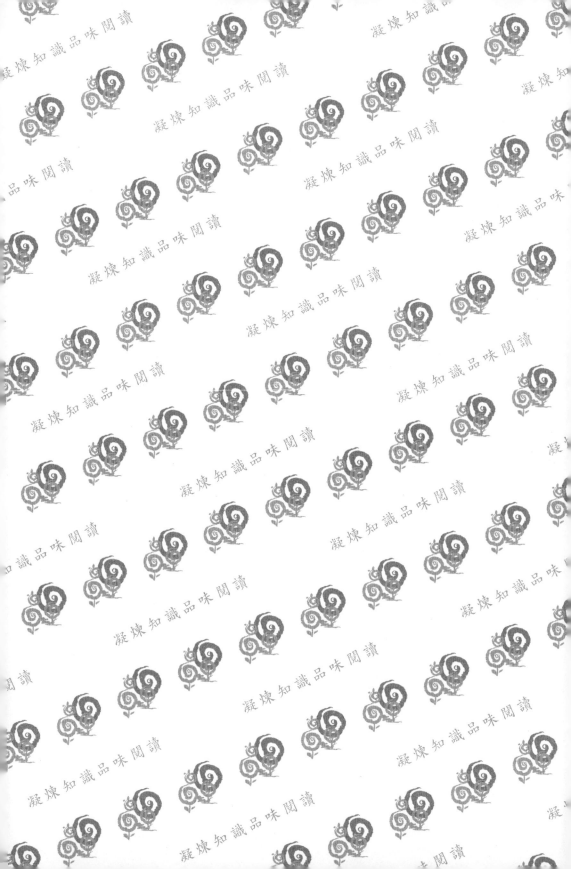

生命教育——
從自我到社群
Life education: from self to society

邱珍琬 著

五南圖書出版公司 印行

自序

　　決定要撰寫《生命教育》這一本書，經過許多掙扎，因為一本書的完成需要投注許多心力與時間，像是做許多的文獻的蒐羅與閱讀，加上還有字數的壓力，而我幾年前診斷出眼部患有不可逆的疾病，我也擔心萬一不能如期完成該怎麼辦？然而最近鄭捷北捷殺人、名記者與藝人相繼自殺事件，龔重安刺殺八歲女童案，以及報章大幅披露關於年輕一代網路族的關切議題（如無感、缺乏競爭力、缺乏目標），讓我重新去思考這本書的可能性。

　　我面對的一個重要困境是：到底應該從哪一個角度來寫生命教育？坊間已經有不少有關生命教育的教科書與書籍，多我寫的這一本又有什麼不同？即便坊間有許多的生命教育書籍，然而我在上此門課時，總覺得有些議題似乎應該出現、但是卻沒有在內容之中，這是主要撰寫此書的動機。「生命教育」不好上，而且包羅甚廣，也不是這本書可以涵括，但是我願意以自己上課的一些核心重點做投石問路，希望類似的課程可以更切實際、也更鮮活。生命教育是通識課程，許多老師都將其上得很鮮活、有趣，不僅讓學生可以獲得許多的資訊、開拓了視野，更可以在日常生活中履行，這才是生命教育的真正目標。在本書中我會將「生命教育」與「死亡教育」交替使用。

　　因為年歲增長，最近幾年去拜訪醫生的機會也不少，也去過全國首屈一指的教學醫院掛號，但是卻發現許多所謂的名醫其實只是看「病」不看人，對於病患關切的問題一概敷衍或是擺出專家姿態，認為多餘。名醫與名將一樣，都是「一將功成萬骨枯」，犧牲了許多病人的性命或痛苦才換

來今日的「名醫」之位，看看目前，可別忘了過去呀！我想到現在醫學院也已經有許多生命教育的課在進行，企圖培養出真正的「仁醫與人醫」，但是成效似乎不彰，因此我跟朋友開玩笑說：「某大學醫學院應該請我去上生命教育的課。」我相信一個人在社會上的名望與專業度越高，表示其所使用到的資源越多，他／她的成就絕不是自己的努力所造成，而是集合了許多人的協助與資源，才可以登上今日的位置。我擔任諮商師教育多年，一直很感謝一路走來的貴人相助，我之所以成為一個還不錯的諮商師，最大的老師與貴人就是我的當事人，因此我兢兢業業、永銘於心，希望可以藉由自己的努力，回報他們於萬一！

我寫教科書常常是情非得已，主要是發現市面上無適用書籍，或者是希望將書的內容變得淺顯易懂，所以這本書也希望朝著這個目標前進，儘量讓它不掉書袋、淺顯易讀，畢竟知識的傳播還是要有人願意去接觸、去讀，才有成效。本書雖然設定是以一般大學生為閱讀對象，但是全文中所引用的一些資料也會涉及準諮商師，這與我所熟悉的資料有關，另外也是期許諮商人（專業助人者）以及其他未來各行業的專業人士，可以在努力經營自己的專業同時，也關注生命的重要議題，活出充實亮麗的人生！

這本書的成形，主要是王俐文副總編的慷慨協助，我只寄給她一個課程大綱，她就仔細考量，與編輯同仁商議之後，協助這本書順利撰寫與出版。我合作過的出版社不少，五南自始至終給我極大的支持與發揮空間，而秉持著教育者與出版者對社會的責任，他們也甘願冒著「不賺錢」的危險，願意出版我寫的書，這份感激，我無時或忘。本書主要針對大學生，主要內涵乃就自我與周遭環境的覺察及省思來著手，本書的組織是從一句話開始，然後作主題論述，最後會加入「活動」的建議。

心理分析大師安娜‧佛洛伊德（Anna Freud）曾經說過：「生活中的人際關係以及每日所發生的事件，可以提供所有人生發展階段改變與學習

的機會。」（cited in Hurry, 1998, p.34）的確，這一句話可以呼應「人生全程其實就是用來學習的」這一句話。這一本「生命教育」不是用來說教，也儘量不用制式的教科書方式呈現，而是希望可以真正傳達生命教育的真諦與意涵。生命教育的撰寫當然也若生命一般，可以有不同的形式與樣貌。為了區分市面上不同主題或重心的「生命教育」書籍，本書會從個人角度延伸到社群，主要目的偏重於「反思」與生活「實踐」的部分。

目錄

第一章 為何需要生命教育課程

生命過程就是要體驗。不管是悲喜陰晴、喜怒哀樂，因為有體驗，才顯示其豐富與波折美麗。

楔子

2014年五月二十一日，台北捷運上發生了二十一歲大學生鄭捷的隨機殺人事件，造成四死二十二傷，鄭嫌被群眾與警察人員逮捕時，面無表情。意外事件之後，許多媒體追根究底，企圖想要為這個事件找到合理的解釋。到底是父母親在教養過程中發生了什麼事？鄭捷是不是沒有受到良好家庭教育？還是鄭嫌本身就有人格違常，卻一直被忽略？

對於受害者與其家屬親友來說，生命突然發生巨變，腦中出現許多的「為什麼」以及莫名的慌亂與不解，接下來，我們要怎樣繼續走下去？生者是需要答案的。

同年九月二十三日台大土木系與研究所畢業生張彥文，在清晨等候在要與他分手的女友林小姐住處附近，狂砍對方二十三刀，最後還以自殘方式、企圖讓他人誤以為他要殉情。後來張彥文供稱買水果刀殺女友，是模仿鄭捷。

民國一〇四年五月底，北投文化國小發生三十歲龔姓男子以刀刎頸八歲女童，導致女童傷重不治，該男子毫無悔意且供稱自己不敢自殺，所以犯罪以求解脫，後來到案後又以自己幻聽為藉口、希望可以減輕罪責。

生命教育所爲何事？

　　鄭捷、張彥文與龔姓男子事件，除了反映出新新一代對於生命意義的無方向感與無爲（包括鄭捷不知生命目標、張彥文認爲得不到的就要毀掉）之外，還看見人與人之間關係的難題（鄭捷的人際關係疏離、張彥文的「掌控感」與「自信」之間的關連），許多人因此而「過不去」。

　　北捷隨機殺人事件發生之後，有一回我搭台鐵回花蓮，我的座位就是面對門、靠走道的第一個。我一反常態的將背包放置在腳邊，以往我都是將其放在置物架上；後來我發現自己在返鄉全程中，都不能闔眼小憩，對於門口站立的人都懷著猜疑與恐懼。原來，北捷事件的後遺症一直存在，它也讓我們對於一向認爲平靜安全的生活起了懷疑。

　　我們每天的生活也會目睹或接觸到有關死亡的訊息，媒體上的披露最爲常見，不管是發生在本國或是世界的死亡事件，而每天接受這些訊息的我們，是否因此對於死亡變得淡漠、不關己？就像許多人接觸電腦遊戲裡的情節一樣，認爲可以「死而復活」，因此就不在乎、也不去留意，倘若這樣的情況變成常態，人類社會會變成怎麼一番模樣？Deeken（2001/2002）提及在現代教育中，「爲死亡做準備」已經刻不容緩，也更需要失落與悲傷教育，因爲失落經驗是生命中的必經，許多孩童早就失去至親，加上天然或人爲災害，要經歷的失落可能更多，二十多萬條生命因南亞海嘯，在一夕之間就此消失，有許多失蹤者至今仍未尋獲；2015年四月的尼泊爾大地震，已知有四千以上人口死亡就是一例。台灣的九二一大地震、八八風災也都讓全國人承受了許多的失落，不管是受災戶或新聞閱聽大眾，也都受到影響，我們當然也從這些經驗中慢慢學習如何因應。

　　每個人都只有一個生命，要如何創發其意義，實現自己此生之任務？這就是生命教育想要達成的目標。

　　本章針對死亡研究的濫觴與歷史、生命教育目標、擔任生命教育教師的條件、師長如何進行死亡教育，以及有關生命教育的研究等做簡要介紹與說明。

死亡研究的濫觴與歷史

　　孔子曾說「未知生焉知死」，儒家的主要理論是在討論人「如何生活」的在世生命，然而國外卻是從「死亡學」（Thanatology）開始。最早研究死亡相關議題的是醫學與心理學界。醫學從事的是生死攸關的工作，與死亡學關係最密切，加上從事醫療工作的人員常常與死亡遭遇，而死亡與心理學又特別有關係，包括情緒上與失落經驗、悲傷過程與復原。「死亡學」一詞是源自Elie Metchnikoff在1903年的著作「人類的本質」（The Nature of Man），他在書中以科學的精神及方式討論死亡學與老人學（張盈堃譯序，2007, p.11）。國內的「生命教育」名稱最早是從「生死學」（1993年）開始，然而礙於國人忌諱談死，因此做了幾次的更名，最後則是以「生命教育」定案。

　　Deeken（2001/2002）建議生命教育內容可以從文學、歷史、生物學、藝術、音樂、健康教育、倫理道德與宗教教育等入手，而且最好是各科做統整與連貫，才能將生命教育做到最好，這當然需要跨科教師的溝通、協調與合作。基本上死亡教育應該是跨學科或多元學科整合的內容取向，因此「協同教學」模式可能最符合需求（林綺雲，2004）。我國的生命教育內容與進行，也是百花齊放、多姿多采，這也說明了生命教育可從任何地方入手，只是較缺乏彼此間橫與縱的連貫與邏輯性，這是往後可以努力的目標。

表1-1　國內外死亡學的發展

國外	國內
• 美國行為科學家有感於多數美國人民無法正視死亡、平和善終，於是倡導「死亡覺醒運動」（death awareness movement），與英國的「臨終關懷運動」（hospice movement）互相呼應，展開死亡學的相關內容（如死亡教育、臨終照護、悲傷輔導等）。 • Lindeman（1944）將死亡現象焦點置於對人類失落與悲傷經驗之處理。 • 早期死亡教育強調實務與應用。 • Kúbler-Ross（1969）臨床觀察與研究發展出死亡階段論：否認、氣憤、討價還價、沮喪、接受，後來出現死亡相關課程與學術會議。 • Feifel（1959）出版《死亡的意義》一書帶動純學術取向的死亡教育、輔導與研究的發展，此書內容涵括主題甚廣，包括宗教、哲學、文學、科學、生物、藝術或歷史。 • 1960年代是最早有系統將死亡教育介紹到大學體系的時期（列入宗教或健康教育課程內）。 • 1990年代才有死亡相關之完整課程或學程。	• 傅偉勳出版《死亡的尊嚴與生命的尊嚴 —— 從臨終精神醫學到現代生死學》。「生死學」的說法在1993年問世，強調「生死一體」、「以愛貫穿生死」，是為台灣死亡學的濫觴。 • 台灣南華大學成立「生死學研究所」、台北護理學院成立「生死教育與輔導研究所」。 • 台灣「安寧服務」可溯及1970年代，軍方在台北近郊陸軍829醫院設置博愛樓，照顧軍中癌症臨終患者，然而與真正的安寧療護仍有差距。1990年馬偕醫院淡水院區成立安寧病房，同年成立安寧照顧基金會。

（整理自林綺雲，2004）

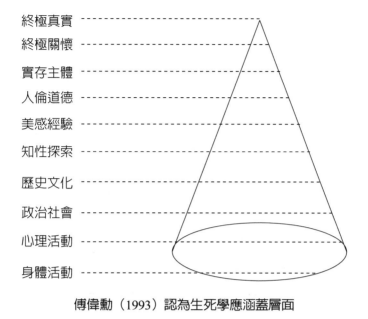

終極真實

終極關懷

實存主體

人倫道德

美感經驗

知性探索

歷史文化

政治社會

心理活動

身體活動

傅偉勳（1993）認為生死學應涵蓋層面

小辭典解說

　　臨終照顧的發展是從「重治療的醫療模式」（medical model）轉為「重照顧的全人關注模式」（holistic model）（包含「自主」、「尊重」、「生命素質」的價值觀與「非失敗」、「重溫暖」的態度及紓緩治療方法等）（張盈堃、林綺雲，2004a，p.35）。

生命教育目標與內容

一、生命教育目標

　　生命教育的目標應該有哪些？張盈堃（2004b, p.147）認為生命教育的目的「是使學生在受教過程中，不僅學習到知識技能，更重要的是因為有了生命教育的涵養後，知識技能可以成為社會的用處，而不是拿來

戕害社會的工具」。我們常說所謂教育的普及是爲了對社會有更大的貢獻，要不然知識與技能被誤用，反過來對國家社稷的危害更大！而傅偉勳（1993, p.245）認爲現代生死學目的是「設法早日培養具有日常實踐意義的生死智慧，藉以建立實存的本然性態度」。也就是要讓一般學子可以從生活中去體現與實踐生命意義，以死亡的迫切爲提醒，努力發揮自己所能，創造與完成自己想要的生命模樣與任務。

「生命教育」是一門跨學科（interdisciplinary）或是科技整合的學科，比較像是哲學，重視「反身而誠、躬行實踐」的人生學問。而「生死學」要探討三個問題爲：「人生前從哪裡來？」、「死後往哪裡去？」以及「人活在當下如何自我安頓？」（紐則誠、趙可式、胡文郁編著，2005, pp.3 & 23），一般的生命教育似乎較著重在現實世界的安身之道，也就是「入世」的觀點。

曾煥棠在《死亡教育與研究──批判的觀點》一書中的推薦序裡特別就書中內容言簡意賅地歸納出：

死亡教育的哲學層面是以探討生命與死亡的權利與價值爲核心，因此死亡教育工作者在教學的過程中要帶領學生進行討論與反省「人爲什麼存在？存在面臨哪些問題與挑戰？如何解決？」「死亡既是每個人所不可以避免，如何面對？」的這個基本議題。死亡教育的心理學層面乃是以探討不同生命階段的死亡認知與態度爲核心，從而要死亡教育工作者在教學過程中要帶領學生進行討論與反省「要如何去因應與處理面對死亡或瀕死的議題時產生的各種態度與反應」。死亡教育的社會學層面是以「社會調查資料呈現了哪些的社會意含」和「從那些社會意含中探討死亡教育的社會責任」是以什麼做爲核心，從而要死亡教育工作者在教學的過程中要帶領學生進行討論與反省「死亡對社會的衝擊有哪些？」或像是「死後有來生」類似議題是受到哪些文化價觀的影響，其影響又如何等。最後在應用

的層面上，他建議死亡教育工作者在教學過程中帶領學生從「人性關懷」來思考臨終或終極關懷的本質是什麼（pp.7-8）。

從上觀之，也就是要有資訊分享、價值澄清與因應行爲等面向（Knott, 1979，引自鄧運林，2001, p.287）。鄧運林（2001, p.282）在瀏覽眾多研究之後，定義死亡教育的目標在於：「透過正式及非正式教學在教導死亡、瀕死與生命歷程相關的各項課題，進而探索生命的價值與意義，提升生命的品質。」生命教育在目前紛亂又高科技的時代更爲需要，有不少學者研究發現：選修過「死亡學」的學生對死亡有較正面的看法（Kastenbaum, 1992/2005, p.166），而從終身學習的角度來看，生命教育對成人的意義是「學習對生命意義的重新認識與追求」（羅寶鳳，2001，p.111）。

二、生命教育內容

傅偉勳（1993）將生死學分成「學問的生命」與「生命的學問」兩類，前者指的是客觀的學術探討或理論建構，後者則是我們主體性的生命體驗與探索，是實踐層面的生死智慧（張盈堃、林綺雲，2004b, p.92）。林綺雲（2004）認爲死亡教育的教育目標應是：「批判性地指向死亡禁忌的內涵及其對社會或學習者的影響，並探討打破禁忌或重建死亡規範的可能性或出路。」（p.7）因此若是針對受教者而言，死亡教育的課程設計要能：（一）引發個體省思自身生命的有限性與其意義；（二）觸發其對死亡害怕或接受的眞正感受；（三）能面對死亡帶來的悲傷；（四）能緬懷死者且能與生者共處（林綺雲，2004, p.10）。學者Corr（2003, p.50）提到死亡教育需要涵蓋認知、情緒、行爲與價值系統四個面向，而所謂的價值系統就是死亡在生命中的角色──協助我們去認可、說出、與確定那些掌控我們生命的基本價值。

那麼，「生命教育」的內涵應該要包括哪些內容呢？Alfons Deeken
（2001/2002）提出有：如何正視死亡、停止對死亡的忌諱、防止自殺、
臨終照顧與器官捐贈議題、如何使用幽默來面對生命與死亡以及悲傷教
育。Deeken（2001/2002）認為死亡教育是希望可以培養孩子愛人與體貼
的心及行動，因此即便是交通安全教育、防治霸凌等也都是生命教育可以
發揮之處，讓孩子會珍惜自己與他人的生命。換句話說，只要是生命中或
生活中任何可以引發關切的議題都可以討論，因為都與生命教育有關。

Leviton（1977, cited in Warren, 1998/2007, p.4）認為廣義的死亡教育包
含有三個層面：初級預防（為個人和社會的後續事件與結果做準備）、教
育介入（幫助個人面對死亡的各種方法）、與事後處理或重建（了解與死
亡有關的危機並從經驗中學習）。

知識必須在每個人自己個別的脈絡中被體驗（張盈堃，2004,
p.71），因此在教授生死學教育時強調體驗是很重要的，讓學生可以將其
體驗轉化成知識。因此最好的生命教育應該是有理論哲學的探討，加上身
體力行的實務及經驗，兩者相輔相成，才可以發揮最大的成效。

擔任生命教育教師的條件

教育部近年來也致力於生命教育種子教師培育，儘管沒有特別科系
培育生命教育師資，但是需要有什麼資格或條件的人適合擔任生命教育的
課程？當然若有較豐富的生命經驗、或是對生命議題有較深洞察者，加上
有效、創意的教育策略與教學方法，秉持開放、悅納的態度，是教授生命
教育所必備。學者張盈堃、林綺雲（2001）認為死亡教育的教師應該要有
「負顯化」（negative epiphany）與「揭穿性視覺」（the debunking angle
of vision）的任務。就是強調揭露現象的反面，而不是想當然爾地接受現
象或知識，並引發學生對其生活世界的死亡經驗存疑並深入探討，也了解

生活世界背後的社會文化意涵（引自林綺雲，2004, pp.15-16）。原本生命教育的主要目的也是引發學生思考、做有效的自我覺察，並願意採取行動讓自己的生活豐實、達成想要的目標，因此不是單向授課可以完成的任務，而是需要彼此互動、激發思考，也願意深入探索未知，才會減輕懼怕與無名的憂慮。

　　生命教育的進行方式有很多，不少教師也發揮了很好的創意，當然針對不同對象，也可以加入許多體驗與探索的元素，最常見的課堂活動應該是討論與分享。生命教育的進行可以用問題解決（找問題並尋找解決之方）、體驗學習（以行動去體驗或是聆聽相關經驗者的故事）以及與社區結合（到社區去服務）的方式進行（Deeken, 2001/2002, p.110）。在教育現場的教師應該是「建構具有對話、批判與討論意涵的生死學教室」（張盈堃，2004b, p.131）。

　　師生互動不足，加上教師自我反省不夠，是目前生命教育討論中需要加強的部分。教師的角色是「知識的創造者、價值的建構者、政治上的行動者、社會結構的轉化者」（張盈堃，2004b, p.140），因此教師除教學之外，還「需要透過自省與批判觀察，去發現更多文化脈絡中的死亡問題與共同轉化的可能性」（張盈堃，2004b, p.132）。教師若能結合社區資源（如老人社區、生命禮儀社、醫院或安寧病房等），納入課程中，必然會帶給學生許多不一樣的刺激與思考。多年前一位高雄市少年隊長，就曾經帶領一批飆車族青少年去探訪植物人安養中心，這也是創意的活動之一例，同時也說明了生命教育的進行是可以結合不同資源與師資的「跨領域」學習。

　　Seibert, Drolet與Fetro（2003）特別提到教師本身需要先檢視自己對於死亡的態度，包括自己對於死後與葬禮儀式的信念為何？有過的失落與死亡經驗對自身的影響與感受為何？自身文化對於死亡的態度與處理又如何

等等。國內學者蘇完女（1991）亦提醒教師要敏感覺察課堂上所引發的學生的情緒，而教師本身對於死亡與瀕死的態度及情緒也會影響學生（引自林家妃、侯小龍、高梅桂、林碧華，2001，p.177）。

傅偉勳（1993, pp.240-241）特別提到具有現代生死學訓練的人，必須要：兼具有純一簡易的生死信念與多元開放的現代胸襟。因為信念純一無雜，才有堅定不移的終極目標，真誠面對與承擔生命之苦難與任務；因為簡易可行，才可以體認生命意義、接受挑戰；多元開放是指可以接受其他不同生死信念的存在。我認為擔任生命教育的師資應該也是實踐者，因為只有自己願意去履行、體會與反思，學生才因而受惠。

一、生命教育的實施與教學技術

目前市面上有不少有關生命教育課程進行的方案與書籍可供參考，教師亦可以依據任教學校學生的需求與脈絡、配合當下大環境發生的時事，做適當的課程設計與規畫，倘若有教學小組可以共同商議與研討，相信在課程整合與資源的運用上會更得心應手，同時讓學生獲益良多。

教學技術方面可以採行：內省法、角色扮演、團體討論、小組討論、辯論、創作、冥想、影片與討論、閱讀討論、心得報告、檢核表、參觀訪談或田野調查、實驗性活動、隱喻法、故事等（吳秀碧等人，2006）不一而足，這同時也提醒了教師的創意與彈性也是很重要的。

表1-2 **吳秀碧等人（2006）針對生命教育的實施做了以下的說明**

實施原則	說明
掌握不同發展階段應有的發展重點	依據學生認知發展與生命經驗不同而有不同焦點。
掌握不同階段生命態度與學習內容	兒童期以感情之態度陶冶、青少年期以認知情感的態度學習、成年以理性與批判態度為主。
掌握不同階段生命價值觀學習方法	兒童期以社會傳承的基本價值觀、青少年以價值澄清、成年則以批判反省為主。
生命教育的核心主軸在自我的發展	協助兒童發展正向自我觀念、青少年成功自我認同與成年的自我實現。
教學主題選擇必須考慮不同年齡階段發展迫切需要	同樣的主題可能有不同的重點，以生殖為例，兒童期著重在生命來源、家庭角色與意義，青少年則是了解生殖責任，成人階段可以從個人、倫理、哲學、社會、文化等不同面向來探討。
教學主題也必須考慮不同年齡層生活所需	捐贈器官或預立遺囑等議題可能要延後到青少年之後才有意義。
生命教育的課程為有系統、有組織的課程	重在有系統與邏輯、配合發展階段與任務，做各科橫的聯繫與縱的延續。
尊重學生個人的獨特經驗與情感	著重與尊重個人經驗，才能產生意義與價值感。
接納不同的價值觀	發展學生對價值觀的思考、選擇與決定的能力。
啓發重於灌輸	意義與思考的產生是很個人的，以討論、啓發來作分享與刺激思考。

二、師長如何進行死亡教育

　　有父母親認爲孩子還不了解死亡是怎麼一回事，或是認爲讓孩子知道死亡是很不人道、殘忍的事實，甚至是因爲擔心孩子與死者平日關係篤厚，怕孩子承受不了壓力或是做惡夢，於是會將死亡的事實掩飾或加以文飾，但是孩子很聰明、自然會發現到這些不尋常的現象、他們的害怕與焦慮會更深，但是因爲忌於父母親的態度，可能得到（或「內化」）的訊息是：死亡是不能說不能談的，甚至是很可怕的。更有些父母常常有一些鬼神之說，讓孩子心生懼怕！當然一般人諱言「死」，街坊鄰居有人辦喪事，父母親的做法也是繞道而行、不敢靠近，當然也會囑咐孩子這麼做，孩子沒有聽到父母的解釋、自己會解釋給自己聽，而這樣的結果就無形中讓孩子對於死亡的面貌產生了不眞確的想法，也會將死亡陰影帶到往後的生活中，甚至可能留給他的下一代。通常是因爲成人懼怕死亡，因此才用了許多方式與機制來教育孩子，因此也教會了孩子對死亡的恐懼與禁忌；害怕死亡其實也是家庭教育與社會教育中，成人教導給孩子的觀念。

　　教孩子面對死亡眞的不容易，除了平常不要刻意避諱失去或是死亡的議題（但是也不是故意加強或誇大），態度要鎭靜平穩之外，Goldman（2000b, p.54）提到幾點家長可以協助孩子面對哀傷與參與喪禮：

（一）告訴孩子有關死者死亡的事實；

（二）分享你的悲傷；

（三）容許孩子表達他的悲傷、或以其他圖畫故事方式表示；

（四）描述給孩子知道喪禮上會發生什麼事；

（五）邀請孩子一起參加喪禮，但不必勉強；

（六）告訴孩子如果參加喪禮可以說關於死者特別的故事、可以獻出自己的作品、或是參加讚美詩的行列，但不強迫孩子參加；

（七）告訴孩子有哪些他認識的人也會出現在喪禮上；

（八）如果孩子覺得不舒服、就要隨時準備帶他離開；

（九）告訴孩子參加喪禮的人可能會悲傷、會哭，這是可以接受的，如果
　　　有人或他自己沒有感到悲傷或想哭也沒有關係；

（十）與孩子一起閱讀或是唸給孩子聽一些哀悼或失落相關的讀物；

（十一）鼓勵孩子問問題。

　　Deeken（2001/2002）提到現代家長很少有機會與孩子自然地談論死亡，他建議不要錯失孩子對死亡感興趣的機會教育，而且建議成人應該要誠實以對、不要文飾或隱藏，要不然可能會讓孩子更視死亡為禁忌、不可談論的焦慮與害怕，也會對成人失去信任與親密感。與孩子談論死亡要注意誠實、語言表達清楚以及緩和孩子的不安，不要以敷衍的態度應對。通常孩子對死亡抱持的疑問有三（Deeken, 2001/2002, p.90）：

（一）死是什麼？

（二）為什麼人會死？

（三）人死了以後會怎樣？

　　師長在進行死亡教育時，應注意以下幾點：

（一）父母親與師長不要避諱死亡的議題，而且可以進行機會教育
　　　（Strickland & DeSpelder, 2003）。例如孩子發現死蟑螂，也許會
　　　有一場騷動，師長不必驚慌，也許可以與孩子一起為蟑螂舉行葬
　　　禮，每個人分配一些工作（像擔任寫祝詞的、找埋葬處所的、掩
　　　埋屍體的、準備鮮花或其他祭祀品的等等），從頭到尾參與，這就
　　　不是逃避的做法，相對地也會讓孩子「正視」死亡的問題，而葬禮
　　　的一些儀式化行為，是可以安撫人或協助當事人渡過悲傷過程很重
　　　要的步驟。平常生活中若是碰到鄰近人家在辦理喪事，也不需要刻
　　　意避開、或是做一些掩飾的舉動（像是有人在經過喪家時會口唸
　　　「南無阿彌陀佛」），只要師長沒有懼怕的表現，孩子與學生也就
　　　不會模仿學習。

（二）與孩子直接談論死亡。師長本身因為害怕、會避免提起這樣的議題，但是這樣要如何來滿足孩子的好奇心呢？孩子可能因為師長的態度、而自動接收了「懼怕」的訊息，也會開始逃避。「死亡應該要用清楚、誠實的方式來談」（Rofes, 1985,洪瑜堅譯, 1997, p.24），如果師長可以坦誠以對，孩子也不會因此而覺得談論死亡是忌諱、或是恐怖的事。

（三）不必刻意美化死亡。雖然師長有宗教信仰，甚至會談到死後的世界，這些都可以跟孩子談論，但是如果是刻意讓死亡變得很不實際（一般人會說「出遠門」、「掛了」或其他代用詞），其實不必要，因為「美化」可能就是迴避死亡的一種表現。

（四）對於突發性或是意外死亡的處理。如果周遭的親友或認識的人發生意外、突然死亡，開放與明確的與瀕死的人溝通，道出自己對此人的感受、對自己的期許、甚至協助未竟事業的完成，讓孩子參與葬禮、做一個「結束」動作等，都是積極與正面的做法。

（五）了解孩子對於死亡的看法，以及伴隨而來的情緒，做同理的傾聽之外，必要時也釐清一些疑點與迷思。孩子由於生命經驗有限，對於問題的處理也會受到既有經驗與認知發展的限制，有些孩子會認為「自己造成了某人的死亡」，比如說是不是自己不乖、沒有聽話、或是之前曾經有過的不良行為「造成」親人死亡，就相信自己應該「負起責任」，所以會有自責、甚至傷害自己的情況發生，這一點家長也要加以釐清、安慰。由於孩子不擅於表達情緒，尤其是哀傷的情緒，不知道如何以語言表現，因此他們極可能會以行為的方式呈現（例如暴力破壞、退縮、安靜，甚至讓父母覺得不可理喻），師長的敏銳覺察可以幫助孩子度過這段難過時間。

（六）溝通對於生命過程與尊重生命的理念，與孩子交換意見、也在日常

生活中履行。如果剛好碰到一些生活事件可以做機會教育，比如說小貓過世、或者孩子發現樹葉枯了、春天來了等等。

（七）如果孩子常常談死、做惡夢、或是對於死亡有一些執迷，需要特別去深入了解。現在許多資訊流通，孩子常常在同儕的影響下交換一些錯誤資訊、或是鬼神之說，如果本身又缺乏適當的判斷力，可能就會大受影響；師長必要時可以請專家協助。

（八）不要刻意去隱諱死亡、或是讓死亡的面貌變得可怕猙獰，孩子可能因此會更擔心害怕，尤其忌諱以死亡來恐嚇孩子。孩子的行為表現可能會與我們告訴他們的不一致，是可以理解的，因此很重要的是去證實他們的思考是什麼（Strickland & DeSpelder, 2003）。

（九）孩子會擔心父母親或是自己的死亡，開放溝通還是最好的方法，詢問她／他擔心或害怕的是什麼、有沒有補救或解決途徑？甚或只是釐清一些迷思。

（十）可以從日常生活、媒體新聞或電影、文學與文化（與宗教）的角度來探討死亡。一次一小步的方式是最恰當的。現在網路世代的孩子，使用電腦與擬人化的遊戲已經是稀鬆平常，但是也因此可能會混淆虛擬與現實世界的死亡，像有青少年將網路遊戲帶到現實世界，以為殺人不會死亡，卻鑄成大錯！

（十一）從孩子日常的生活經驗來教導他們生活技巧，包括如何因應死亡與失落經驗。

（十二）要知道與分享孩子的感受；避免因為忽視孩子對於死亡的興趣而造成無意或潛在性的傷害；要培養孩子處理生命最辛苦的面向、提升其正向情緒發展（Seibert et al., 2003, p.4）。

（十三）藉由不同的文學作品來讓孩子認識死亡，讓他們有替代性經驗（Wass, 2003）。

教師與家長都是生命教育的重要推手，而進行生命教育的重點有

- 正視孩童提問的問題，並以兒童可以了解的語言與知識做回應。
- 了解社會文化、宗教與靈性對於死亡的禁忌、相關儀式與其意義。
- 深入了解媒體與新聞的真正議題，釐清可能的迷思與疑惑。
- 從日常生活著手，以正向、自然的態度做說明。
- 了解孩童生活中的科技與電腦特性，釐清虛擬世界與現實的差距。
- 教導孩童事實、分享感受與信念，教導因應方式及策略（包括參與儀式及活動、分享記憶），避免批判。
- 生命教育不可單科或單獨為之，必須是各科的整合教育方式，才能竟其功！即便是數學，也可以是整合教育的一部分，端賴教育者如何進行而已！
- 結合學生發展過程，也進行發展性的生命教育，上課時也要以前瞻性的、主動性的教學方法為佳，這樣可以減少壓力與情緒張力。

（引自 Wass, 2003）

有關生命教育的研究

　　張盈堃（2004a）認為生命教育不應該只是以量化方式呈現，畢竟沒有任何人可以定義所謂「健康」的死亡態度，也因為如此，生命或死亡教育應該是可以有不同解讀與批判的文本，他認為可以從基進的角度出發，藉由課堂上師生的互動，著重在學生經驗的表達與分享，也去探討社會文化對於死亡的禁忌與文化脈絡的深層意涵，而不是停留在表象的討論或背書。正因為如此，生命教育不應侷限於課程設計與教材教法，而是擴及到日常生活面向，所以生命教育應該是師生平權的生命經驗對話。因此，如何看待死亡教育與其社會脈絡、行動者信念與社會結構之間的關係，然後挖掘其深層意義，是研究者的重點（張盈堃，2004a, p.65）。

　　Kastenbaum（1992/2005, p.70）認為心理學家所研究的死亡其實只是「對死亡的反應」，認為死亡是引發不安與焦慮的刺激物，卻不是研

究死亡迫切的議題。有關死亡研究最著名的就是運用「死亡焦慮量表」
（Death Anxiety Scale, DAS），但是結果呈現不一致，雖然女性的死亡焦
慮普遍高於男性，但是在年齡上（老年人沒有較高的死亡焦慮）卻沒有區
別，畢竟焦慮不是「一個堅固且獨特的存在物」，也沒有純粹獨特的心理
功能和心理實體來對應（Kastenbaum, 1992/2005, p.145），因此量表的設
計是否可以測得實際欲了解的情況，可能還有待商權，當然死亡焦慮與個
人之生活經驗或文化也有密切關係，他建議使用實驗性或多層面的研究，
可以更了解死亡焦慮在人類生活中所扮演的角色。

　　許多關於死亡的研究以「自陳量表」居多，也有以擬人化（想像死神
的模樣）的方式做研究的（Kastenbaum, 1992/2005, p.164），目前有一些
是質性研究，例如訪問瀕死經驗的人或是癌末患者（如余德慧，2006），
或許可以從個別體驗的經驗中一窺死亡與生命關係之堂奧。

　　既然生命教育關乎生與死，那麼有關生命教育的研究，應不只限於
死亡相關議題而已，而是能夠貫穿生與死的議題皆可以，凡是關係生命意
義、存在、勵志人生故事等等，也都可以是研究關切的主題。加上生命教
育是跨越領域的科學，那麼就更不需局限於單一領域或學門的合作。

小辭典解說

　　我國學界使用「生死學」一詞，主要原因是傅偉勳（1993）認為
國外死亡學關心的主題環繞在安寧療護、死亡相關現象，缺乏生命的
向度，因此主張結合宗教臨終關懷與臨終精神醫學研究，強調生死一
體，以開展死亡學的生命向度，促成「生死學」一詞的誕生（張盈
堃、林綺雲，2004b, p.92）。

家庭作業

一、鄭捷事件之後，讓你想到什麼？對你／妳的生命有衝擊嗎？

二、對你來說，生命教育的內容可以包括哪些內容？

第二章 死亡與生命的關係

生命因爲死亡而展現其短暫與重要性。因爲生命有終點，因此可以學習與成長，也因爲生命有限，我們才可以在這個限制下去努力自己的生命姿態與光彩，許多事物也因此有了優先次序。

楔子

有一位大一新生來到諮商室，她敘及自己的幸運：有好父母很愛她、有很好的朋友，現在又考上自己喜歡的科系，接著她說：「我覺得現在可以死了！」一般說來，在諮商室不太容易聽到這麼「好」的消息，果然她說的第四句話就是她來求助的原因，她認爲人生應該就在「最高點時畫下休止符」。我問她：「妳還有哪些事情沒有嘗試過？」她想一想說：「很多耶！」接著我們就花了許多時間討論她未曾體驗或做過的事，然後列出三項她最想嘗試的。第二週，她說現在自己已經開始打工，還想要去旅遊，因此沒空來繼續做諮商。

一位大四即將畢業的女同學，對於未來感到很茫然，雖然她沒有自殺意念，但是想到未來還要找工作就覺得很辛苦：「還要找工作，可是又不一定找得到，而且聽說會很辛苦。」我告訴她：「許多事情在還沒有嘗試之前都會覺得難，但是只要開始，其實就變得很容易了！」

相反地，有一位中年水果攤商，告訴我因爲歷經了一場生死交關的重病之後，她發現許多事情都不必再計較了，活得更爲坦然與自在。她說：「以前我對很多事情都不滿意，嫌東嫌西，也不知道爲什麼這件事情過後，每一天都想要把它過好。」

對於死亡的避諱與不安

第一個實例，說明了許多人的迷思：在還沒有真正體驗生命之前，就想要做一個「精彩結束」，也許是害怕未知與受苦；第二的實例也說明了，許多人在面臨死亡將近時，生命才會出現優先次序，然而在沒有與死亡交手的其他時間裡，卻為許多生活瑣事在斤斤計較。如果死亡逼近，才會讓我們思考事情的優先次序，有時候嫌太遲了。因為沒有人知道自己何時會死，因此將每一天都當成是最後一天來過，許多重要事件的優先次序就容易展現了。

存在哲學家海德格說：生命是「朝向死亡的存有」，心理學家楊格（Carl Jung）認為，死亡應該不是單純事件，而是人生目標之一。正確的說法應該是「死亡是生命的一部分，不可分割」（生死一體）。事實上，我們看生命過程的發展就是從出生到死亡，因此死亡也是發展的一部分。

我們從出生開始就逐步接近死亡，但是沒有人可以預知自己的死期，而每個人的時間架構也是「未來式」（認為總是還有明天），所以也不願意花時間在思索死亡上面。或許藉由這種否認的方式，才可以減少焦慮，讓每一天的生活免於死亡之逼迫，然而這樣子就可以毫無罣礙、真誠過生活嗎？

我們害怕談死，對死亡有許多的忌諱，包括人過世了，不太會說「死了」，而是以其他的詞語替代，像是「往生」、「到另外一個世界」、「上天堂」、「蒙主寵召」等。倘若經過有人家辦喪禮，可能就繞道走過去，或是經過時唸一句「南無阿彌陀佛」等（這也是精神分析學派所謂的「防衛機制」的一種，用來因應焦慮，叫做「解除」undoing）。家長們碰到家中有人過世，通常不想讓幼小的孩子知悉或參與，這其實是成人本身也害怕死亡的一種展現，成人也藉由此傳承給下一代對於死亡的畏懼與

害怕（也是個體「社會化」的過程）。

　　東西方文化都將死亡視爲一種禁忌，這種禁忌是一種「民俗知識」的建構過程，使得死亡禁忌成爲一種事實，也因此「死亡社會學」是一種社會現象學（或稱「文化心理學」）取向，需要進一步去描述社會共同分享的價值觀與社會規範如何建構社會實體的過程（張盈堃、林綺雲，2004a，pp.42-43）。然而很嘲諷的是，儘管我們諱言死，卻在日常生活中常常將「死」掛在口中，像是：「熱死了！」「味道臭死人了！」「害我等得要死！」「這麼高的房租，不是要我死嗎？」「那個人眞狠，把人往死裡打！」，「死」似乎是用來當作形容詞，描述極致或讓人不堪的情況。

　　一般人對於死亡的恐懼與不安主要是因爲（Deeken, 2001/2002, pp.13-16）：

（一）對（心理、肉體、社會、靈性或精神）苦痛的恐懼。對將死的人而言，即將與所愛的人永別、失去所有一切，會有強烈的心理與社會（關係與歸屬）痛苦，痛苦會讓人去思考人生的意義在哪裡？倘若還有因爲生病而伴隨著身體上的苦痛，就會希望可以去除這些痛苦。我們所謂的「好死」就是沒有這些苦痛。

（二）對孤獨的恐懼。害怕被大家捨棄，獨自去面對死亡。

（三）對不愉快體驗的恐懼——失去尊嚴的恐懼。即便是將死的人，也希望被當成一個「人」來看待，可以有尊嚴地死亡。現在醫學科技進步，不再以延長壽命爲目標，而是以「善終」爲目標，所謂的「善終」就是有尊嚴地死。

（四）造成家人或社會負擔的恐懼。臨終的人會希望他人對他／她的「蓋棺論定」是好的、對社會有貢獻的，即便是癌症末期病患也會希望自己的抗病經驗或人生歷練可以作爲借鏡、對他人有益。

（五）對未知的不安與恐懼。死是不能預習或練習的，而且每個人都只能
　　　死一次，對於死亡之後的未知是害怕的。宗教信仰提供了死後世界
　　　的藍圖（或是死後的去處），給予人許多的安慰與安全感。

（六）對人生的不安與對死的不安。年輕時對於生（未來不確定）的不
　　　安，以及年老時對死（後）的不安情緒是糾結複雜的。

（七）對於人生就這樣不完美地結束而不安。倘若自己有許多夢想尚未實
　　　現，或是反思自己過去的生活有許多的不足或遺憾，有未了心願的
　　　遺憾與恐懼、對人生過程的悔恨、來不及補救的恐懼，常常就會有
　　　這樣的不安，這也是一般老年人在生命晚期回顧自己一生時的重要
　　　課題。

（八）自己即將消失的不安。認為死就是一切的結束，而自己努力在生命
　　　過程中塑造的「自己」也即將殞滅的不安。

（九）對死後的審判與懲罰的不安。許多宗教都會提醒人在生時要努力行
　　　善，因為死後會受到審判。

　　此外，還有對於失落與分離的恐懼，對於死亡形貌與過程的恐懼（鈕
則誠等，2005），以及對於喪失生命意義或價值的內心恐懼（傅偉勳，
1993, p.233）。然而，不談死或避諱死，並不表示死亡不存在。

生命教育從認識死亡開始

一、死亡的積極意義

　　心理學家Yalom（1980, p.30）說得好：「肉體的死亡毀滅了我們，但
死亡的觀念卻拯救了我們。」正因為人皆有死，所以「不存在」與生命的
「有限性」，雖然讓我們焦慮，但同時也讓我們知道努力與珍惜，努力於
創造自己獨特的生命意義，珍惜生命所給予的禮物與重要他人的相聚，因
此死亡有其積極意義。法國哲學家Foucault也說：「生命的知識只能藉由

死亡之鏡對自身進行觀察，於是生命的幽闇消解於死亡的清明之中。」
（引自張盈堃，2004a, p.83），與Yalom的說法相呼應。心靈大師Eckhart
Tolle（2003/2016, p.166）說得好：「否認死亡的文化變得膚淺，只關切外
在形式的事物。一旦否認死亡，生命就失去深度。」

　　存在心理學家（「意義治療」的創始者）Frankl（1986）就認為死
亡讓生命有了積極意義，而生命意義可以從創造（藝術、服務、培育人
才）、經驗（體會生命的真善美，給生命不同的意義）與對生命中的有限
選擇因應的態度（在生命過程中可以有不同的領悟與參透，甚至受苦也有
其意義——知道保護自己的生命、經歷不同感情知覺、會去思考生命給我
們的考驗與學習機會）來獲得。另一存在諮商大師May（1981）也指出人
們對於「生命有限」的覺察，讓其生命力與創意更能發揮（引自金樹人，
1998），當死亡已經是迫在眉睫了（或是體會死亡的必然），就不會將心
思與體力浪費在細枝末節上，而會比較有方向、願意承諾、全力以赴！

　　倘若沒有「死亡意識」，生命就是一種「淺薄的、鬆散的，甚至儒
弱的存在」（Warren, 1998/2007, p.17），就如同我們說一個生病的人若無
病識感，就不會積極去尋求醫療的協助一樣。海德格認為死亡意識是人創
造其「個體性」（individuality）（因為需要獨自面對、無人可以取代）
的重要因素，而死亡意識也提供了個人生命的完整性（totality）或「全人
性」（wholeness）的結果（Warren, 1998/2007, p.18）。講「存在」似乎太
抽象，但是海德格說，我們將存在分散或分割在許多特定的存在之中，像
是參與某個事件、生產物品，了解、實現與探問等等（Warren, 1998/2007,
pp.18-19），也就是人從不同的作為中去展現人的生存與存有。

　　Yalom（1980, p.35）對於臨終病人瀕死經驗的研究，發現病人將死亡
視為「危險的轉機」，而因此有許多個人的成長，包括：重新安排生命中
的優先次序，不再去理會一些細枝末節、不重要的事，生活變得有重心、

精采；解放的感覺，可以選自己想要做的事做，不需要去迎合他人、做一些自己不想做的事；強烈感受到「活在當下」；很能感激與欣賞生命中所發生的事件；可以與親密的人做深度溝通，也不需要虛應故事、流於膚淺；比較不會害怕人與人的關係，也比較不怕被拒絕、願意去冒險嘗試。認可了死之必然，因此較清楚生命的優先次序，不會浪費、也會努力，同時會珍惜所經歷的一切，真誠去體會生命滋味。

二、死亡教育的正向目的

死亡教育的實施是希望協助學生能夠：（一）獲得死亡與瀕死有關的概念或理論的資訊分享；（二）鼓勵與協助學生檢視人的價值觀；以及（三）發展對死亡或瀕死的態度（張盈堃，2004a, p.93）。實施生死教育的必要性主要是：關切個人之前未能解決的事務，關切個人目前正在遭遇到有關重要他人的生死事件，相關醫護或協助人員的工作需要，以及希望可以更為有效地因應他人或是自己的死亡與哀傷，甚至發展自己滿意的生命哲學（Kalish, 1985, p.297）。也就是生死教育主要是希望「利生」，不僅可以協助個人認清死亡的事實與面貌，知道可以做的因應方式與調適，也希望可以經由自我檢視與體驗，更知道珍惜與創發生命，活出自己想要的人生！而生命教育（包括死亡教育）是不一定要靠學校系統來施行的，家庭就是最佳的施教環境與場所，社會環境與文化也不能豁免。

然而，死亡卻在社會中缺席，主要是因為大家將死亡視為隱私事件，因此只讓相關人物在自家或醫院等處所隱密地進行相關死亡事宜及儀式，卻也因此添加了緊張與威脅性（Mellor, 1993, p.21）。在我們台灣的郊區或鄉下地方，家中有人死亡，還是會在住家或住家附近舉行葬禮，只是目前許多的喪禮會選擇在醫院或葬儀社舉辦，少了可見性。死亡潛在的無方向或目的（anomic），觸及到人們自我認同的最深處（Mellor, 1993, p.14），這也許是焦慮的來源之一。想想看我們花了一輩子的時間在認

識、了解與定義自己，死亡卻將這一切都剝奪，「自我」即將消失！

　　我們國內的許多生命教育課程，都是從「死」開始，明白提醒也告訴我們「生命是有終點的」，而事實是我們從出生之日起就開始步向死亡，因爲有「死」，生命的意義才凸顯（Kierkegaard, 1843, cited in Marrone, 1997），也有相關研究指出：對於會看到「還剩下的時間」（time remaining）的人對生命持比較正向的態度，而只回味過去的人對於死亡會比較害怕與焦慮（Keith, 1981-82, Pollak, 1979-80, cited in Marrone, 1997）。存在心理學家Yalom（1980）說的好：「學著好活就是學著好死，反過來說，學著好死就是學著好活」（p.30），可以爲存在主義下個最佳註腳。

　　雖然在教育內容中的生命教育不一定要硬生生自死亡開始，但是師長不避諱死亡的必然，而以學習、了解、珍惜的角度來看，給予孩子正面的生命意義就是非常珍貴的。生命過程裡，我們有獲得、也同時有失去，「得」的另一面是「失」、「失」的另一面是「得」，師長對於死亡的態度，對孩子影響深遠，不可不愼歟。許多學生在公開談論過死亡與相關議題之後，不僅揭開了死亡的神祕面紗、較無困惑，也減少了對死亡的焦慮，學會更懂得珍惜（邱珍琬，2006）。

三、媒體加深民眾對死亡的無感

　　「死亡」在東西方社會都是禁忌的話題，但是卻是目前教育中很需要添加的一環。目前許多的社會現象，都經由媒體與網路的大量披露，許多的生命現實都難逃過孩子的眼光，嗑藥、飆車、縱火、自殺或謀殺、車禍與其他天然災害等等，許多兇殘畫面或是消息的湧現，死亡變成一些沒有意義的數據、甚至是家常便飯，不僅容易麻痺觀眾，也間接透露了生命的脆弱、不可預期，甚至不必珍惜。媒體將死亡「去個人化」（depersonalized），通常是以暴力方式呈現，的確令人憂心（Strickland &

DeSpelder, 2003）！最近恐怖組織ISIS對巴黎的攻擊，也讓許多國家重新思索與恐怖組織對抗的新方式，然而是不是這則新聞過一陣子之後，我們又忘了？

許多的電腦遊戲與手機遊戲，也充斥著暴力與忽視死亡（可以再生或重生）的元素，這也可能有「反教育」的效果，讓一般人（尤其是涉世未深的學生）以為死亡是可以避免或是不存在的。這樣的「反教育」不僅讓未成年學生對於死亡有錯誤的誤解，不知應該為自己生命做些什麼，甚至可能誤判現況、做了錯誤的決定（如傷人或自殺）！

在進行生命教育時，一些大學生在敘述死亡之所以讓人產生恐懼焦慮，主要是因為死亡是「未知」的、擔心沒有知覺、喪失一切、或是捨不得，畏懼死亡是因為沒有好好活過，有太多未竟事業，怕徒留遺憾！然而也因為死亡之不可測，所以可以：因為「未知」、不知其具體形貌，所以才有新鮮感、平添生命趣味！如果可以清楚看到、了解死亡的面貌，就更容易接受「死亡」只是一個生命必經的程序（邱珍琬，2006）。由此也可以得知生命教育有其必要性與建設性。

四、人生發展的重要一環

人類生命是從出生到死亡的歷程，因此死亡是生命發展的一部分。雖然死亡不分年齡，而一般人年過中年、邁入老年階段時，經常就會檢視自己的有限性（Kastenbaum, 1992/2005, p.151），這也是Erikson所謂的「生命回顧統整」期，是時候來檢視自己的一生功過與得失了。通常在年過三十之後，經歷了許多的人間事務，許多人都開始思索生命之外的靈性與宗教議題，這也是因為面臨到死亡的不可逆，而產生的一些反思。因此，生命或生活不須要到老年時才開始檢視或做補救及修正，而是現在就可以開始！

Eddy與Alles（1983）認為：經由對死亡的檢視，個人會更了解、珍

惜與尊重生命；也可以藉著有關死亡的事實資訊，釐清個人的價值觀，減少對於死亡的焦慮，甚至更熱情地去努力過生活；此外還可以協助個人對於死亡的內在情緒得到理解、承認，除了知道死亡為生存的事實之一外，也發展出自己的一套生活哲學（p.9）。倘若回顧一生讓自己覺得失望，也許還有機會做修補，而當回首過往，在每一個人生階段中都較少遺憾時，對於死亡也較無恐懼，因為給自己交代得過去。

五、死亡的餽贈

我曾在課堂上問過學生：「不死的世界像什麼樣子？好處是什麼？壞處又在哪裡？」學生認為不死就不會有生離死別，但是也會有浪費生命、無聊、人口爆炸等問題出現，人們不會珍惜、也不會去成就一些事物。「死亡」會讓人覺察時間、與人關係的可貴，會想去做最好的利用，會體驗也珍惜，也會懂得把握與及時行樂（盡孝、說抱歉、表達感激）；這也說明了「死亡」雖然給了我們限制，但是也給予了我們許多積極的生命意義，讓我們跳脫虛假，真誠面對（Yalom, 1980）。倘若是針對個人不死的調查，其優點為：免於死亡的恐懼、能永久保持親密關係、以及自我有繼續成長的機會；劣勢為：時間過剩將使人減少動機並喪失樂趣與成就感，宗教信仰與指引將失去價值，死亡為神制訂的計畫（人必有一死），以及過長的生命徒然只是延續了年老力衰的時期而已（Kastenbaum, 2005, pp.53-54）。所以Kastenbaum（1992/2005, p.55）說：「我們懼怕死亡，但也同時期待死亡；我們難以與死亡共存，但生命中也少不了它！」

面對著「人皆有死」的必然與事實，於是我們會去思考該如何好好過這一生、給自己怎樣的交代？這就是死亡給予的餽贈。尋求生命意義是人類的本能，而意義是人類所賦予、解釋的，生活本身並無意義，人類賦予經驗意義乃依據過去經驗與知識的累積，意義的產生則與我們的環境脈絡有關連（Merriam & Heuer, 1966，引自羅寶鳳，2001, p.112），我們到人

間走一遭，就是希望可以對人類社會有所貢獻（這也是阿德勒心理學派所謂的「社會興趣」），而這也是每個人創造生命意義之所在。

表2-1 一堂「生命教育」課程學生舉出「沒有死亡」的優缺點

優點	缺點
無後顧之憂	不懂珍惜
沒有墳墓、多了空地	人口眾多
可以跟喜歡的人永遠在一起	老人多、新人不易爭取到較高職位
有很多事可做	地方與空間不足
有機會完成夢想	物資不足
可以有足夠時間研發新產品或科技	壞人不會受到死亡的懲罰
經驗可以持續累積	人類不會進步
不會有奇怪的宗教（或有新宗教產生）	痛苦時間延長
	看自己一直老化
	愛會消失

表2-2 Kastenbaum（1991）調查六百多位大學生對沒有死亡世界的優缺點看法

優點	缺點
社會將繼續保有賢達之士。	人口過度擁擠及對生活品質的影響。
錢財不會被凍結於人壽保險中或浪費在喪禮上。	生育將被控制。
社會將更具彈性，因為更多人會選擇不同的生活方式。	種族歧視、菁英主義與霸權政治將更猖獗（花更多時間爭鬥）。
人們更重視自己的次團體，宗教團體的影響力將減低	社會將變得更為保守且缺乏變通力（更多老人、受限於過去包袱）。
某些行業走勢看俏（如休閒、娛樂、運動，成人教育教師工作等）	經濟結構與秩序會徹底改變、而且更糟（存錢的意義改變、沒有繼承之事）
	道德信仰即將式微，勢必造成社會規範的動搖。

（引自Kastenbaum, 1992/2005, pp.51-52）

「死亡」觀念的發展

一、依年齡成熟度發展

對於死亡的觀點會隨著年紀漸長慢慢了解、成熟，通常兒童對於死亡的「覺知」更早於死亡概念，而且其對死亡的思想混雜了事實、願望、猜測與偶發的洞悉；兒童的死亡概念通常與失落、分離、拋棄或暴力等主題有關。兩、三歲的孩子不喜歡看到動物死亡，但是很容易將死亡與睡眠混淆；六歲以下的孩子一般不會認為死亡是生物普遍的最終結果，認為只是暫時的分離，或是只有某些人會死；七、八歲之後孩子對於死亡的「不可逆性」（死了就不會再活過來了）會比較清楚。

依據Nagy（1948）（cited in Santrock & Bartlet, 1986; Deeken, 2001/2002, p.91）的研究也發現：三至五歲的孩童不承認死亡的存在、不能理解死亡的不可逆性（無法挽回），認為死者可再醒過來；六至九歲的孩子知道死亡會發生、但是只發生在若干人身上，對於父母、家人、身邊的人與自己會死亡無法認同；九歲之後的孩子就肯定死亡的確實存在、而且不能回頭（死亡的普遍性與絕對性）。

二、影響死亡觀念發展的相關因素

影響兒童死亡概念的發展，除了發展因素之外，還包括以下幾個因素（鈕則誠等編著，2005, p.106）：

（一）社會文化：如兒童置身的學校、媒體、社區、宗教團體等對死亡的態度。

（二）兒童的智力：智力越高者死亡概念發展越早。

（三）兒童的情緒：焦慮情緒會妨礙死亡概念之發展。

（四）家庭氣氛：家庭氣氛對於死亡教育的態度是自由開放或禁忌，也會影響兒童對死亡的認識。

表2-3　死亡概念的發展

年紀	發展特色
三歲以下	雖然這個年齡層的孩子語言能力有限，但並不表示他們無法體驗失落的感受。他們了解死亡的一些面向，也會有所反應，尤其是當他們觀察到周遭親人的反應不同時。
三至五歲	因為這個階段的孩子的特色是無法感受具體時間、自我中心、將事物擬人化、以及有奇蹟式幻想，因此他們視死亡為暫時性的、與個人無關的（或是死亡是自己所造成）、無法辨識活著與死亡的區別、或者認為人死可以復生。
六到八歲	知道死亡是最後的結果、不能避免的、也與個人有關。他們對於死亡的細節很感興趣，也開始會問有關死後的情況。
九歲以上	孩子可以定義醫學與生物學上的死亡名詞，也以抽象方式思考死亡，而孩子本身不同的能力、成人指導與否、以及經歷的死亡與失落經驗也會影響其對於死亡的概念發展。

（引自 Seibert, et al., 2003, pp.29-32）

（五）兒童經驗：兒童有無親人或寵物死亡的經驗，也會影響其對死亡之認知。

　　Kastenbaum（1992/2005）認為死亡概念與發展的成熟度無關，而是自身經驗與人格特質的產物。即便是年紀小如周大觀，十歲的兒童是發展的前階段，但是其對於生命意義的領悟與面對死亡的坦然，卻遠遠勝過許多生理年齡較其成熟者。

面對死亡焦慮的因應方式

　　生活經驗會影響兒童對死亡的認知，如Blucbond-Langer（1978）研究癌末孩童，發現他們理解到自己病情的步驟為：病重→病重但有希望康復→永遠生病、但情況會好些→永遠生病無法好轉→到意識到「自己是

快死的人」，當然病童的手足也受到極大的衝擊（引自Kastenbaum, 2005, p.105）。也因為兒童傾向於「奇蹟式思考」（夢想成真），因此當不好的事情發生時，情感上容易受創，而親人或寵物之死也會引發其罪惡感（Kastenbaum,1992/ 2005）。也因此，一般的心理學家或臨床治療師也建議對孩童不必隱諱死亡，通常成人會擔心死亡的壞消息帶給孩子的負面影響，但是多半大人也是諱死忌說的，死亡許多恐怖的面向，其實都是成人因為自己害怕、所以將其形容得可怖不堪。

青春期最容易為人的存在與虛無兩極化的認知所傷害，同時也質疑自我認同：（一）他們容易輸給死亡，因為其自我概念需要仰賴未來才可達成；（二）較無規劃自己時間的經驗；（三）有一股衝勁、卻無方向；（四）少有機會與成人討論生死問題（Kastenbaum, 2005, pp.115-117）。這也強烈暗示著，死亡教育的提早進行或實施，或許可以減緩青春期的無力與無望感。青少年時期也是會對死亡做最直接挑戰的階段，年輕氣盛的時候會企圖展現自己的能力，甚至去做挑戰或控制死亡的嘗試，表現出來的可能是對於疼痛或死亡不在意，希望可以減少自己對於死亡的畏懼，這也是自我防衛、企圖掩飾自己對於「不存在」的焦慮，我們目睹許多飆車族的表現可見一斑！

面對死亡焦慮通常有幾種因應方式：（一）否認，（二）尚未準備好，與（三）接受（Kastenbaum, 1992/2005, p.154）。我們對於死亡的概念一直在修正，而因應死亡概念的方式有幾種，就是所謂的「心理角力」（Kastenbaum, 1992/2005, pp.113-114）或「防衛方式」：

（一）覺察、習慣或否定：閱覽媒體報導死亡相關新聞，但是我們的大
　　　腦資訊處理系統卻是在教導我們如何預防對受傷與死亡有過度反
　　　應，因此會讓我們覺得迷惑。

（二）死亡概念的活化或休止：我們可以刻意去忽略死亡的相關報導，然

而若是對其開放，選擇不予回應，這都是策略性的運用。

（三）訊號重組：將死亡訊息透過感官、認知與象徵性的整理，讓其衝擊性降低。

（四）視死亡訊號爲特殊或整合的現象：有時我們有效率地因應死亡訊息，卻因此而犧牲了自我與世界的整體觀點，像是醫護人員常常處理死亡事宜、不會因此畏縮，這是他們用最省力的方式來因應死亡。

雖然說死亡是生命最主要的焦慮來源，人類最終的關懷就是覺察到死亡的不可免，也因此會創造出許多的防衛機轉來讓自己減少一些焦慮（Yalom, 1980）。死亡也是人類唯一的公平，但是死亡的觀念對一般人來說還是很不切實的，因爲以「技術」層面來說都是較爲遙遠，然而一旦面臨到家人或手足的死亡，死亡面貌就極爲清晰迫近了！我們一般人會在面臨雙親的死亡時，才確實明白自己可能是下一個。

如果知道死亡不可避免、也不知死亡何時降臨，那麼死亡教育的積極意義就在於：如何把握當下還有氣息的時間，努力去做自己想要做的事，也很珍惜生命賦予我們這樣的機會，把每一天當成生命中的最後一天來過，就不會去計較一些芝麻瑣事與心機，會從較爲巨觀的角度來看所遭遇的事物，心態變得更寬容，生活過得很坦然！倘若覺得每天像行屍走肉、不明白生命意義，就會經歷所謂的「存在的虛空」，感覺不踏實、無方向感，也很容易就有結束生命或是以不正當方式（如從事嗑藥或其他形式的上癮行爲）企圖紓解這種「無意義感」，而一般人所說的「有意義的生活」通常指的是「有目的」、或是與「超自我」（greater than oneself）（比自我更大的）有連結（Park, 2011, p.326）。

佛洛伊德有「生之本能」與「死之本能」的說法，這兩者似乎是矛盾的，我們在平常生活中總是壓抑與死亡相關的焦慮，但是我們又有攻擊與

自殺的能力。目前的生命教育已經與以往迥異，不會忌諱談論死亡，而成人允許孩童一起面對死亡，也是個人成長之體驗（Kastenbaum, 1992/2005, p.107）。

我們都是孤單面對死亡

人類的焦慮本質來自於「死亡」的虛無，而「孤獨」的最終點就是每個人都必須要獨自面對死亡，也因此會讓人去思考生命的意義到底在哪裡？我們若是無端被拋擲在這個世界裡，同時有這麼多的限制（包括死亡、環境與選擇），人的自由就來自於自己創造自己的生命意義、做自己想要的選擇，並依此成就自己獨特的生命樣態。Kastenbaum（1992/2005, p.134）認為：「如果我們想活得更文明、更著重於自我實現，我們應該承認自身的焦慮及思索有關死亡的問題。」

死亡是無人替代的（海德格，引自Warren, 1998/2007, p.18），也就是說我們只有自己單獨去面對，這也是存在主義者提到的人的「終極孤獨」。海德格認為死亡的覺察可以達成個體的認知，沙特持相反的說法。海德格認為死亡經驗是非常個人且特殊的，這似乎說明了「生命教育」的必要性與重要性，因此「人們應注意那些每日存在的瑣事和特殊性，強調死亡經驗才是用以成就『個體性』的要素」（引自Warren, 1998/2007, p.20），而沙特認為：死亡可以給我們警惕，不會為了每天的瑣事與不真實的價值觀所困惑（引自Warren, 1998/2007, p.23）。這兩個論點乍看之下似乎很矛盾，然而卻是相同的，可以解釋說：因為生命短暫，所以不必要為一些小挫折或是不重要的事而浪費心力，不妨將心力放在更重要且有價值的事物上；雖然生命有限，在面對自己生命時間倒數的情況下，許多的細枝末節就不重要了！也因此，存在主義提到死亡（「不存在」）是我們人類的基本焦慮來源。

　　許多人對於死亡的必然與迫近，通常是在親人或自己面臨疾病或死亡時發生，而疾病會提醒我們對於死亡的認知（林綺雲譯，1998/2007，p.40），也就是「人皆有死，我也不例外」。而我們在日常生活中卻是故意忽略死亡（因為每天我們都更接近死亡一點），因為那種焦慮會影響我們的日常作息。

　　死亡也是全然「失去自我」，如果這讓我們想到平常生活中一直在努力建構自我，面臨死亡時卻要將這一切都放棄，是不是會有不同的思考？面對失智症者，也目睹其「逐漸失去自我」的過程，而這樣的過程是多麼令人焦慮與慌張啊！

　　在一堂課上，詢問學生希望知道或不知道自己的死期，當然結果有兩派；希望知道自己死期的，認為自己可以好好規畫剩餘的時間、去完成或修補，不希望自己死期的，擔心若知道會無法好好過生活，因為被焦慮所充塞。當然這只是目前自己想像的情況，但是也可以略為了解大家對於死亡的理解與處理方式。

生命的意義與價值在我們的掌握中

　　存在主義者提到「存在的虛空」，因為人會死亡，所以會去思考「為何要活著？」這種空虛、空洞的感受是人人皆有的，但是每一個人填補的方式不一樣，有人麻醉自己、不讓自己思考，因為很害怕，也有人去追求自己想要的名利、權力、美麗、青春或貢獻。每個人都是自己生命的作者，這也意味著生命意義由自己創造或發現，存在主義學者Frankl（1978）提到創造或發現生命的意義有幾個途徑：創造性價值、經驗性價值、與態度性價值，而經由「受苦」所完成的態度性價值也包含在內（引自賴保禎、金樹人、周文欽、張德聰編著，1998，頁157）。

　　中國人常說「得之我幸、不得我命」，我們相信命運的安排，

「命」是屬於先天的條件、「運」則是後天的努力（紐則誠等人，2005, p.35），雖然生活有許多條件在限制我們，卻也激發了我們努力突破與善用現有資源的創意及能力。

存在主義者認為人類最基本的需求就是找尋生命的意義（Cooper, 2008）。Yalom（1980）列出人類生存的條件為「邁向死亡」、「自由」與「責任」、「孤獨」與「無意義」，而人必得在這些限制下，創造出自己生存的意義與目的。我們有選擇的自由，也必須為自己的選擇負起責任。「不存在」（或死亡）是人類最基本的焦慮，而人也必需要獨自去面對死亡，因此到底人生的意義為何，就是我們最重要的課題。由於我們負責的是自己的人生、是自己生命的作者，因此自我的生命意義，也是由自己來創造。

我常告訴學生：人都只有一次死亡的機會，因此要珍惜，不要隨便濫用。也正因為死亡的「終極」限制，讓我們看見活著的許多可能性與珍貴。

家庭作業

一、討論「沒有死亡的世界」的優缺點。
二、寫一篇二十七字以內、自己的墓誌銘（希望別人怎麼看你／妳的一
　　生）。

第三章　自殺與憂鬱症

　　人生在世不免生老病死，心理疾病也只是其中一環。絕大部分的心理疾病患者可以執行日常生活功能，其最大的障礙不在生病本身，而是社會大眾對於心理疾病的不了解，甚至汙名化。

楔子

　　一位大二學生突然間行為變得很怪異，同學們也不知道是怎麼一回事？首先是她在班上發言，幾乎是無止無休、連老師都阻擋不了她，她也去找男同學搭訕、不管熟不熟識對方，後來家長找來是因為她刷卡額度都超過，甚至讓父母親背負卡債，導師才將其轉介到學生輔導中心，經駐校諮商師與精神醫師商議結果懷疑是躁鬱症，但是不知道她之前的病史。後來輾轉詢問其高中導師，的確有過一段時間是躁鬱症發作，因此建議其去醫院看診，但是當事人不願意，後來就只好由一位她信任的老師陪同去看家醫科，但是在輪其看診時，將精神科醫師請調過來，完成診斷手續。只是要讓這位同學的服藥過程非常艱辛，她本身沒有病識感、同時不喜歡服藥的副作用，加上家人不願意讓她就此回家休養（擔心沒有人照顧），因此學生的生活就像遊魂一樣、在校園晃蕩，後來情況更嚴重，只好入院治療。

　　晚間新聞報導：一位科技新貴因為企圖自殺被救回，後來經過醫師診治，診斷為憂鬱症發作，讓其住院治療，但是目前經過診治已經出院，當時我們看到這則新聞就想：「不妙！這位科技新貴性命不保！」果然接下來就是這位男性自殺成功的消息。

憂鬱症與自殺的關係

近期報章披露某帥哥新聞人史哲維、以及藝人歡歡，都以自殺方式結束生命，兩位公眾人物的共同點是罹患憂鬱症且服藥多年。看到這些新聞，需要問的是：這兩位都曾經有過自殺意圖或企圖嗎？有過哪些跡象？或者是最近有一些失落或壓力事件？這都足以評斷其自殺的風險。當然，這些公眾人物的自殺很容易引起效仿作用（所謂的「維特效應」，Pirkis, Blood, Beautrais, Burgess, & Skehan, 2006），有研究指出會增加自殺率的一成四左右，加上有社會責任，因此我們不願意新聞媒體多加渲染。

憂鬱症已經是所謂的「文明病」，許多民眾不清楚憂鬱症的情況，以為規勸對方「想開一點」或「不要想太多」就沒事，殊不知憂鬱症患者有許多的痛苦、無法說給別人聽，更遑論不了解憂鬱症的「門外漢」。**憂鬱症者若有自殺企圖或計劃者，很容易以自殺作結**，但並不是每一位憂鬱患者都會自殺。

臨床治療師發現有所謂的「小自殺」，有些行為是有害身體健康的，這些行為則是牽涉到退縮的生活形態，像是太多不切實際的幻想、有所保留（否定了個人或職業的目標）、以及漸進式的自我否認（放棄了肯定生活的興趣）（Firestone et al., 2003, p.170）。Blatt等人（1976）發現從憂鬱症到自殺會出現三個層面的情況：依賴感（尋求協助與支持的需要）、自責與自我否定（批判自己所犯的錯誤、自我評價低）、無力感或無效感（許多事情與行動已失控）（引自林綺雲，2004b, p.189）。這也說明了憂鬱症與自殺死亡之間的可能關係。

憂鬱症者的情況，一般人不了解，甚至勸導患者「不要想太多」，這只是讓患者更清楚他人不明瞭自己的痛苦。目前的治療是以藥物（抗憂鬱劑）搭配心理諮商（通常是認知行為治療）最為有效，最近媒體披露以微

電極刺激腦波（TVBS Focus, 6/27/14 1900 news），可以改善情緒問題，但還需要更多的實證研究與縝密評估。有自殺傾向之憂鬱症者，只要涉入治療、將自殺意念排除，就不會有自殺危險，主要問題在於：許多憂鬱症者不知道自己生病了（沒有病識感），或是不願意求助，因此就可能演變成自殺成功者，徒留許多遺憾與未解問題。自殺沒有解決問題，基本上只是解決了當事人的痛苦而已。

理性思考與情緒困擾

認知學派的心理學者提出思考上的謬誤通常是心理疾病的肇因，因為思考上的錯誤，而引起情緒上的騷動或是行為上的失常，也就是聚焦在個人如何「解讀」事件上（Kellogg & Young, 2008, p.43）。人的行為與情緒主要是受到個人「詮釋」事件的影響，因此「思考過程」就是很重要的一環，許多人可能因為偏誤的思考，而導致情緒或行為上的不安與失序，我們的情緒源之於對生活情境的信念、評估、解釋與反應（Corey, 2009）。憂鬱症患者會認為未來無希望、自己無法改善現況，也對周遭世界不抱持正向期待（這是所謂的「憂鬱三角」）。

人類有理性思考與非理性思考的潛能，理性就是增進個體幸福與存活的（因此是彈性、不極端、合邏輯與現實），而非理性則是妨礙幸福與存活的（因此是僵固、極端、不邏輯、與現實不符），人天生就容易有非理性的發展，但是也有潛能去抗拒這個發展，而人的知覺、思考、情緒與行為是同時發生的（Corey, 2009; Dryden, 2007; Nystul, 2006），憂鬱症患者常有非理性思考。所謂的「理性」有四個標準：（一）是有彈性、非極端的；（二）是很實際的；（三）合邏輯的；（四）以事實為依據的；而相反地，非理性就是僵化、不切實際，不是以事實為依據（Dryden, 1999, pp.2-3）。因此，許多的情緒困擾若不處理，也可能會造成憂鬱症狀，引

發更多的危險。

一、自殺是社會禁忌

　　自殺已經是公共衛生的問題。許多宗教針對自殺有許多禁忌，有些認為不能上天堂（如基督教）、有些則不許入家祠（如天主教）。而另外一個很重要的議題就是：我們有沒有權利取走自己的性命？孔子說「身體髮膚受之父母，不可毀傷，孝之始也」，這是中國人的觀點，加上我們是以「父子倫」所建立的家庭系統，法律上也規定子女不能「棄養」父母，就可以一窺我國文化對於自殺的觀點。關於自殺的相關議題，包括自殺遺族的失落與哀悼及身心健康，也是目前很重視的問題。因此，自殺絕不是自殺者一個人的問題而已，還牽涉到周遭重要他人、社會與文化。

　　東方社會對於自殺的觀點及處遇與文化及宗教息息相關（林綺雲，2004b），張珣（1989）認為國人因為社會關係或文化內共享的態度（要求自制），阻礙了國人直接表達情緒問題（引自林綺雲，2004b, p.192），因此即便有憂鬱情緒，也歸咎為個人自制問題，這似乎將自殺責任全放在個人身上，也讓個體承受了許多不可承受之重，甚至因此而沒有適當有效的救助管道跟進。當然自殺者自己的決定是得要負起責任的，但是不是當事人認為沒有可轉圜之道或可用資源，才會下這個決定？這就不是個人的問題了！林綺雲（2004b, pp.196-199）建議國人正視以下幾個觀點：

（一）憂鬱或自殺被認為是個體的現象，於是有意無意地孤立該個體，甚至將自殺視為「偏差行為」，造成個人更陷入絕境、甚至求助無門！

（二）許多人忽視憂鬱症或自殺的主要原因，尤其是家庭壓力因素。

（三）許多人認為憂鬱症或自殺會自行好轉或療癒，卻忽略了最近的失落經驗或壓力，可能是壓垮個體的最後一根稻草。

（四）一般人對於憂鬱症與自殺有許多誤解與迷思，將其視為心理疾病或與疾病無關，沒有訴求正式醫療管道，而是民俗或另類醫療，也妨礙了其治療與處置。

（五）大眾傳播媒體的失職與失控，惡劣媒體文化將自殺資訊做負面報導與渲染。

（六）從憂鬱到自殺有其心路歷程，有自殺傾向者會透露一些訊息，但是國人缺乏警戒或尋求適當管道協助。

（七）一般人重視自殺者的憂鬱，卻忽略了自殺未遂或照顧者的需求，尤其是缺乏對自殺高危險群與徵象的正確了解。

（八）有效的自殺防治在於事前預防與事後協助，因此需要全面規劃與團隊合作。

公眾人物輕生　自殺率驟升14%

　　台灣藝人倪敏然自殺事件經部分媒體擴大報導，已造成相當的影響，學者表示，國際研究發現，媒體大量報導確實造成自殺增加明顯趨勢，相關研究也指出，平均一個公眾人物自殺後，自殺率提升百分之十四點三。

　　現代婦女基金會上午舉辦「停止自殺骨牌效應——正視倪事件擴散現象」記者會，會中台大新聞研究所教授張錦華表示，倪敏然自殺身亡消息引發媒體大量報導，相關統計每日的自殺死亡比例逐漸增加，她憂心媒體炒作可能成為殺人的劊子手。

　　張錦華說，香港曾在一九九八年十一月發生過燒炭自殺案例，一名三十五歲婦人在密閉家中燒炭自殺，媒體影像大量呈現，甚至將燒炭自殺美化為一種容易與不痛苦的方式，結果之後兩個月間，燒炭自殺從此躍升為香港前三名的自殺方式。

　　奧地利維也納也曾對媒體大規模報導自殺事件後進行分析，結果發現大量報導確實造成自殺增加的明顯趨勢。為遏止自殺潮，維也納媒體展開自律，減少自殺新聞報導，並避免新聞中出現聳動刺激內容，結果半年後自殺率下降百分之八。

　　教授柴松林也指出，一九六二年瑪麗蓮夢露不明不白死亡後，美國自殺率提高百分之十二；港星張國榮輕生，也使得香港自殺率上升百分之十八。柴松林並引述一九七四年至一九九六年間全世界兩百九十三個自殺研究指出，平均一個政治人物、公眾人物自殺，自殺率提高百分之十四點三。

　　柴松林說，選擇自殺的人中許多是憂鬱症患者，而憂鬱症在台灣盛行率比全球高一倍左右，自殺年齡也呈現兩級化，因此媒體在報導時必須格外慎重。

　　張錦華依據世界衛生組織對媒體如何報導自殺案件，提出七點守則，包括：不應報導自殺方法細節、勿將自殺者再現為英雄化、避免簡化自殺因素、提供諮詢網站與電話、不要將自殺新聞炒作得太聳動、不可把自殺描寫成解決個人問題的方法、報導應考慮會不會對家人和倖存者造成傷害。

　　另外，台灣新聞報導的本土特質，往往附會許多靈異報導，例如法師下蠱、觀落陰等，張錦華表示，這些穿鑿附會、不能證實的傳言，既缺乏公共理性，也對生者、死者無益，徒然引發社會不安。

（取自http://www.wap.org.tw/concern_life_subitem_06.htm）

二、人生是來學習的

　　雖然中國諺語中有所謂的「人生不如意十之八九」，但是有研究發現我們日常生活中所經驗的好事其實佔了六到八成，或是三比一的比率（Gable & Haidt, 2005, cited in Gable & Gosnell, 2011, p.267）。或許正如認知學派的觀點，事情發生並不重要，重要的是我們如何做解讀與詮釋，這個研究結果是不是意味著一般人較容易往負面的方向去思考，因此而歸結為「人生不如意十之八九」？這似乎也印證了理情學派心理師Albert Ellis所稱「人有往負面思考的能力」。有人說人生就是解決問題的過程，生死學大師Elisabeth Kúbler-Ross（1969）也說過「生命是一所學校」，我們是來這裡學習的，儘管生命中有悲喜陰晴，也都是可以豐富我們學習的內涵。許多研究壓力的學者也歸納道：適當的壓力是必要的，也可以促進行動的產生，換句話說，倘若生活無風也無雨，也失去其存在的意義了吧？

　　因為是來學習的，所以生活中總是會遭遇一些課題，需要我們去設法解決或處理，即便不能處理完善，但是從這個經驗中也可以習得更多能力或智慧，倘若因為不能如己願、或挫敗，而痛苦得想要一死了之，卻忘了問題還是持續存在，不會因為死亡而終止！況且，人也只有在活著、有氣息時，才可以處理或解決問題。

小辭典解說

　　知名的公眾人物（像是演藝人員與政治人物）的自殺事件，透過新聞媒體與報章雜誌的報導與渲染，確實會造成自殺模仿效應，引發後續的自殺潮，此現象被學者稱為「維特效應」（The Werther effect）（引自周孟嫻、紀玉臨、謝雨生，2010:7）。

三、有關自殺的一些事實

一般說來女性企圖自殺率高於男性，但是自殺死亡率男性卻高於女性，主要是因為男性較衝動、也採用較為致命的方式自殺。自殺高峰有兩個：十四至二十四歲，以及六十五歲以上，後者常常是害怕自己成為他人負擔而自殺，隨著醫學科技進步，人類壽命延長、失能機會升高，也可能會有更多老年人口自殺的情況。五至十四歲者自殺還有兩個重要因素，一是較衝動、會不經思考直接行動，二是活動力較高、較少保護措施，若再加上情緒起伏大、濫用藥物，自殺死亡的危險性就更高（Marrone, 1997）！自殺是死亡事件中最受譴責的事件，無論東西方皆如此，然而近年來對於自殺的看法或許有了一些改變，像是久病不癒者或是罹患絕症的病人，是否有自我了斷的權利、免受延長的痛苦？因此自殺或安樂死也就成為可能的選項之一。

以美國來說平均十八分鐘有一人自殺，以往是男性自殺成功率高過女性，但目前因為女性也常用手槍自殺，因此差異已經縮小。根據估計，每位自殺者至少影響其他六個人，這些「自殺遺族」往往會有許多負面情緒產生，甚至容易也以自殺了結自己性命。親人自殺會讓存活者有罪惡感、自責之外，也會對自殺者有強烈的氣憤與責怪，自殺被視為「最大的輕蔑與最終的侮辱」（DeSpelder & Strickland, 2005/2006, p.152）。

在生命過程中，大部分的人都有過自殺的短暫幻想，尤以兒童期與青少年時最多；自殺也受到個人所處文化、個人人格、與生命情況的影響。公開或誠實談論自殺是禁忌，因此也會壓抑有自殺念頭者找人談論，但是多少都會釋出一些訊息，因此不可輕忽。近年來，我國衛生單位設有「自殺防治員」一職，但是只有十八個小時的訓練，可以有效發揮功能的程度令人質疑，這其實也突顯了我們對於自殺議題的輕忽與不專業。

四、自殺迷思與自殺徵象

（一）自殺迷思

　　一般人對自殺會有一些錯誤的想法（迷思），也可能因此而延誤了救治之可能性，因此有必要注意。下表就是常見的自殺迷思。倘若週邊有人以不同方式發出自殺訊息，敏銳的覺察是必要的，也可以感受到問題的急迫性，因而做正確的處置、也減少自責的機會。

自殺迷思

• 談論自殺的人不會真的去做。	• 企圖自殺的人有心理疾病。
• 自殺的人一心一意求死。	• 父母該為孩子的自殺負責。
• 只要看看人生光明面，就會好受一點。	• 酗酒吸毒能發洩憤怒，可降低自殺風險。
• 自殺只是想得到別人的注意。	• 自殺未遂者，一輩子都有自殺傾向。
• 當情緒變好時，危機就結束了。	• 自殺通常沒有預警。
• 談論自殺會讓人產生自殺念頭。	• 自殺是遺傳的。
• 兒童不知如何自殺。	• 來自富裕家庭的人，自殺率較高。

（二）自殺徵象

　　到底企圖自殺的人是不是會發出一些訊息、或是求救訊號？的確，有自殺企圖者，往往會有一些徵象，而臨床上將這些徵狀視為自殺危險訊號，以下是常見的自殺徵狀，若是符合項目越多，表示其自殺危險性增加。只要解除這些自殺危機，該個體就可以成功存活下來，但是若是自殺的原因未獲得適當解決、而該個體又有心理或情緒障礙，潛在的自殺危機並未解除，還必須要預防下一次的自殺企圖。

　　許多企圖自殺者周遭的親人或好友，常常因為不知道如何協助該個體而覺得生氣或無助，即便知道他／她很可能自殺成功，想要讓其就醫、或是尋求專業協助，卻不一定成功；對於自殺者遺族來說，自殺者留給遺族

與好友們許多的疑問、不得其解，甚至因爲不敢談論自殺或死因，內心百般煎熬！

自殺徵象或訊息

• 低自尊、較無主見、有罪惡感者。	• 覺得無聊（或人生無意義）。
• 感覺無助或無望。	• 生理上有病痛。
• 孤立的社交網路。	• 藥物濫用。
• 以成就來肯定自己（不能忍受失敗），覺得自己無價值。	• 行為或個性突然改變。
	• 威脅要採取行動自殺。
• 當時承受過多或極大壓力。	• 談論死亡或暴力。
• 有重大失落或偶像死亡。	• 無法專心。
• 有自殺歷史、曾企圖自殺。	• 把珍貴物品送人（有「告別」或「交代」意味）。
• 情緒低落或憂鬱症。	
• 睡眠、飲食習慣改變。	• 翹家或逃學，課業上有變化等。

五、造成自殺的原因

　　到底是什麼原因造成個體想要提早結束生命？對於一些罹患慢性病者或許是擔心成爲他人的負擔、或是不能忍受長久的痛苦，於是想要以此爲手段、結束性命，研究文獻上對於自殺的原因發現有（DeSpelder &Strickland, 2005/2006, p.170-177）：

（一）腦部生化失衡與性格

　　造成自殺的結果通常與腦部的生化失衡（如憂鬱、精神分裂、躁鬱、或其他情緒失調等疾病）及個人性格有關，因此臨床上的憂鬱、強烈傷心與自責，都與失落過程的不安有關連，是自殺的危險因素。臨床上也發現腦部製造的血清張素若太低，與自殺或侵略性行爲有關，然而卻有許多民眾不相信腦部疾病在自殺中扮演的角色。每一種自殺形式都反映了社會及

個人間獨特的互動作用，大部分的自殺是「二元事件」（dyadic event，兩個人的事件，有時涉及自殺者與重要他人），而自殺者對於要結束自己生命可能覺得很矛盾。

（二）社會連結或支持太弱或太強

社會連結弱時，個人可能會經歷混亂與孤立狀態，喪失傳統價值觀與標準，會失去方向與目的感，而突然的創傷會減弱社會連結，像是失業、截肢或親友死亡，會導致「失調型自殺」（anomic）；社會連結弱者、或者是過多社會約束，都一樣有害，缺乏選擇與自由，會導致「宿命論自殺」（fatalism）；處於社會邊緣或被褫奪公權者，因為沒有與社會有意義的連結，也可能不會堅守生命價值。

（三）利他性自殺

有些社會（如日本武士、ISIS）將社會團體價值置於個人價值之上，就會有利他型或制度上（institutional）的自殺。

另外有一種自殺是所謂的「受害者促動的殺人」（victim-precipitated homicide），像鄭捷與龔重生想死卻又不敢自己動手，於是就以激怒他人或犯罪方式達到「他殺」性的自殺（DeSpelder & Strickland, 2005/2006, p.167）。依據「自殺人際理論」（the Interpersonal Theory of Suicide）的說法，致命的自殺意圖必須要具備兩個條件，一是「死亡渴望」（the desire to die），一是「死亡能力」（the ability to die），而尋死者的心理壓力通常是「覺察的負擔」（perceived burdensomeness）（認為自己的存活是他人的負擔）與「受挫的歸屬感」（thwarted belongingness）（情感上受挫、或認為自己已經被拋棄）（Hames & Joiner, Jr. 2011, p.318）。

簡而言之，影響自殺的危險因素有（DeSpelder & Strickland, 2005/2006, pp.183-186）：

（一）文化：(1)文化訊息讓人接受自殺是可以容許的行為，如以前印度

丈夫死亡妻子要殉情；(2)文化的混亂與相關壓力，如同志族群自殺；(3)接受暴力為問題解決之道，如致命性武器之取得容易、媒體暴力的流行。

（二）個性：(1)覺察對死亡的吸引力；(2)對死亡「神秘感」著迷、又固執己見者。

（三）個人環境情況：社會力量（像是日本是重視「恥感」的民族，會因為丟臉而自殺）、家庭與個人問題（衝突或情感、失落經驗）、同儕影響、經濟情況等。現在網路發達，已經發生「相約自殺」（或「自殺協定」）案件多起。

表3-1　自殺的類型

自殺類型	說明
為了逃避而自殺	• 逃避強烈的身體痛苦或心裡痛苦，如精神耗弱或末期病人。 • 逃避令人不滿意的情況，如辜負他人期待。 • 失去生活意義，沒有目的感，許多事業成功者感到無聊。
請求協助	考慮要求救（表達失望或獲取注意），以自殺企圖來做改變。
潛意識有意圖的	激怒他人（包含犯罪）以求死，藉由他人之手迫使自己死亡。
慢性自殺	藉著藥物、酒精、菸、危險生活等縮短性命。

（引自 DeSpelder & Strickland, 2005/2006, pp.178-181）

成人自殺危險因素

• 社會孤立與寂寞。	• 對所愛人物有多重失落。
• 無聊、沮喪、無用感。	• 慢性疾病、痛苦、無力。
• 退休後缺乏目標與生命意義，與家人朋友分離。	• 酒精濫用與藥物依賴。
• 財務困難。	• 希望避免成為他人的負擔或累贅、希望「有尊嚴地」結束生命。

（引自 DeSpelder & Strickland, 2005/2006, p.191）

六、自殺危險性評估

那麼自殺危險性高低該如何評估？基本上有幾個要點：

（一）情緒狀態：當事人的情緒狀態若很低落，而且持續超過三週，可能就是憂鬱症的候選人，對於自己、未來與世界都不抱持著正面想法。

（二）體力與生活功能：體力若下滑，可能無能力執行自殺計畫，若一旦恢復，就是關鍵危險期。

（三）自殺計畫：有越縝密的自殺計畫者，其危險性增加。

（四）自殺歷史：有過自殺企圖與行為者，其自殺成功率增加。

（五）自殺手段：其計畫的自殺方式是否容易取得？若很容易（如跳樓），其危險性增加。

（六）支持系統：當事人與家人或親友的關係如何？倘若與家人疏遠、又無可以求助的人選，危險性大增。

（七）失落事件或偶像死亡：當事人最近若有重大失落事件，也可能引發其自殺念頭與執行，青少年也會因為偶像死亡而想要與其一起。

想像一下自己處於人生最谷底的狀況時，腦中有無浮現一個可求助之人？老年人自殺通常是擔心成為他人負擔，而年輕人則是受限於認知能力、缺乏轉圜之道使然。

七、自殺的倫理議題

Deeken（2001/2002, pp.20-21）提到自殺在倫理上的評價為：違反生物自我保存的本能；不尊重生命的行為；違反愛自己的真諦；對社會造成傷害；是用來逃避痛苦狀態；代表的不僅是絕望、也否定了生命意義；生命是上帝所賦予的禮物，不允許我們任意損毀，自殺可說是侵犯了上帝的權利。

基本上，大部分的社會文化是不贊成自殺的，因為違反人性與人類生

命之基本權利；以生命教育的角度思考，也是不尊重生命之行為，甚至因而剝奪了此生來人世間的重要意義與任務。有些宗教的說法，會認為自殺雖然了結生命，但是問題卻還存在，因此下一輩子還得要重新再來一次，這樣的說法也有其正向意義，鼓勵一般信眾好好將此生的任務完成。

八、自殺處遇

倘若遇到有人釋出自殺警訊、可能要傷害自己時，該怎麼辦？有學者提出以下幾項處理要點（DeSpelder & Strickland, 2005/2006, p.198）：

（一）嚴肅地看待自殺可能前兆或徵象；

（二）找出自殺意圖與行為線索；

（三）藉著支持、了解與同理來對企圖自殺者做回應；

（四）藉由問問題、無畏懼地與危機中的人談論自殺來面對問題；

（五）獲得專業的協助以處理危機；

（六）提供自殺以外的其他選項；

（七）維持與鼓勵希望。

自殺是一時的念頭，只要度過這個危機、也就解除了危險，倘若有情緒方面的困擾，會讓自殺的可能性增高，因此必須要雙管齊下，處理情緒問題的同時，也就自殺議題的源頭做處理，只要那個念頭不存在了，自殺危險性就大幅降低。站在一般人的立場，對於有自殺傾向的個人，先要將其當作真的要自殺做處理，不要忽略、以為對方不會做自殺動作，而且可以直接問一些重要的問題，包括：「你／妳有沒有想過傷害自己？用怎樣的方式？」也就是評估其危險性，接下來就與他／她好好談一談，不要只是叫他／她「想開一點」或「不要想這麼多」，因為根本於事無補，萬一對方做出傷害自己的動作，你／妳一定會懊悔當初沒有針對他／她所發出的警訊做適當動作。

倘若當事人死意堅決，最好說服其就醫，讓其住院、並由醫療與心理

諮商師同步協助其度過危險期。倘若不是那麼急迫，除了要與身心科醫師合作以外，還要讓其去見諮商師，將眞正的問題癥結做處理。有人質疑：「如果對方根本沒有想過自殺，我這樣一問，不就是暗示他／她自殺是一種選擇嗎？」事實上是：有自殺念頭者醞釀自殺意念已經很久，但是不敢讓其他人知道，因爲擔心其他人會阻止或是不當眞的在看待，因此壓抑在內心，倘若我們設身處地、思考到這一個可能性而詢問，有自殺意念者心理上會放鬆許多，才願意進一步談，也才有解決問題之可能。

　　一般說來，諮商師通常會與當事人訂立「不自殺契約」，其實就是得到當事人的承諾，要他／她爲自己的生命負責任，同時思考其他解決問題的方式，也提醒當事人只有活著才有可能解決問題。「不自殺契約」不是與當事人約定不自殺即可，而是要有明確且具體的處理步驟。所謂的「不自殺契約」裡面，通常有幾項要點：

（一）約定下一次何時與諮商師見面（可以從一小時訂到幾天）。

（二）若有自殺或自傷衝動時，可以進行的方式與步驟：

　　1. 先做深呼吸，讓自己焦躁的情緒穩定下來。

　　2. 轉移注意力，去做自己喜歡做的事。

　　3. 走一走，或走出家門，去看看人或風景。

　　4. 找人談一談。

　　5. 打電話給○○○，電話號碼是：○○○○○○○○○○

　　6. 打電話給○○○，電話號碼是：○○○○○○○○○○

　　7. 打電話給生命線，電話號碼是：○○○○○○○，或觀音線，電話號碼是：○○○○○○○，或119求救

　　注：處理步驟可依自己需求或當時情況做調整。

（三）當事人與諮商師簽名

　　人一輩子會有一些時候覺得自己「過不去」、而有結束生命的念頭，

青少年對於未來最是徬徨，也最常有這樣的念頭。偶爾停下來想一想：「如果我正遭逢人生最難堪之境，腦中是否浮現了我可以求助的人？」如果沒有，就表示自己在最緊要關頭時，連個可以相信或託付的人都沒有，這是非常危險的！

憂鬱症

一、憂鬱症與自殺

許多自殺者都伴隨情緒上面的困擾，有自殺企圖或計劃的憂鬱症患者，若有行動力時，是最有可能完成自殺動作的，因此當有自殺意念或計劃的憂鬱症患者，在身體情況漸漸好轉時，至少有兩個禮拜的「關鍵期」需要密切注意，因為此時他／她已有能力去執行原訂的自殺計劃。

當然不是所有罹患憂鬱症者皆會自殺，況且有些當事人並不清楚自己罹患有情緒方面的障礙、或是不願意去就醫，通常會讓重要他人覺得束手無措。在取得其就醫意願之前，還是持續陪伴、關心，不要因為對方一直重複同樣的動作或語言而覺得煩躁而不理會或放棄，很容易在對方覺得沒有支持就有了傷害自己的動作。當然，有些自殺企圖者可能只是為了要引起注意、或是威脅想要的東西（或情感），碰到類似問題，不妨找人商量對策、或請專業人員（如一一九、醫院等）協助，不要讓自己承擔太大的情緒負擔。

有情緒困擾者，最怕沒有「病識感」（知道自己生病），若無病識感，就很難去就醫，倘若周遭的親友發現、勸其就醫，有時也不可行，加上當事人若是抗拒去見身心科醫師、怕別人認為他／她發瘋了（所謂的「社會汙名化」），更不可能去就醫或見諮商師，讓親友們除了擔心、愛莫能助！萬一這位當事人真的做了傷害自己的事，不是讓這些親友們更難過嗎？

憂鬱症的治療必須要兩個管道同時進行：（一）去身心科就診——因為長久的情緒低落會造成血液裡的血清素濃度降低、已經造成生理上的問題，同時需要藥物與諮商的協助；（二）與諮商師晤談——將真正的問題（根源）說出來，思索有效的解決之道，才可以把心結或真正問題解開。

既然憂鬱症是所謂的「文明病」，也就是科技越進步、就有更多情緒困擾的人口，因此身為現代人不可不知憂鬱症，也需要對憂鬱症有正確的認知與了解處理之道。

二、憂鬱症徵狀與處置

以心理疾病與統計手冊（DSM-V）裡面載明憂鬱症的幾項診斷標準，以下的徵象符合5項，就可能是憂鬱症、需要就醫。

（一）幾乎每天情緒低落；

（二）對於原本感興趣的事物或活動興致缺缺；

（三）體重明顯減少或增加；

（四）幾乎每日失眠或睡不著；

（五）動作不穩或遲緩；

（六）感覺疲累或缺乏精力；

（七）覺得自己無價值或有不當的罪惡感；

（八）不能思考或專心；

（九）會一直想到死亡。

這些徵狀也影響到個人在社交活動、工作或其他重要生活面向的功能。

憂鬱症可以發生在任何年齡，其發作通常與壓力事件有關，也有復發之可能，若有藥物濫用者，其憂鬱情況會更嚴重。對於兒童與青少年族群的憂鬱症徵狀與「心理疾病診斷與統計手冊」中的或有不同，需要特別留意，因為兒童與青少年可能表現出易怒、且在行為表現上較為突出（像是

退縮、違抗、學業不佳），而不一定只出現情緒低落、食慾不良等徵狀。憂鬱症患者會主動與人疏離，而周遭人若不清楚其情況，也可能會認為此人奇異、不願意接近，造成若憂鬱症者需要協助，卻找不到可以協助的支持網路，倘若有自殺意念或計劃的憂鬱症患者，就有可能因此自殺成功。

我們一天的情緒有起伏，但是為時不久，如果連續幾週情緒都很低落、提不起勁，甚至在生活其他面向（如食慾、睡眠、興趣活動等）都開始受到影響，可能就不是情緒低落而已，需要進一步篩檢、是不是有憂鬱症的可能？許多人對於情緒的困擾不敏感，以為只是「情緒不佳」、應該不是問題，然而低落的情緒若持續，已經造成生理上、生活上的功能障礙時，就是需要正視的問題，倘若忽視、不處理，其後果可能不堪設想！

憂鬱症是現代人的疾病，也是所謂的文明病，現代人需要承受的壓力多元，如果只是一味忽視與壓抑，就可能演變成憂鬱症。當我們看到憂鬱症與自殺的緊密關聯，不要以為這只會發生在別人身上，萬一是自己或自己的重要他人罹患憂鬱症，自己會更希望對此心理疾病有足夠的了解、可以做有效因應或處置，以免造成遺憾。

然而，有憂鬱症者卻不一定有病識感（知道自己生病），儘管周遭的人都認為其處於危險情況、需要即刻做治療，但是卻無法說服憂鬱患者去就醫或做適當處理，這也是許多關心憂鬱患者的切身之痛！這些關心病患的人不要放棄，也不要認為後果病人自己要負責，不妨陪伴在其身邊，聽他／她說話或抱怨，等到時機成熟，陪著他／她去就醫，倘若危險性升高，強迫就醫也是明智之舉。

憂鬱症篩檢量表（貝克憂鬱量表）

請根據個人最近的狀況，選擇一個適當的選項。

1. □ 0 我不感到難過。

   □ 1 我感覺難過。

   □ 2 我一直覺得難過且無法振作起來。

   □ 3 我難過且不快樂，我不能忍受這種情形了。

2. □ 0 對未來我並不感覺特別沮喪。

   □ 1 對未來我感到沮喪。

   □ 2 沒有任何事可讓我期盼。

   □ 3 我覺得未來毫無希望，並且無法改善。

3. □ 0 我不覺得自己是個失敗者。

   □ 1 我比一般人害怕失敗。

   □ 2 回想自己的生活，我所看到的都是一大堆失敗。

   □ 3 我覺得自己是個徹底的失敗者。

4. □ 0 我像過去一樣從一些事中得到滿足。

   □ 1 我不像過去一樣對一些事感到喜悅。

   □ 2 我不再從任何事中感到真正的滿足。

   □ 3 我對任何事都感到煩躁不滿意。

5. □ 0 我沒有罪惡感。

   □ 1 偶爾我會有罪惡感。

   □ 2 我常常有罪惡感。

   □ 3 我總是感到罪惡。

6. □ 0 我不覺得自己正在受罰。

   □ 1 我覺得自己可能遭受報應。

   □ 2 我希望受到報應。

   □ 3 我覺得自己正在自食惡果。

7. □ 0 我對自己並不感到失望。

   □ 1 我對自己甚感失望。

□ 2 我討厭自己。

□ 3 我恨自己。

8. □ 0 我不覺得自己比別人差勁。

　□ 1 我對自己的弱點或錯誤常常挑三揀四。

　□ 2 我總是為了自己的缺失苛責自己。

　□ 3 只要出事就會歸咎於自己。

9. □ 0 我沒有任何想自殺的念頭。

　□ 1 我想自殺，但我不會真的那麼做。

　□ 2 我真想自殺。

　□ 3 如果有機會，我要自殺。

10.□ 0 和平時比較，我哭的次數並無增加。

　□ 1 我現在比以前常哭。

　□ 2 現在我經常哭泣。

　□ 3 過去我還能，但現在想哭都哭不出來了。

11.□ 0 我對任何事並不會比以前更易動怒。

　□ 1 我比以前稍微有些脾氣暴躁。

　□ 2 很多時候我相當苦惱或脾氣暴躁。

　□ 3 目前我總是容易動怒。

12.□ 0 我關心他人。

　□ 1 和以前比較我有點不關心別人。

　□ 2 我關心別人的程度已大不如昔。

　□ 3 我已不再關心他人。

13.□ 0 我做決定能像以前一樣好。

　□ 1 我比以前會延後做決定的時間。

　□ 2 我做決定比以前更感困難。

　□ 3 我不再能做決定了。

14.□ 0 我不覺得自己比以前差勁。

　□ 1 我擔心自己變老或不吸引人。

　□ 2 我覺得自己的外表變得不再吸引人。

　□ 3 我認為自己長得很醜。

15.□ 0 我的工作情況跟以前一樣好。

　□ 1 我需要特別努力才能開始工作。

　□ 2 我必須極力催促自己才能做一些事情。

　□ 3 我無法做任何事。

16.□ 0 我像往常一樣睡得好。

　□ 1 我不像往常一樣睡得好。

　□ 2 我比往常早醒 1 至 2 小時且難再入睡。

　□ 3 我比往常早數小時醒來，且無法再入睡。

17.□ 0 我並不比以往感到疲倦。

　□ 1 我比以往易感到疲倦。

　□ 2 幾乎做任何事都令我感到疲倦。

　□ 3 我累得任何事都不想做。

18.□ 0 我的食慾不比以前差。

　□ 1 我的食慾不像以前那樣好。

　□ 2 目前我的食慾很差。

　□ 3 我不再感到有任何的食慾。

19.□ 0 我的體重並沒有下降，若有，也只有一點。

　□ 1 我的體重下降了 2.5 公斤以上。

　□ 2 我的體重下降了 4.5 公斤以上。

　□ 3 我的體重下降了 7 公斤以上。

20.□ 0 我並未比以往更憂慮自己的健康狀況。

　□ 1 我被一些生理病痛困擾，譬如胃痛、便秘等。

　□ 2 我很憂慮自己的健康問題，因此無法顧及許多事務。

　□ 3 我太憂慮自己的健康問題，以致於無法思索任何事情。

21.□ 0 最近我對性的興趣並沒有特殊改變。

　□ 1 最近我對性的興趣比以前稍減。

□ 2 目前我對性的興趣降低很多。

□ 3 我對性已完全沒有興趣了。

計分：當你做完問卷，將二十一題的得分累加起來求出總分。每題最高得分是 3 分，最低是 0 分，因此總分不會高於 63 分，反之，總分最低為 0 分。

貝克憂鬱量表的解釋

1--10 分在此範圍內屬於正常。

11--16 分輕微情緒困擾。

17--20 分在臨床上屬於憂鬱症邊緣。

21--30 分屬於中度憂鬱症。

31--40 分嚴重憂鬱症。

40 分以上極端憂鬱症。

（假若個人長期維持在 17 分以上，則需要專業人員的協助治療。）

三、憂鬱症與情緒教育

> 有一位在美國認識的朋友，提到他從北部州一路開車過來，當他第一眼看到玉米田時，真是驚豔！然而當車子開了十幾個小時，看到的都是玉米田時，他說：「簡直快瘋了！」我用這個例子來說明：生命（活）中本就要有一些變化，要不然真是無聊死了！

正向情緒與生活滿意度有關（Bastian, Kuppens, De Roover, & Diener, 2014），一般人不喜歡負面的情緒，總是希望生活中有好事發生。然而，倘若生活都是一成不變，即使是很棒的事（如故事中看到無垠的玉米田）也會變得無趣！同樣的，我們也因為生命的經驗，而有不同的感受或情緒，有低落、難過，才會顯現高亢、快樂的重要性，**感受就是自我的一部分，否認它的存在，就是否定了部分的自我。**

　　美國男性研究提到：男孩子被迫**提早與母親分開**而產生情緒問題，女性沒有這個約束，但是女性與母親之間的關係也有糾結的問題（少自我空間、未能獨立做決定），因為界限不明，所以容易受到情緒綁架（以彼此關係為威脅、要求對方做事）。兒童或青少年所呈現的憂鬱症狀，與一般在心理診斷手冊裡所規範的不同，因為該診斷主要是以成人女性所出現的徵狀為主，不能一體適用，因此要特別注意。現代人生活緊張、競爭全球化，更有可能罹患憂鬱症或情緒困擾而不自知；少子化及人口老化的雙重衝擊，導致家長們對於下一代總是溺愛太深，許多事務都寧可自己動手處理、不讓孩子有學習與遭遇挫敗經驗，致使下一代無法養成適當的挫折忍受度，往往是遭遇一個小失敗就一蹶不振，甚至在情緒上無法調適、造成更多的身心問題；加上電腦科技日新月異，許多孩子沒有正常的情緒抒發管道，只是藉由虛擬世界或是手機遊戲等來發洩壓力或排解情緒，或是因為不能面對現實世界的挑戰而遁入虛擬的網路社群，造成惡性循環。

　　兒童還在發展階段，語言使用的能力還未臻成熟，因此常常無法正確表達出自己要說的或感受的，因此就以行為方式表達（像是生氣就揍人或踢桌腳），也因此常常被誤解為「衝動、具破壞力或有暴力傾向」的孩子，這些都需要成人去做了解與正確的解讀，進一步讓孩子知道這個情緒叫什麼，情緒可以告訴我們什麼，接下來才是與他一起開發宣洩與管理情緒的有效方式。青少年也常被誤解，加上青春期的孩子有時候懶得說明或解釋，往往已經有情緒困擾，卻因此更增加被誤解或被標籤的可能性。

　　兒童或青少年的憂鬱情況可能會表現行為上的變化，像是對有興趣的事物不再感興趣、學業成績突然低落、行為變得乖張與以往不同等，這些也都可能是需要注意的指標。正因為情緒是自我的一部分，而一般人對於情緒困擾（如憂鬱症）的認知不足，這些都凸顯了「情緒教育」的重要性。因此有必要進行正確的情緒教育，讓一般人可以更了解情緒的功能與

其存在，接著才可能對情緒做有效管理。

四、情緒的功能

　　情緒是自我的一部分，我們的生活也因為引發多種不同的情緒，才會顯得多采多姿。情緒有其重要功能，包含：警告與求生，社會功能（了解他人情緒、與人互動、同理心），與生命體驗之功能。

（一）警告與求生：像是害怕、擔心等情緒，其目的是警告有危險或是要個體不要去接近、以免危及性命。

（二）社會功能：情緒可以讓我們站在對方的立場去體會不同的心境與感受（同理心），藉此就可以了解他人、並與其做適當溝通，有益於社會網路的維持與人際互動。

（三）生命體驗之功能：因為經歷不同事件而有不同的感受，讓生命更添姿彩。倘若我們只有快樂情緒，在沒有比較的情況下，快樂也毫無意義了！人有七情六慾，也因此更能體會生命之多彩！

　　評估情緒有幾個向度，它們是：正負面情緒（如快樂或悲傷）、強度（輕微或強烈，如惱怒或憤恨）、與持續時間（短暫或歷時較久）。一個事件出現，不一定會引發情緒、或是引發一樣的情緒，因為情緒經驗是很主觀的，與個人經驗、認知、或對事件的解釋不同而有差異。

五、我國的情緒教育

　　我國的情緒教育是不及格的，不管是從家庭層面或是學校層面來說都是如此。家庭教育是情緒教育特別重要的一環，家長本身的情緒表達與管理，就是孩子學習最重要的典範。**情緒是自我的一部分**，不應該被否認，而情緒有其生存（警告我們生命面臨危機）與社會（同理或體會他人情緒、與人相處）的功能，因此正確的情緒教育應該是：認識情緒與其功能、為情緒命名、適當表達情緒以及管理情緒。情緒沒有所謂好壞的價值

判斷，正向情緒固然讓我們很快樂歡欣，負面情緒也讓我們體會到悲傷或難過的感受，而這些都是我們生命很重要的體驗與學習，加上我們通常在做決定時，情緒佔有其重要性，甚至可以左右所做的決定（如張彥文在衝動之下所做殺害女友的決定）。

我們從原生家庭那裡學習到許多，當然也包含情緒的表達與管理，倘若孩子模仿家長壓抑或否認一些不被接受的情緒（生氣、害怕），孩子們就較難去覺察或忍受自己這些被壓抑的感受（Firestone et al., 2003, p.44）。常常聽到父母對孩子說：「不許哭！」「不要笑！」這些情緒的禁令，背後可能蘊藏著其他的訊息、也會讓孩子認為有其他的意義，像是「表達情緒是不應該的」、「我不該有這些情緒」，這些訊息若沒有檢視或做適當修正，會讓孩子一直持續帶在身上、而且認為是真理，卻可能會對其生活造成負面影響。

我們很容易將情緒分為「正向」或「負向」，一般人都喜歡正向的情緒，然而只單單有正向的情緒也就無法彰顯其正向力道，因為沒有對比或比較，而人生就是要經歷七情六慾、正負向情緒，才是體驗生活，感覺自己「活著」！家長與學校師長對於孩子的情緒教育責無旁貸，家長本身的身教與示範影響最大，我們通常從孩子身上會看見家長處理情緒的影子，孩子往往是直接模仿大人的情緒。孩子所經歷的每個事件，也都是很好的情緒教育素材，不要忽略或是迴避。像是孩子哭鬧，一定是因為需求未獲得滿足，因此不妨花一點時間去了解與處理，不要只是勒令他停止或是逕自處罰，孩子下一回有難過的事也不會表達出來，影響親子互動與了解。

情緒教育要從家庭教育開始，因此家長都責無旁貸。（一）首先要接受情緒是自我的一部分，不要否認情緒的存在，也告訴孩子有情緒是容許的；家長的身教甚於言教，因此「以身作則」最重要，孩子很聰明，都會從觀察中學習。（二）接著就要教導孩子「為情緒命名」，讓孩子知道

有什麼樣的感受叫做什麼情緒，這也是同時教導孩子知道如何描述情緒、為自己發聲。（三）不同的情緒可能同時存在，有時候相反或對抗的情緒也可以同時存在；像是自己贏得勝利的同時會有羞愧感，因為朋友沒有得名。（四）情緒就是情緒，沒有好壞之分，不要以自己或他人的情緒而否定自己或他人；有時候發現自己有不好的情緒就貶低自己，或因為別人展現出負面情緒而不喜歡對方、認為對方是不受歡迎的人。（五）學習表達情緒，同時也會讓他人了解自己的真正感受。（六）學習去開發、應用不同的情緒紓解方式，並保留有建設性的舒壓方式；對於壓力或情緒有正當的紓解或管理，也有助於自己的人際關係、自信程度。

情緒教育裡還有一項很重要的功課就是：學習「挫折忍受度」，這也是「情緒智商」養成裡的重要元素。這是因為許多人沒有處理情緒的能力，情緒一來就以最直接的方式因應，也不去思考動作之後的後果！生命經驗中若不能盡如人意，也正是自己可以學習的機會，而通常人們在失敗中較容易學習應該改進之處，同時也可以培養耐心，忍受問題不能及時獲得解決的可能性。

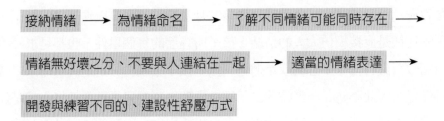

接納情緒 ⟶ 為情緒命名 ⟶ 了解不同情緒可能同時存在 ⟶

情緒無好壞之分、不要與人連結在一起 ⟶ 適當的情緒表達 ⟶

開發與練習不同的、建設性舒壓方式

情緒教育步驟與歷程

表3-2　自我心理學派的阿德勒就以我們所感受的情緒，來推估孩子行為背後的可能動機

孩子行為舉隅	家長或師長的可能感受	可能行為動機
哥哥欺負弟弟，但只要媽媽一轉頭看就會停止。	三番兩次都是如此，覺得很「煩」！	孩子可能需要你／妳的注意。
哥哥欺負弟弟，媽媽轉頭看時，哥哥還不放手！	氣死了！	孩子認為自己是「老闆」、你／妳不能命令他／她，也就是孩子在與你／妳在做權力鬥爭。
哥哥欺負弟弟，你／妳叫他停止，他出口三字經。	很心痛	孩子也受過這樣的痛、要你／妳也感受看看。
你／妳要哥哥做什麼，他都說不要，你／妳給他的任何資源與協助，他也不要。	失望、無助	孩子受過太多挫折，已經沒有嘗試的勇氣。
哥哥老是做一些無厘頭的事	無聊	孩子覺得生活無趣，希望有一些刺激、興奮。

六、情緒的影響面向

（一）情緒影響的層面

　　情緒可能影響個人自己、親密與人際關係、工作效率或生涯機會，更甚者是造成社會更大的危害（如犯罪或恐怖行動）。近幾年來美國社會就發生多起校園槍殺或濫殺事件，這都可以歸因於情緒管控與創傷事件未獲得適當處理的後遺症，不僅造成許多人命傷亡、心理創傷，整個國家社會也因此付出慘痛代價，怪不得美國總統歐巴馬說：「這樣的暴力事件似乎已經成為常態！」他已經受夠了，也希望因此有槍械管制條例出現，但是絕大多數美國民眾還是希望可以擁槍自衛，只是這些原本為了自我防衛的槍械，卻常常被擁槍者用來自殘或傷人啊！

情緒最直接的影響是個人健康，像是憂鬱情緒與壓力會造成記憶喪失，也可能會有身心症（耳朵發癢、胃痛、心悸等）與生理問題，對生活作息與功能有負面影響（如失眠或睡太多、老感覺睡眠不足、無法有效完成工作）等。固然沒有人希望有太多的負面情緒，但是若只有正面情緒、也無法讓個人真正體驗生命的多元與滋味，人類最佳的功能就是讓正向與負面的情緒體驗達到相對的平衡狀態（Algoe, Fredrickson & Chow, 2011, p.117），這其實也是維護健康的重要智慧。也由於情緒非常主觀，因此**轉換情緒**也是管理情緒的建設性管道。

（二）**適當情緒宣洩與表達的重要性**

情緒的自我覺察包括了：認識情緒、為情緒命名、了解情緒經驗的原因（Salovey & Mayer, 1990），進一步才可思考情緒的表達、抒發與管理。人類的情緒隨著生命經驗的累積，會演變得更細緻化，為情緒命名的部分最難的是情緒的隱微差異，即便是快樂也有程度之分，因此如何使用正確的情緒字眼、表達適切，也是需要努力的部分。當然若能誠實表現自己的情緒是最好的，然而若是直接且真實地將情緒表現或表達出來，有時候並不適合當時的情境與時間，因為會影響到周遭的人或是自己的利益、或是彼此的關係，因此隨著年紀與經驗增長，許多人都體會到這一點，但是刻意地壓抑想法或感受，只會讓這些想法與感受持續下去（Wegner, 1994, cited in Kashdan & Steger, 2011, p.10）、未能中斷或遏止，因此許多專家們不主張這樣的方式。

我們因為生活在社會與人際之中，不可能隨時表現出真實的情緒（因為可能會破壞關係，或影響自己職位或前途），而壓抑太過的情緒也可能隨時爆發、或是變成向內的自我攻擊，其破壞力更為嚴重。也就是說，情緒也需要做適當的調整與紓解，「壓抑」只是當下所做的動作，其目的可能是避免衝突或傷害，然而接下來將情緒做了解與處置，才是健康的方

式。病理學上也提到壓抑情緒對身體健康的影響，像是有人因此罹患生理上的疾病（如心臟血管疾病或消化系統毛病、頭痛）、身心症（情緒造成生理上的徵狀，如憂鬱症）等，倘若以「身心靈」統觀的角度來看，的確是彼此影響的。

（三）情緒表達受限於社會文化因素

社會文化對於情緒教育也有貢獻，通常是規範情緒表達的方式與範疇。我們沿自集體文化的傳統，人際之間重視和諧（即便是表面的「虛性和諧」）、不喜歡當場撕破臉或讓對方難堪，所以許多真正的情緒（如快樂與悲傷）是被隱藏或壓制的，加上對於不同性別情緒的表露也有一些「潛規則」（如男性可以表現憤怒或衝動，女性可以表現脆弱或傷感），但是卻往往忽略這些偽裝情緒底下的真正情緒（像是挫敗、丟臉、悔恨卻是以「憤怒」的情緒表現出來，生氣或不滿只能用哭泣來表現）！

家長也是傳承社會文化的有力推手，對於社會公認較為不被接受的情緒，也會刻意去壓抑或制止，像是不許男孩子哭、或是不允許女孩子隨便生氣。也就是家長即便在孩子遭遇一些小小挫折，就努力去紓解孩子低落、不滿等情緒，也可能剝奪孩子正常成長所需要的經驗，有些家長會教孩子自我安慰的方式，久而久之可能限制了孩子成為功能正常的成人（Firestone et al., 2003, p.47）。

（四）情緒宣洩方式與影響

情緒可能向內（對自己）或向外（對環境或他人）宣洩，這些也都是抒發的管道，但是若長期使用單一或少數的情緒宣洩方式，表示沒有彈性，也可能會造成問題；像是女性較傾向向內宣洩（自我攻擊），也較常有憂鬱情況，男性習慣向外宣洩（向外攻擊），可能會傷害他人或破壞物品、甚至違法或吃上官司。

我們的需求或想望的目標受挫、或是有壓力時，就會有生氣的情緒，但是孩子們卻常常被教導要理性、忽略或否認自己的生氣情緒，因為一般

人誤以爲生氣是「不好的」，而「生氣的人」就是「不好的人」，這就是將「人」與「問題」勾連在一起，讓人很難擺脫被誤解或汙名的結果。此外，人們認爲生氣與「愛」是相反的，對於我們所愛的人就不應該生氣；再則，人們認爲生氣是被動的、被引發的，也就是有某人的攻擊行爲應該被譴責，其實個人對於情緒的解讀才是重點。接受生氣是自然的情緒，同時也學會如何建設性地運用攻擊性（讓其有生產力而非破壞力），對於身心健康是很重要的，事實上若生氣情緒可以適當地展現，不只可以轉換破壞性行爲，也減少了親密關係的障礙（Firestone et al., 2003, pp.139-140）。

七、情緒與壓力紓解方式

情緒的發洩只是暫時有效，若眞正問題未獲得解決，這些情緒還是會持續出現。情緒發洩要注意不要只是向外或是向內（自我攻擊，如自傷、自殺或憂鬱），都可能造成傷害。有教育學者認爲：若要孩子活得健康，只要讓他／她養成運動與閱讀的習慣就好，其實不無道理！運動可以讓孩子強健體魄、養成運動能力、學習運動家精神（較不擔心失敗、且培養自信）、打發時間，而且運動可以刺激腦內啡，讓孩子有正向情緒；閱讀同樣可以打發時間、獲得許多資訊與智慧、對生命有深刻體悟、也有助於情緒之調節。情緒可以經由以下幾種方式獲得宣洩（不限於此，自己可以繼續開發具**建設性的方式**，但是不能傷害自己或他人）：

（一）替代方式：像是藉由運動或創作，然而要有建設性，要不然只是宣洩卻有害（如嗑藥）。

（二）轉移注意：如聽音樂、看電影、將家具擺飾重新作安排或睡個覺，至少可以暫時緩解。也可以離開事發現場、暫時不受干擾。

（三）轉換念頭：將事情做不同的解讀、從不同角度看事情，包含自我解嘲與幽默。像是與對方衝突，表示彼此都很想做溝通，只是都沒有

聽到對方的論點。

（四）冥想：可以讓自己暫時平靜下來，專注在呼吸與放空，得到心靈上的撫慰與安寧。

（五）正面思考：試著從較爲樂觀、正向的角度來看這個事件，想想自己可以因此事件而獲得的學習爲何？

（六）問題解決取向：情緒的源頭可能是待解決的問題，仔細思考自己所擁有的資源、可以解決的途徑等，試著去將問題做處置。

（七）分享：快樂因分享而加倍、憂愁因分享而減半。Langston（1994, cited in Gable & Gosnell, 2011, p.267）發現將好消息與人分享，其正向情緒感受比該快樂事件還要多，倘若對方反應是積極正向的，更有促進彼此關係的功效（Gable & Gosnell, 2011, p. 270）。

（八）其他：良好、有意義的人際關係則會紓緩憂鬱情緒；運動也有紓解壓力之功（腦內啡的功用），而轉換認知也可以轉換情緒。

小辭典解說

　　情緒教育的內涵與進程：

認識情緒→爲情緒命名→了解情緒功能→接受情緒是自我的一部分→適當紓解與管理情緒→放下

家庭作業

一、奧瑞岡式辯論（主題擇一：「墮胎應否合法化」、「自殺是可以的嗎？」、「贊不贊成安樂死」）。

二、預立遺囑（包括喪葬儀式、遺物遺體之處理、個別的遺言給重要他人）。

第四章　自我與生活覺察

　　蘇格拉底說：「沒有反省的生命不值得活。」，孟子也提到：「吾日三省吾身」，人類也是唯一會反省的生物。藉由反省，我們讓自己的生命質感更佳，也因此我們才會日新月異、讓今日比昨日更好！

楔子

　　一九九七年，美國一位二十六歲的女教師Kate Bainbridge因罕見疾病陷入昏迷、漸漸呈現植物人徵狀。一位神經科學家Adrian Owen開始研究Kate的情況，他將Kate家人的相片呈現在她面前，還輔以聲音與音效，以確定她可以聽見，結果發現Kate的表現與一般人無異（Leffert, 2010, p.157）。科學家們很想了解一個人的「意識」狀態是如何？「有無意識」是醫學上藉以判定「死亡」定義與標準。而這個「意識」也是心理學研究「自我」非常重要的議題，因為我們是在「意識」自我的情況下進行自我了解的。

自我覺察的重要性

一、自我覺察的定義

　　自我覺察是人類有別於其他生物體的重要面向與能力，也因為這樣的能力讓人類社會可以日新又新、不斷進步。所謂的自我覺察指的是：「自己『知道、了解、反省、思考』自己在『情緒、行為、想法、人我關係及個人特質』等方面的『狀況、變化、影響及發生的原因』」（陳金

燕，2003, p.61），或是覺察自我與經驗的程度（Ellis, Hutman, & Chapin, 2015）。在提升自我覺察的線索上可區分為：生理感官、肢體動作、情緒感覺及想法念頭等，覺察時間點上可以是立即（當下）或事後，而受到啟發的原因可能是自發性的或他人所提點（陳金燕，2003, p.61）。覺察主要是以個人內在經驗為核心，由外而內可分為個人、家庭、社會與文化四個層次。以下的章節會就自我覺察的細項做詳實說明。

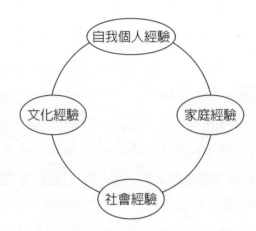

自我內在經驗（引自陳金燕，2003, p.63）

二、自我覺察的功能

　　既然如前所述，死亡潛在的無方向感或目的，會觸及到人們自我認同的最深處（Mellor, 1993, p.14），這也提醒我們每一次的聽見死亡或是與死亡錯身而過，在在挑戰著我們對自我與生命的看法。人類生存的世界包含四個層次（由內往外為）：靈性（與未知、理想世界與個人價值觀）、個人（與個人內在世界有關，包含對自己的認識、過往經驗與潛能等）、社會（與他人的關係，是我們意識到自己會死亡的限制才發現的，如何在獨立與互賴之間取得平衡）與物理世界（包括人為的與自然的環境，像

是我們的身體、天候、擁有的物質、與死亡等）（van Deurzen & Adams, 2011, pp.16-20），這些也都與自我息息相關，因此「自我覺察」是有意義生命的起始，可以從日常生活中做起。

自我覺察是自我知識積累的途徑之一。希臘哲人蘇格拉底說，人一生的任務就在於了解自己。我們對於自己是怎樣的人、想要成為怎樣的人，也都時時在留意與努力，不僅從他人眼中來定義、了解自己，也希望成就特別、獨一無二的自己！因此，了解自己只是初步，接著需要靠著自我覺察與反省的功夫，進一步思以改善，才可以讓自己朝理想中的自我邁進。Kastenbaum（1992/2005, p.259）提到：「全神貫注於生活之中，是對死亡焦慮的天然鴉片。」意思是指：我們只有認真活在當下，才是緩解死亡焦慮的最好解藥。生命就是每個「當下」的累積，因此好好過每一天每一刻、誠實面對，就是詮釋生命的最好方式。

人類因為會自我反省、檢討，因此在身心靈各方面會更進步，每個人若能變成「更好」的人，就是全人類的幸福。完形學派學者強調「覺察」，包括了解環境、自我，接受自我、也能夠去接觸（Corey, 2009），真實且真誠地面對自我與周遭的世界，才是一個機能完整、健康的人。換句話說，認真過每一刻的生活，就是給生命最好的禮物，也從自己的行動與反思中，去豐富生活、滋養生命，讓自己少些遺憾，這也就是廣義的自我覺察。

三、完形學派的自我覺察

在心理學中，與「自我覺察」最相關的是「完形學派」。Zinker（1978, cited in Sharf, 2012, p.226）特別提到完形學派可以協助當事人對自我與環境諸多面向有更完整的覺察，包括：

（一）個體對於自我身體感受與環境有充分覺察。

（二）個體擁有自己的經驗，而不會將自己的經驗投射在他人身上。

（三）個體學會覺察自己的需求與滿足需求的技巧，同時不會妨礙他人的
　　　權益。

（四）充分與知覺接觸，可以容許個體去欣賞自己所有的面向。

（五）與其哀鳴、埋怨或讓他人有罪惡感，倒不如去體驗自我的力量、以
　　　及自我支持的能力。

（六）個人對於周遭人事物的敏銳度增加，同時可以保護自我免於危險環
　　　境的傷害。

（七）對於自己的行動與其結果負起責任是更大的覺察。

　　　每個人在世界安身立命的幾個面向是：與自己的關係、與周遭的人、
與周遭環境（May, 1983, pp.126-132）、以及與宇宙（Witmer & Sweeney,
1991）的關係，而這些面向是相互重疊、不可孤立的。人最親近的就是自
己，但是我們卻很少花時間與自己相處、甚至會害怕與自己獨處，這種
「存在」的孤獨與空虛是正常的，但是也因此會阻礙了人與自己最親密的
接觸與了解；與他人的關係、希望發展有意義的關係、可以有歸屬感，自
己的工作可以有創意發揮、對他人有貢獻，這些都是人際關係與交會中企
圖成就的目標；人身處於環境中，雖然受其限制、但是也可以在限制中創
造新機！

　　　自我覺察是一種能力，也就是可以慢慢提升。自我覺察也是將評估自
己的力量找回來、掌握在自己手中，經由自己越來越迅速的覺察與修正動
作，可以讓自己更好、也對周遭世界有貢獻。當然有些覺察是讓自己可以
放下更多、不計較，在其他重要事務上多投入心力，像是不需要擁有更多
物質上的享受，可以少些競爭與壓力，讓自己的心更平靜、更寬廣，或者
是決定不與人計較，也對於「計較」有更多一層的認識，願意放過自己與
他人。

　　　完形學派特別提到「未竟事務」（unfinished business），指的是若遭

遇到人生的功課，就要努力去完成（接觸），不要拖沓或逃避，要不然未來還是要面對，情況可能更複雜或難解決，而這些沒有完成的（接觸）或需求，就可能一直擱置在那裡，影響著個體的其他生活面向。即便「每一次的結束，都是小小的死亡」（Tolle, 2003/2016, p.168），然而學習接納，就會減少焦慮。「未竟事務」的概念，就像是看一齣連續劇，即便中間漏掉一些，但還是希望可以看到最後一集的「完結篇」，要不然總是會放在心上，好像有一件事沒有解決。「未竟事務」殘留下的一些感受，往往會影響我們的其他生活方面，例如沒有好好分手就開啓新的戀情，往往容易重蹈覆轍，是因為若能夠好好分手，就不會留下遺憾，或是可以就需要檢討的加以改進，情況就會不一樣。

自我覺察的內涵

一、自我對其他人與社會的貢獻

Zygmout Bauman（1997, p.335）說過：「唯有在倫理自我（ethic self）的型態裡，人性才能得到完成。只有在此型態中，獨特性與團體性才能得到微妙的融合與追求的協調。只有提升到倫理自我的層次後，個體性才不會孤獨；個體性也才不會是壓迫。」也就是每個人的生命都會對其他的生命產生影響，而將生命朝向有利於社會意義的創發，是對於生命不朽的最好貢獻與詮釋。生命教育就是要回歸自我，從認識自己出發、接納自己，去認識周遭環境與脈絡，了解自己存在的事實與條件，接著就要談到我們各自要如何成就自我的生命意義？要貢獻給社會什麼或留下怎樣的影響給他人？

倫理是有關人類行為、道德決定與人們該如何彼此對待的規範（Herlihy & Remley, 2001）。中國社會的「倫理」，以往指的是「父子有親、君臣有義、夫婦有倫」，是用在規範人際關係，也可以視為最低

的「道德」。倫理有「法定倫理」（mandatory ethics）與「渴望倫理」（aspirational ethics），前者是最低標準、硬性規定的、有罰則或是法律約束力，是聚焦在「行為」上，後者則是每個人所尋求的最高標準，與個人想要發揮的程度有關，沒有上限，專業人員的倫理覺察與問題解決技巧是決定其專業行為最重要的因素（Corey, Corey, & Callanan, 2007），用在一般人身上也是如此。如果說法律是約束人的最低標準，那麼修養與道德就是沒有上限的標準，許多的倫理或道德議題都與自己的判斷力、行為，以及要成就的自我有關。

「倫理」與「道德」有許多重疊的部分，一般所謂的「倫理」特別強調「次序」與「尊卑」，就像我國傳統的「敬老尊賢」、或是在家族與職場的輩份或年資，也延伸到不同行業應遵循的職業道德。「道德」則是泛指在一個社會中，應該遵守的人際界限，不僅顧及個人權力、也兼顧他人利益。不管是「倫理」或「道德」，除了硬性規定的最低遵守原則外，其實都需要靠個人的道德修養來維繫，才可能讓社會長治久安！

「倫理」與心理學的「界限」（boundary）有關，也就是人與人之間所維繫的實際與心理界限。「界限」的功能是「聯繫」與「分離」（Corey, 2009, p.204），也就是說「界限」可以保有自我的自主性與獨立，同時可以發揮聯繫與分離的功用，像是念國中的小昱在自己房間門口設立一個「內有惡犬」的告示牌，其作用就是提醒家人他想要有自我空間、「自主」的意涵。「界限」的拿捏很主觀，主要是看個人「願意」與對方靠近的程度，通常若能維持「彈性」的界限是最好的，因為我們與他人關係的親疏遠近不同，因此可以控制或決定讓對方靠近的距離，然而若是彼此距離很遠、或是界限分明，雖然保有了「獨立性」、卻也失去了「親密感」，反之，若是界限太緊密，會覺得被擠壓、透不過氣，雖然有親密感，但也失去了「獨立性」與「自主性」。東西方的人際界限有很大

的差異就是：東方人人際之間的界限較模糊（重視集體性），西方歐美則是人際間界限較清楚（重視個別性）。

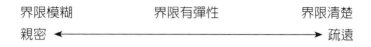

人際界限示意圖

　　我們每天生活在人群與社會之中，會與不同的人有接觸，倘若這些接觸都有其意義、也讓彼此感覺良好，甚至可以對他人產生重要的正面影響，這就是我們對他人與社會的貢獻。當然，有些人際關係只是打發時間或是「做關係」（聯繫關係以獲取利益或不妨礙利益）之用，可以作為關係潤滑劑，也就是「溝通交流分析學派」（Transactional analysis或TA）所稱的「玩遊戲」（Stewart, 1989），然而一個人需要有幾個「有意義」的關係（在關係中覺得被愛、受尊重、有歸屬與支持、有酬賞與成長），太多或過多的「遊戲」（包括膚淺的寒暄、打鬧），也讓人覺得無趣、不願意繼續。

　　我們最基本的道德功課就是：讓自己不成為社會的負擔，進一步管理好自己，讓自己可以協助他人、利他、對社會有建設性的貢獻。每個人若可以自律，就不需要法律的約束。法律是最低的「道德標準」，為的是維護絕大多數的民眾福祉，簡單說來，法律約束的只是不守法的人，讓其不危害絕大多數人的生存機會與利益，因此一般人不需要去思考法律條文、就可以過不違法的生活，然而因為我們生活在人群社會裡，有時候也要知道法律以維護自身（如性別平等法或工作法）與他人權益（如家暴法）。

　　日常生活中維護自己與他人權益的動作很簡單，有時候只是去買個東西、公平交易，彼此和善對待，或是撿起一個垃圾、讓生活環境更好，也許只是給一位迎面走來的陌生人一個微笑，都是舉手之勞！

　　我們可以檢視的是：

（一）我今天所做的事，有哪些是有益於自我與他人的？

（二）我有沒有謹守本分，做好我職責與能力該做的事？

（三）我今天有沒有哪些行為或舉動，讓周遭的人生活或世界更美好？

二、好好活著與好生活

　　我們的時間框架是「未來式」，總是對尚未發生的未來有許多的計劃與期待，卻往往忽略了我們的「未來」其實就是數不清的「當下」所累積而成！人生不免遺憾，只要在每一個當下，都認真、誠實地生活，就是「少遺憾」的生活。有學者認為所謂的「好生活」就是「醒著」（being awake）——開放並覺察所有的生命經驗（Firestone, Firestone, & Catlett, 2003, p.28）。因此儘管我們最初的焦慮都來自「死亡」或「不存在」，但是也讓我們更知道把握、珍惜與感恩，希望自己可以好好過生活、過一生，少一些遺憾。「好生活」的重要關鍵因素還包括了：神聖的感受、增進靈性經驗、探索生存的神秘性，以及追尋生命的意義，我們可以從欣賞自然宇宙與未知開始（Firestone et al., 2003, p.377）。

　　真實活在當下，就是一種「臨在」（presence），打開感官、接納所有的「如是」（suchness）（包括自己與萬事萬物），而不去批判。有學者相信：心理治療的最終目標是協助人們過自由、獨立的生活，可以在人際關係中獲得滿足，對經驗開放，對於生活中的正、負向事件都以適當的情緒做反應，也就是帶著最少的防衛、最多的敏銳感受過生活，才是真正重要且有意義的生活（Firestone et al., 2003, pp.54& 83）。換句話說，心理疾病患者就是被阻擋過真誠生活的人，無法真實面對生活，因此才會生病，或是藉由生病讓自己無法真誠、有效地生活（防衛機轉）。

　　俗話說：「好死不如賴活著。」通常是用這一句話來砥礪對活著無望的人，然而相對地也有其積極意義，那就是：只有活著，才有可能解決問

題，死了，只是把問題留給他人、並沒有獲得解決！

　　我們可以檢視的是：

（一）我今天過得滿意嗎？

（二）今天我該做的與想做的，都完成了嗎？

（三）我對今天的自己滿意嗎？有沒有什麼未盡之處？

三、「知汝自己」是我們終生任務

　　自從九二一地震之後，電視媒體陸續出現許多有關命理的節目，這其實也反映了我們對於未知、不可控制的自然災害的恐懼與擔心，希望藉由一些「可預期」的行為來減緩其傷害力。另一方面，一般人喜歡算命、星座或是紫微斗數，希望藉此對自己或自己的未來更了解。希臘哲人蘇格拉底說過，我們一生的任務就在於「知汝自己」，每個人都努力在認識、了解自己、進一步展現自我與實現自我；曾子也說過「吾日三省吾身」，提到的也是讓自己進步成長的途徑之一就是反思與反省，我們在親職教育中也發現「願意反省的父母就是好父母」。因此可以了解：藉由覺察，可以讓自己更了解自己，同時也會有反思或反省，進一步思以改進、讓自己更好！

　　人之所以痛苦，主要是因為總覺得自己「不夠好」，所以想要讓自己擁有更多、變得更好，殊不知先接受「夠好」的自己，喜歡自己之後，才可以欣賞其他的美好。有學者說得好：「當你距離真我越遠，你就更可能在諮商中犯下根本的錯誤。」（Staton, Benson, Briggs, Cowan, Echterling, Evans, et al.,et al., 2007, p.140），拿到日常生活中不也是如此？我們最理想的生活就是真誠生活，即便每個人有不同的生命目標與任務，可以過「一致」的生活是最重要的，因為會過得很踏實，也不需要掩飾或虛偽。只是有人會擔心：萬一知道自己太清楚，會不喜歡自己。在了解自我的過程中，其實最大的收穫在於「悅納」自己，唯有願意接納自己所有的人，

才可以進一步過眞誠無僞的生活。

誠如Corey（1991）所言：諮商師必須知道自己的定位、能力與限制，然後以自我認知爲據點，去協助當事人，倘若不知自己是誰、在做什麼，又怎能有效地協助當事人？就是所謂的「知汝自己」之後才能有效協助當事人「成爲他／她自己」（Goldhor-Lerner, 1989, cited in Winter, 1994）。楊格還提到人有不同的「面具」（persona），是掩飾自我的厚盾，這些面具是展現在他人面前的，卻不一定是眞實的自己；如同「建構自我」（constructive selves）提到的人有不同「自我」，但是萬變不離其中（核心自我，the core self）。我們在日常生活中也是如此，因爲與對方關係不同，展現出的自我也不同，像是在家人面前與在同學面前所展現的自我面貌就不一樣，甚至有時候在家人面前，因爲怕家人擔心或破壞關係，也不能展現眞實自我，要不然就是太堅持展現「眞我」而忽略了家人的感受，更甚者是以衝撞、直接的方式傷害對方。

如果每一個人都可以更靠近自我，也就會以「希望被對待」的方式來對待他人，不會去做有意無意的傷害行爲，那麼也就可以更眞實生活、也過得很快樂。每天對自己多認識一些、了解一點，也可能會發現自己可以挑戰與超越自我的部分，那麼就朝向每天成爲「更好的自己」（a better self）前進！

我們可以檢視的是：

（一）我喜歡自己嗎？對自己今天的表現喜歡嗎？

（二）我今天對自己好嗎？做了讓自己更好的努力了嗎？

（三）我是不是更了解自己一些了？有哪些事情讓我更清楚自己？

四、自我覺察的面向

（一）愛己也愛人

過好生活，第一個當然要好好愛護自己、做好自我（身、心、靈）

照顧，唯有自我照顧好的人，才會有能量去關照他人、給他人生命正向的影響。許多人也許因為角色或職責所在（如女性或母親），只注意到他人的需求，卻相對忽略了適當的自我照顧，有時候甚至將他人的責任延攬到自己身上，造成自己的枯竭與耗損，最後不僅未能照顧他人、自己也無能關照自己，造成雙輸的局面。許多社會要求女性是一位「照顧者」，連帶地女性就不可以「為自己」（或「自私」），然而「自私」（selfish）或「無私」（selfless），不就是從「自我」（self）而來的嗎？若沒有了「自我」，「無私」或「自私」又自何而來呢？唯有照顧好自己，才有能力與源頭活水來照顧他人，不是嗎？

　　喜歡自己嗎？對自己的長相滿意嗎？對自己的身材看法如何？會因為自己的長相或身材而自怨自艾或貶低自己嗎？「愛自己」的第一步就是接受自己這個樣子，若是不滿意，想辦法改進，不能改的，就好好接納。現代的女性與男性都受到媒體影響，總認為自己的身材不夠好，即便身材適中，還是想要瘦成「紙片人」的模特兒身材、才有自信，或練出「六塊肌」來「展現」自己的男性氣概，這些對自我「身體意象」的不滿意，可能會擴及到自信與心理問題。

　　自我照顧是自我覺察中很重要的一項，也是愛自己最基本的條件。每個人都身兼許多角色（如兒女、家長、學生、阿姨或舅舅等），要將所有角色都做到百分百是不可能的，然而若在生命中的不同階段，可以將重心程度放在不同角色上（如求學時將重心放在學生與兒女角色上，朋友與同學的角色次之），也許就可以稍做管理，不會全面皆輸！

　　人生下來都是孤獨的，我們是獨自來到這個世界、也將獨自離去，但是人與人之間的關係卻破除了人是孤單存在的迷思，人的孤單是事實，而「自我」也是因為有「他人」的存在才產生（May, 1953）。我們從與人互動中更清楚、了解自己。我們與他人的關係、生命經驗的交換與互動，

都是美麗的經驗，誠如哲學家唐君毅先生所說：每個人都是浩瀚宇宙中孤單存在的星球，唯有藉由彼此偶爾交會的光芒，激發一些熱力、削減孤單。雖然其他人愛我、相對地也代表了我的價值，但是人最偉大的價值還是來自「愛自己」，因為自己是獨一無二的特殊個體、有自己要成就的生命型態、自己是有價值的，而在這個世界上與自己最親密的還是自己，最大的生命力量也源於自己，因此了解自己、疼愛自己是很重要的；愛自己之後、才有能力去愛別人，一個不愛自己的人、不會認為自己有價值，自己沒有價值又怎能去肯定他人？讓他人愛我？當然愛自己也有一個限度，不是犧牲他人的利益來成就自己，這就是過度的自私與自戀，最後還是會傷到自己。人活在世界上是與其他人共同生活的，需要有自己獨立及與人合作互賴的能力，除了肯定自己生存的價值之外、也尊重他人有相等的權利，在人群中生活，自己有貢獻、也懂得回饋。

人知道自己生命有限、生存條件也有限制，所以追求另一高層的生活哲學價值與宗教信仰，去發掘生命的意義、人在宇宙中的地位。「愛」是一種能力，也是意志與勇氣的表現，愛可以抗拒「死」、讓生命有另一意義的延伸（May, 1969），生命雖然有時而盡，但是「愛」卻可以留存在他人生命中，持續其影響。當我們喜歡自己的同時，也會希望他人是如此對待他們自己。父母親可以在這方面著手的是讓孩子喜歡自己、也去關愛他人，讓孩子從與人交會互動中有所歸依、得到情緒上的滿足。

（二）**不做傷害自己或他人的事**

一般人的認知是「我們對待他人的方式，就是我們希望被對待的方式」，但是事實上有時候因為私心或其他考量而很難做到！如果愛自己是積極面向，其消極面就是不傷害自己或他人，更進一步才是也做對自己與他人有利的事。

　　「存在的虛空」會讓我們覺得生命無意義，試圖去找一些刺激、企圖抹煞那種不舒服的感受，可能就容易掉入不同的成癮陷阱，然而相對地也會激起我們為生命創造意義的動力以抗拒虛空。以藥物或其他方式讓自己陷溺的，其實就是不願意接受自我、或否認自我的一種表現，除非願意去面對自己、接納自己、喜歡自己，才可以脫離藥物的控制。有學者發現成癮的生活形式或習慣與有所保留（withholding）、自我否認、幻想的模式有關，因為他們想要減少與他人的情感互動，譬如飲食失調者就以食物來替代情緒滿足的來源，而嗑藥者則是以藥物來獲取安全與滿足的方式（Firestone et al., 2003, pp.88& 91）。倘若可以用健康、有效的方式，來滿足自我的需求，是不是就不會採用這些傷害自己與他人的行為了？

　　有些人害怕與人接觸，主動或被動地與他人隔離。「往內退縮」（inwardness）就是退回到自己一個人，會造成許多程度不同的「失格」（depersonalized）狀態的生活或心態，也就是對自己與他人感受漸失，甚至會仰賴藥物，過著防衛、自我滋養（self-nurturing）導向的生活，這樣的生活模式將導致：喪失自由與意義經驗、生活空間大幅縮小；壓抑想法與感受導致焦慮與緊張增加；然而，人類不可能「毫無代價地」防衛著，因為防衛與成癮的特性一樣、需要耗費偌大的精力（Firestone et al., 2003, pp.109& 115）。心理學家Karen Horney提到人們因應衝突的方式有：趨近人群（保護或討好他人）、對抗人群（企圖掌控或怪罪他人）、以及遠離人群（避免與人的接觸），這些方式若太常使用就可能侷限了個人的發展。我們生活在人群之中，需要與人做適當接觸、建立有意義的人際關係才是健康之鑰，若是逃離人群、孤立，或是對抗人、不相信人，可能過著孤獨、悲慘的生活。雖然說「人不自私，天誅地滅」，倘若為了私己利益而去傷害他人，即便逃離了法律的制裁，良心道德的譴責也會一直啃噬自己、不得安寧。

（三）檢視自我的需求

個人要生存，需要滿幾項最基本需求，包括生存（如空氣、水與食物）、安全（如保暖衣物與遮蔽處所、穩定環境）、愛與隸屬（被愛、有家、有人認可）、自尊（如成功、地位）、以及「自我實現」（成就自己想要的生命樣貌）與「靈性需求」（與更高層的接觸），這是人本心理學家馬斯洛所提的觀念（Rice, 2001）。無獨有偶，現實學派心理學者葛拉瑟認為：每個人都有一些基本需求（生理與存活、愛與被愛、有權力、自由與玩樂）需要滿足，只是每一項需求的強度不同、滿足需求的能力也不同，他也認為「愛與隸屬」（才會感受到自身與他人的價值）是最重要的需求（Corey, 2009; Glasser, 1975）。馬斯洛與葛拉瑟所提的有兩種需求相同（生存或生理與存活、愛與隸屬或愛及被愛），「愛」也包含了人際關係，而與人互動、建立有意義的人際關係是存活之外最重要的需求，許多心理疾病受到最大的影響也在人際面向上。然而這些需求會有所變動，即便人進入老年，似乎需求的優先次序有了變化，卻不會因此而變得不快樂（Gawande, 2014/2015）。

了解自我的需求為何之後，也要以適當的方式滿足。所謂的「適當方式」也就是不能為了要滿足自我的需求，而犧牲他人的利益或需求。

（四）檢視生活的不同面向

每天的生活包括自己的習慣、與人相處、處理事情的方式以及生活中的一些感受與思考，都可以是自我覺察的面向，可以讓自己每一天都有成長或進步。倘若今天生活過於忙碌緊湊，或許就安排讓自己可以輕鬆一些、不必被擠壓得無法喘息；若是與人相處有犯錯，即刻道歉或修補，不要變成未解決的事務；處理事情的方式若不妥，可以思考更好、有效的解決方式；有沒有目睹或耳聞一些生活瑣事或國內外新聞？這些是否讓我有一些深層思考？除了對於自身的反省之外，有沒有我可以協助加以改善的？

（五）感恩的功課

有少數人認為，他／她之所以達到目前富裕生活或高階專業位置，都是自己努力的結果，其實不然！因為我們都是生活在人群社會之中，我們的生活所需也都是大家共同努力的結果，即便是自己目前擁有的滿意生活或專業地位，也都是因為其他資源的挹注，才可能造就現今的狀態。人生活在人群與社會之中，不可能獨活，因此即便個人的社會地位或聲望越高，也不是自己獨力奮鬥而成，而是有許多資源與他人的協助，才可能有今日這般成就，所以每個人都應該要對他人做出貢獻、表達感恩之情或行動。我今天可以在學校教書、擔任諮商助人工作，若不是父母親與原生家庭的栽培，師長的協助，政府的幫忙，以及許多陌生人的支援，甚至是我的當事人願意讓我這個新手諮商師「實驗」，我不可能站在現在這個位置。我最好的感謝，就是將這些給過我的善意與協助「傳承」下去，讓其他人也可以發揮所長、對社會有正面貢獻。

心懷感恩，就不會將許多事物視為理所當然、也願意投桃報李，而在感恩的同時，也學會珍惜。

近期新聞（民國一百零三年六月）有一位就讀於台中崇光國小的小朋友，每天上學都會以九十度鞠躬謝謝導護媽媽們，記者追到家長的教育，發現家人們認為這樣教導孩子是正確的，而且不足掛齒。感謝的確需要及時，而感謝的動作也表示了我們不將他人的服務或工作視為理所當然。

103年雲門舞集在屏東做四十周年演出。舞者在表演結束時，都會以九十度的鞠躬作結，我身為觀眾也深為感動：應該是我們要謝謝他們精彩的舞蹈演出，怎麼是他們對我鞠躬呢？

感恩是需要刻意去培養的能力與態度，不是天生自然。感恩也是我們終生身心健康的重要根基，有益於個人的心理與社會福祉，也可以促進個人的壓力適應與成長。許多的研究發現，感激的心可以讓個人免於對過去的悔恨、與人有較多互惠的關係、對於物質上的需求比較不重視，同時也發現女性有較高感恩的情緒（Emmons & Mishra, 2011）。我們看到許多人不知感謝，將許多生活的便利或是享受視為「理所當然」，自然他們就不願意付出，一切以自己利益為前提，有時候甚至不講情面、也不顧與重要他人的關係。多一位這樣的人，社會就少了許多幸福感。慶幸的是，這些人只是極少數。我們可以做的是：

1. 常存感謝之心，因為我們的好生活都是許多人辛苦努力的成果。

2. 心存感恩、及時表達。只要感受到恩澤或協助，立時表達出來，也肯定了他人及其協助。

3. 懂得孝道與反哺我們從父母而來。雖然每個人不一定碰到「良」父母，然而父母親給我們生命，這一點就值得稱讚與感謝，因為有生命，我們才可以體驗生命之悲喜陰晴、感受生活與情緒，也可以完成自己的夢想、圓滿生命任務與意義。

孝順是給自己交代

即使現在小家庭居多，親子關係應該很濃郁，但是也常常聽到逆子、不良父母的新聞。是因為時代變了、價值觀不同了，還是人心變了？新一代的父母親還是有養兒防老的觀念，雖然有些人已經不在意住養老院，但是總希望與自己有血緣關係的人可以住在一起，彼此有照應與依靠。只是新一代是不是有這樣的觀念，端看其行為便知。

孝順不是做給別人看，而是給自己交代。手足之中最容易有紛爭，爭的無非是「誰該孝順？要做到怎樣的程度？」倘若手足都認

為某人受父母寵愛最多，理應也要對等孝順父母，這樣的期待不一定是事實，倒不如反求諸己，看自己想做到怎樣的地步，「安心」最重要，也不需要去跟別人比較。

（六）負責任的功課

　　許多的社會新聞披露出不同價值觀的差誤，包括沒有房子住、薪水22K、或畢業找不到工作都怪政府。曾經有個朋友舉例說：收成不好是政府的錯，因為沒有照顧到農民，收成太好、價格賣不好，也是政府沒有協助。請問：每個人是不是只要不如意，就把責任歸罪給他人就解決問題了？問題還是持續存在不是嗎？倘若責怪他人可以讓問題獲得解決或是減輕，我們當然可以鼓勵，但是並非如此啊！如果社會充斥著這些抱怨，請問我們鼓勵了怎麼樣的行為與價值觀？

　　「自由」與「責任」是一體之兩面，我們做了選擇、自然就要承擔起選擇後的責任。如果每個人都可以將給負責的部分完成，世界上就少了許多的痛苦與不幸。存在主義者認為「責任」是不可能逃避的，跑到天涯海角，責任還是跟隨著自己，像是一位不養家的丈夫，即便花名不斷，但是終有一天還是得面對自己應負的責任。每個人都有自己的位置與角色，這些也都包括我們要盡的義務與責任，可以善盡職責，不僅肯定自我、也貢獻社稷。

　　我們可以做的是：

1. 我今天是否將應該做的事都完成了？
2. 我今天是不是以希望被對待的方式來對待他人？
3. 我對於自己份內的事，是不是盡心盡力去完成？
4. 我是不是可以對得起自己、給自己交代？

（七）獨處的智慧

存在主義特別強調每一個人都是獨立的個體，也因此會有存在的孤單感，這樣的孤單會讓我們去尋求與人互動、互相依靠以及為他人貢獻的動機與行動。我們害怕孤單，所以許多事都找其他人一起去做，擔心被排擠，有時候就要犧牲說真話的勇氣，然而有時即便是一群人在一起（譬如在宴會場所），我們還是感受到那種孤單寂寞。與我們最親密的應該是自己，但是儘管如此，我們一般在生活中較少與自己獨處的機會，獨處與「獨立做事」有極大不同。獨處可以讓我們靜下心來，往內探索自己的感受與需求，甚至只是靜靜地冥想、感覺到自己呼吸、身體各部分的存在與動力，都是很新鮮的經驗。

我們可以做的是：

1. 我可以獨力完成想要做的事。

2. 我願意花時間冥思，接納自己的一切。

3. 我不會因為自己一人而擔心他人對我的看法。

（八）體驗與自然共存的尖峰經驗

「活在當下」就是充分去體驗活著的感受，當然不限於身體、五官的感受而已，還有與心靈（靈性）、大自然及宇宙的關係。在大自然面前，人類是如此渺小，雖然人類企圖想要戰勝自然，但是也發現與自然和平共處，才是最智慧的生存之道。

大自然是我們所生存的環境，大自然也有許多我們可學習的地方，人類的祖先敬畏自然、也向大自然學習到許多智慧。我們汲汲營營於物質與維持生計的生活世界，往往忽略了生活周遭的許多面向，因此抑鬱不已。將生活所需的欲望減少到最低，就不會有太多的煩惱，學習大自然的「有容乃大」，會覺知到「無為」其實就是世界運作的精隨。

我們可以做的是：

1. 減少破壞環境。

2. 每天做一件保護環境的動作。

3. 找時間去接近大自然，即便只是凝望天際、看看花草、或嗅嗅空氣的味道都可以，打開五官去感受。

自我覺察與生命教育

每個人在世界安身立命的幾個面向是：與自己的關係、與周遭的人、與周遭環境，以及與宇宙的關係，這些也都是我們可以覺察的方向。與自己親密相處，會更認識與了解自己，進一步會願意接納自己的所有面向，「獨自一人」並不表示「孤單」，而「獨處」也是一種能力。「存在的虛空」是人類生存的事實，也因此展現了「獨處」及「與人連繫」的重要性。

人類的自我覺察，有反省認知的頓悟與情感的洗滌，還會有行動的跟進，讓我們可以不斷進步、改善，讓自己更好，同時也對社稷世界有貢獻。覺察讓個人可以過更真實、真誠的生活，與周遭重要他人的互動更親密，讓自己對美麗世界貢獻一己之力。「自我覺察」是諮商師或專業協助人員個人與專業成長很重要的一項工作（Locke, 2001），許多諮商師教育者（counselor educators）也一致認為應該將自我覺察納入諮商師養成體系中，可使專業人才培育更為周全、完整（Corey, Corey, & Callanan, 1993; Cormier & Hackney, 1993），自我覺察的功夫應該是持續下去的過程與工作（Gladding, 1999），因此自我覺察是生命教育的濫觴，也是讓自己生命更有質感的起始點。

自我覺察的項目（不限於此）

- 我今天過得滿意嗎？該做的事都完成了？
- 我今天與人相處的情況如何？有無需要改善或修補之處？
- 今天的活動過程，讓我對自己有沒有更深刻的了解？我的收穫為何？
- 與重要他人之間的關係如何？有沒有顧及對方的需求、並做適當調整？
- 我對於今天自己的表現與作為滿意嗎？自信指數從一到十，落於何處？若要更進一步，會有哪些行動？
- 我是不是對自己感受負責？有哪些今天產生的情緒可以做進一步檢視？
- 我有沒有照顧到自己的靈性需求，花一些時間給自己？
- 今天碰到生命中的貴人了嗎？他／她是如何影響我的生命？
- 我今天也是他人的「生命貴人」嗎？我怎樣影響了他人的生命？
- 在今天結束之前，我要感謝那些人或事物？

家庭作業

一、每天記錄三件感恩的事，持續一週。

二、每天花五至十分鐘獨處，不需要做任何事，用來冥思或放空都好。

三、給自己去年的成長命名（如「堅強」、「努力」等），並舉出實例說明。

第五章　我的成長史

心理學家阿德勒說過：「每個人就像一棵樹，有不同的生命型態。」

如果我是一棵大樹，就為大地提供綠蔭，如果我是一株小草，就為大地點綴綠意。

可以活著，才可以成就自己想要完成的事務、創造自己的生命意義；也因為活著，可以體驗生命的起伏與不同感受。

楔子

大黃蜂的身體與翅膀比例，按照物理學的原理是飛不起來的，但是因為大黃蜂認為自己是蜂類，「應該」要會飛才對，因此牠奮力振翅，飛得比一般的蜂類還要快。

這是我小時候聽說的故事，後來有科學家證實，其實不是因為如此。但是我很感謝有人告訴我大黃蜂的故事，讓我深信努力之後比較不會後悔，因為試過總是比沒試過要好！

這是一則聽來的故事

猶太人在二次大戰期間受到希特勒的大舉屠殺，因此其世世代代都叮囑下一代記得這樣的仇恨。有一位猶太人卻有不同的思考：「想想那個靈魂需要有多大的勇氣選擇擔任希特勒這個角色，他的種族屠殺行為，喚醒與提升了人性！」

自我成長的內涵

我們每個人從家庭來，受到原生家庭的影響也最深。每個人都有「根」，我們所從出的家庭就是我們的「根」；家庭也是我們所接觸的第一個「社會單位」，社會學裡面肯定每個人從原生家庭裡受到最初的社會化與許多學習，像是語言與文化的學習、與人互動方式等。而許多心理學理論都提到原生家庭對個體的重要影響，包含與主要照顧人的依附關係，甚至將許多個人的心理困擾與疾病、以及犯罪行為，也都可以追溯到個人與原生家庭的關係，因此自我覺察的重要項目就是探討自我與原生家庭的關係，然而每個人出身不同家庭、經驗各異，縱使**我們無法改變自己的家庭或之前的成長歷史，但是卻可以選擇讓這些過去影響我們多少**。本章會就原生與延伸家庭的影響及性別社會化過程等方面作探討。

一、原生家庭與影響

（一）原生家庭的重要性

許多心理學者都提出原生家庭對個體的重要性，精神分析學派提到母子關係與童年經驗是形塑人格的關鍵，自我心理學派的阿德勒認為原生家庭對一個人的人格發展具有關鍵影響力，從家庭星座中可以看到一個人怎麼形成他／她對自己、他人與生活的獨特看法，因此文化與家庭價值觀、性別角色期待與家人關係，都影響孩子觀察家庭互動的模式（Corey, 2009）。阿德勒認為家庭是一個人最主要的社會環境，每個孩子都企圖在家庭裡展現傑出、爭取自己的位置（Mosak, 1995）；家庭星座也包含了家庭組成與大小、排行與互動關係（Nystul, 2006）。家人關係是我們的最初與最終，「家」就是一個人最重要的「歸屬」之處。

每個家庭都是一個系統，有自我調節（self-regulation）的功能，即便在一個家庭裡，也不是只看見所有成員而已，還包括個人的經驗、彼

此之間的關係，即使是個人的心理問題，也是在與人互動中呈現出來（Nichols, 2010），因此只要系統中任何一個環節出問題，都會影響整個系統的運作，而系統則會發揮「平衡」（homeostasis）的功能，讓系統回復到之前的狀態，就像家人間的互動、會依循一些慣例或規範，其目的就是要維持可以預測的穩定狀態（Nichols, 1992），健康的家庭系統不僅維持平衡，也尋求改變的必要性，而將家庭視為系統的同時，也不能忽略家庭外更大的系統（如社區、文化與政治）網絡的影響力（Nichols, 2010）。

孩子的反省思考、情緒調節、以及同理心都需要靠環境的培養，許多家長似乎忘記了自己對孩子的傷害，原因也許是忘記了原生父母對自己的傷害、或者自己對於孩童時代被忽略或虐待的情況無感（Firestone et al., 2003, p.42-43）。有些孩子韌性較強，可以抵擋或承受這些傷害，有些孩子卻極脆弱，可能視自己為受害者、終身擺脫不了！許多人在成長之後選擇親密伴侶，通常會找那些相似於早期經驗中適合其防衛機轉的對象，像是試圖去觸怒對方、複製以前的童年經驗，因為將伴侶視為過往某個重要他人（Firestone et al., 2003, p.48）。國內也有研究發現：不同的人所經驗、解釋的家庭傷害不同，而較需要重視的是我國文化裡的「孝順」常常變成父母親對孩子或家人的「情緒勒索」（邱珍琬，2014），也就是以彼此的關係要脅對方妥協或為自己做什麼、激起對方的罪惡感，藉此控制對方。親密關係中也常見這樣的情緒綁架，像是對方若要分手就威脅要自戕、或玉石俱焚之類的行為均屬之。

然而可以肯定的是：極大多數的父母親是很努力成為更好的父母的，因為孩子是他們生命與愛的延伸，因此他們會傾全力去保護與愛，而我們在原生家庭所汲取的愛，也正是生命之源。

（二）依附行爲

心理學對於嬰兒與照顧人之間的關係研究最早、也最重要，這就是所謂的「依附行爲」，依附行爲的良窳會影響孩子日後的人格發展，也延伸其影響到與他人的關係及親密關係（Fraley, Hudson, Heffernan, & Segal, 2015; Fraley, Roisman, Booth-LaForce, Owen, & Holland, 2013）。最佳的「依附行爲」是照顧者可以滿足嬰兒的需求、同時也與嬰兒建立信任的關係，因此像是媽媽了解孩子不同哭聲的意義（如飢餓、害怕、尿布濕了、需要被安慰等）、並做適當的回應，而不是當孩子害怕時卻塞奶嘴給他／她，或是尿布濕了不舒服、卻只是抱抱他／她，孩子也會覺得基本需求未被滿足、或不被愛，在心理上就會有空缺，這些空缺在他／她成長之後，可能會用不同方式去滿足或替代（如在他人拒絕自己之前、先拒絕他人，或是以受害脆弱者姿態贏得他人同情）。每個人都有生理存活的需求，也都有心理上需要安全、隸屬與自尊的需求，還有靈性方面的需求得要滿足，基本上家庭都可以提供與滿足這些需求，因此夠好的「依附行爲」其實就滿足了許多人類的基本需求。教育心理學曾經有過一個實驗，是以孤兒院裡的嬰兒爲對象，分爲兩組進行研究，一組只提供生存需要的食物，另一組加上護理人員的擁抱，後來追蹤這一群嬰兒到青少年，發現兩組的智商差十個百分點以上。在教學現場上，我們也看過許多智能高但學業成就不佳的孩子，發現其是否有資源協助、以及「學習動機」才是眞正的決定因素，尤其是師長們是不是鼓勵孩子學習、願意提供可用的資源，同時不以分數論高低，要孩子與自己比較、發揮其潛能，就可以讓孩子因爲學習本身的樂趣而獲得自我增強，孩子也會因爲某位老師欣賞或喜歡他／她，而願意努力求上進，這些也都是考慮到心理的條件。

在親子關係與伴侶關係中最重要的就是「可接近性」（accessibility）與「反應」（responsiveness），先前的情緒關係連結就發展爲依附需求

（如安全、信任、支持），而這些與個人的自我概念與自我形象是密切相關的，甚至延續到後來的成年生活（Naaman et al., 2005, pp.56-57）。我們對於自己在乎的人的評價會非常在意，主要是因爲對方與我們的關係使然，特別是家人。父母親的認可是最重要的，自體心理學派（ego psychology）提到人有「自戀」的需求，也是成爲成熟個體的重要元素，Kohut認爲照顧者與孩子之間的溝通不限於具體的方式，同時也以「神入」（同理了解）（empathic ways）的方式做溝通，而這些「神入」的互動是孩童發展自我最重要的元素、也是孩子未來與他人建立關係的重要基礎（Cashdan, 1988），這也說明了能夠擁有「神入」的父母（或照顧者）與玩具（可以將其理想化的素材投射在玩具上）是很重要的（Tudor & Worrall, 2006）。

　　年紀越小的個體更容易受到他人對自己看法的影響，有時候甚至以他人的意見爲意見、完全不敢有自己的見解，包含對自己的看法或自信。行年漸長，我們慢慢會拿回自己的自信，主要是從自己的經驗與能力著手，也會有較佳的判斷來處理他人對我們的批判與建議，而不會完全以他人的意見爲意見。當然最重要的是：我們經常與人互動，從他人眼中可以看見自己的樣貌與優缺點，會經過反思而做自我改善的動作，讓自己成爲一個更好的人。當然也有可能是個人自視太高、或是有自戀狂，不在乎他人對自己的看法，當然也不會做任何改善行動，只是這種人是極少數。

　　孩子需要有依附對象、覺得自己有所歸屬（有人要），因此即便父母不良、甚至是錯誤示範，孩子還是依賴父母、以父母爲依歸。我們在臨床現場上，常常碰到受到家暴或性虐待的孩子，儘管其原生家庭問題重重、甚至父母親根本不疼惜愛護孩子，孩子還是始終跟隨、不離不棄，因爲他們是孩子視爲唯一的依靠與歸依。

（三）家庭是最早的教育場所

　　家庭是我們第一個社會環境，我們在其中觀察及學習與人互動的方式和智慧，甚至傳承家庭價值與親職模式。孩子儘管年幼、還無法用語言表達，卻有敏銳的雙眼去觀察與覺知，看到雙親互動方式、教養的行為、以及看重的事物，於是從中去體驗與猜測，許多家長會在行動的同時給予解釋，企圖讓孩子明白行為的原因，但是也有家長認為不需要解釋、或不做解釋，孩子只好自己去猜測，而這樣的猜測、若無其他參照，可能就會解釋錯誤，這就如同阿德勒學派所謂的「虛構目標」（Halbur & Halbur, 2006）──孩子會將其視為自己想要達成的錯誤目標。像是研究發現暴力家庭會孕育暴力或受害的下一代，通常男孩會成為下一個施暴者、女孩會成為受害者（Jankowski、Leitenberg、Henning、& Coffey, 1999），可能的原因是：男孩目睹自己父親對母親或家人施暴，學習到這種行為，「認為」人應該要有權力、才可以主宰一切，所以就沿用這樣的方式與人互動，而女孩子同樣目睹家暴，「認為」女人都是可憐的，怎麼抗爭都無用、只會讓後果更淒慘，所以就將自己設定為「受害者」以圖生存。

　　父母親或是家族重視的價值觀也從父母親的叮嚀與身教而來，有些父母親若言行不一致，孩子也會發現而記在心裡，通常是身教的影響大於言教。孩子做錯事，家長若不及時糾正、甚至還誇獎，孩子可能就誤以為這樣的行為是被容許的，等到行為坐大，要修正就不容易。

　　家人彼此之間的溝通方式與親密感有關，中國傳統的溝通因為有倫理與位階的緣故，因此常常要求在下位或是下輩要能夠「體察」上意，而礙於面子或禮貌，人際溝通又常常是以「間接」方式居多，也增加了許多的阻礙。Bateson發現所有的溝通都有兩種功能或層次，其一是「報告」（report，是指訊息所傳達的「內容」），另一種是「命令」（demand，指報告是如何被接收解讀的、對話者的彼此關係是如何），第二種訊息也

可以稱之為「後設溝通」（metacommunication），是隱而不顯、常被忽略的（Nichols, 1992, p.39; Nichols, 2010, p.18），像是妻子抱怨丈夫：「你都不幫忙做家事。」字面上意義似乎是抱怨，但是隱藏的意義可能是一個「委屈」、想要丈夫疼惜的小女人。許多的教育是潛在的、隱而不顯，像是要求孩子「考一百分，得一百元」，其背後的訊息可能是「要一百分、要完美，我才會被看見、被疼愛」。這也可以呼應「溝通交流分析」所說的溝通兩層次（社會層面與心理層面），心理層面才是真正想要傳達的。而Bateson的「雙盲理論」（double-bind theory）也常常出現在家庭互動裡，像是母親跟成年兒子說：「你都沒有自己的主見，要像個男人，就趕快去找工作！」如果兒子按照母親的訊息出去找工作了，是不是「證明」了他沒有自己的「主見」？如果不去找，是不是就「不像」個男人？最早的家庭治療者就在身心疾患者身上看到這些互相矛盾的訊息（Goldenberg & Goldenberg,1998）。訊息最好是一致，要不然引發許多猜測與困擾。

　　原生家庭的規則中若不鼓勵自我表達或是不溝通，會影響到後來親密關係裡的感受接收與表現，而伴侶之間所知覺的情緒、性與智性上的親密也受到各自原生家庭失功能規則的負面影響（Larson, Peterson, Heath, & Birch, 2000）；一個家庭讓孩子無法感受到安全，對其身心也會有許多的負面影響，最直接的可能是對周遭世界覺得不安全，也更加深其無力、無助感，出現「內化」（internalized，如害怕或壓抑）與「外化」（externalized，如攻擊、反社會、打架、說謊）行為表現（Coyne, Barrett, & Duffy, 2000; Edleson, 2004; Stiles, 2002; Morrel, Dubowitz, Kerr, & Black, 2003），男性似乎較多外化（或「宣洩」acting-out）行為（如破壞物品、打架），女性則是內化行為較多（Jaffe, Poisson, & Cunningham, 2001, Steiger & Matthews, 1996, cited in Martin, 2002）（如情緒低落、自傷、自信低），包括與人互動不良（Edleson, 2004, p.10）。

（四）家庭傳承

我們在探索原生家庭與自己的關係及影響之時，也不能忽略自己祖先與傳統的代代相傳，因爲人是社會文化的產物，而我們的家庭就是將這些傳承留給我們的主要推手。中國人的愼終追遠與重視自己所由來（根）的傳統，可以說明我們的原生家庭與其根源脈絡，也都是自我的一部分，正如同我們不能否認歷史是自己的一部分一樣。中國人的「宗族」觀念極強，同一宗族對與某些價值觀的堅持，也會影響其宗族內的所有人，甚至以此爲評估某人優劣的標準，像是我們說閩南人會做生意、客家人勤儉持家、原民重視與自然和諧相處等。

然而許多的家庭價值也因爲時代的變化，下一代不想要依循，或許這也是一種必然的趨勢，需要去思考調整與因應，像是傳宗接代或多子多孫（現代人不生孩子或少子化）、重男輕女（現在是兩性平權的趨勢）、文憑與學識（現代人重視實務）等等觀念，目前都受到許多挑戰。許多家族內鬨，也將這些仇恨遺留給下一代，讓世世代代都擺脫不了憎恨與詛咒，結果讓更多人承擔上一代的罪虐、不得喘息。「放下」不容易，但是選擇放下的同時，卻也放過了自己，心理上會舒坦許多。

二、家庭與親密關係

Bowen鼓勵個體與家庭做適度的區隔（所謂的「自我分化」（differentiation of the self）），而「自我分化」的程度與個體成熟有關、也與因應壓力的功能有關（Goldenberg & Goldenberg, 1998; Nichols, 1992; Nichols, 2010）。然而西方的「自我分化」固然關乎個人獨立能力，卻容易讓人誤解爲與中國傳統的「孝順」含意互相衝突（若自我太獨立，是不是就會脫離家庭、與家庭不親密？）這也是許多家庭治療師在做家族治療時，一方面希望維持個人的成長獨立，同時也要讓家庭有愛與自由，如Satir（Goldenberg & Goldenberg, 1998; Nichols, 2010）。還有學者研究「親

職化」的問題，指的是孩子承擔了不適當的角色，像是父母親的責任與功能（Jurkovic, 1997, cited in Nuttall, Valentino, Wang, Lefever, & Borkowski, 2015, p.863），那麼孝順、願意替父母親分擔家務的孩子算不算是「不健康的」親職化小孩呢？這當然也要將東西方文化的傳統考量進去，在使用時也要注意。

親密關係與身心健康關係密切。研究顯示有親密關係者其死亡率較低、較滿意生活、也較為快樂（Gable & Gosnell, 2011），也有學者做過研究發現：已婚者或是有親密關係的人比未婚或沒有親密關係的人較長壽。親密關係中有所謂的「米開蘭基羅現象」（Michelangelo phenomenon），也就是親密關係可能阻礙或提升對方的自我意象（Gable & Gosnell, 2011, p.271）。大部分的人希望與他人關係好，甚至有一些有意義、親密的關係（包括知己），學術界有所謂的「自我拓張模式」（self-expansion model），提到親密關係可以協助自我的發展，而自我的拓展渴望也會驅使我們去更積極尋求、進入或加深親密關係，這是一體兩面的正向結果（Gable & Gosnell, 2011, p.272）。我們在親密關係中更認識自己、提升自己、也有許多的利他行為。

我們從原生家庭的學習中，也看見異性間的互動與親密關係的經營及表達，其中影響最鉅的應該就是如何經營親密關係，甚至也會決定未來是否會有健康的親密關係或婚姻。許多成長在父母不和家庭的孩子，大多數不會選擇進入婚姻，極少部分會想要有與上一代不一樣的家庭、卻常常感受到原生家庭的陰影與影響。

感恩有助於親密關係的發展與深入（Gable & Gosnell, 2011, p.272），但是對於親密關係中的人來說，常常會忘記感謝、甚至視為理所當然，也可能因此破壞了彼此的關係。即便是最親的家人，有時候也會忘記禮貌，禮貌是人際關係的潤滑劑，有人擔心若家人之間過多禮貌是不是太生疏

了？但是適當的禮貌表現出來的是尊重與感激，對彼此關係有加溫作用，況且表現出來的是發自內心的眞誠感受，其效力更大！

Reis與Aron（2008）提及親密伴侶關係裡有「熱情愛」（passionate love）與「伴侶愛」（companionate love）兩項，前者是指興奮與酬賞動機（通常與性有關），後者則是指「連結」與「親密」（cited in Gable & Gosnell, 2011, p.274）。親密關係是建立在日常生活中，而「自我揭露」（disclosure）與「反應」（responsiveness）是最重要的（Lambert, Fincham, & Ajayi, 2011, p.282）。我們的文化中對於不同性別的要求亦異，較不鼓勵男性做自我揭露，所以絕大部分男性間的情誼不及女性間的情誼深厚，當然女性著重人際關係，也應該是受到社會文化的影響。男性間的許多親密舉動大半是在球場或是競賽項目中發生，也許是因爲「同性親密」的禁忌，反觀女性就較無這樣的約束。也因此，男性在親密關係中較擅長以「行動」來表示，反而忽略了感受與情緒的部分，甚至是親密性行爲裡以「直搗黃龍」爲目標，而忘記了前戲的浪漫與氣氛營造。

三、家庭傷害

雖然家庭是我們所依存的最重要社會單位，然而並不是每一個家庭都圓滿理想，許多人也從家庭中受到傷害，甚至影響到未來的生活。家庭暴力與虐待經常是造成人格扭曲與心理疾病的關鍵因素，然而最大宗還是忽視或忽略，孩子沒有受到應有的生理與心理照顧，演變成個體對他人沒有適當的互動與情感，甚至造成自殺或犯罪的可怕結果。

許多人從原生家庭帶來許多的傷痛（Firestone et al., 2003, p.114），畢竟沒有人是完美的、當然也就沒有完美的家庭。Firestone等人（2003, p.38）提到心理上的傷害有幾個層面：父母親對孩子的虐待，會造成防衛機制的產生，而這些防衛機制會限制個人往後的生活；而心理上的傷害又來自於人際之間以及與存在有關的，前者通常是挫敗、攻擊或虐待所造

成，後者則是指孤單、分離與失落經驗、或是環境所加諸的（如犯罪、貧困、戰爭與老死）（Firestone et al., 2003, p.38）。臨床上發現，不管是因爲父母對孩子的敵意、親職教養過程中的忽略或虐待，或者是太嚴苛的價值觀與道德約束，以及家長本身負面的特質或上癮行爲等，都可能讓孩子蒙受情緒上的傷害，甚至影響其人格的健全性。即便家庭沒有虐待或忽略的嚴重傷害發生，卻有其他形式的「冷暴力」，指的是心理或精神虐待。邱珍琬（2014）的研究指出，家庭傷害很主觀，然而其影響卻很大，包含：不適任親職、雙親不睦、暴力父親、暴力家人或家族涉入過深、專制、威權、不明理的父親、父親耽溺於自己嗜好而不養家、父母親的差別待遇、母親情緒的代罪羔羊、專制且掌控的母親等。

　　這些家庭傷害對於個人的影響有許多差異，但是也都會影響孩子對自己的看法，甚至是生命目標，因此現在心理學界也開始注意「正面的力量」（如正念心理學），而不是負面的影響。

四、個人與家庭

　　當然，將以上的許多傷害歸因都放在家長或照顧人身上，還是有些不公平，固然家長是主要負責孩子生命與生活的人，然而還是要將個體的發展與成長過程置於其所生活的脈絡中來考量，像是成長在犯罪率高或是戰爭頻仍的區域，有時候要維持基本的人性都有其困難度，而有許多好家庭也出不良子弟，又該歸咎於誰？許多人都從自己的原生家庭帶來傷痛，少數人會怪罪自己的父母親（像是沒有「富爸爸」），**儘管我們不能選擇自己的家庭，但是可以選擇家庭影響我們多少**，這就如同把生命給我們的牌打好一樣的道理。

　　同樣地，即便有多人從同一個家庭中而來、有共同的父母親，但是每個人的發展與成長卻也不一樣，這就是心理學上所謂的「天生」（nature）還是「教養」（nurture）的問題，基本上這兩者都有影響，且

交互作用，而最重要的是個體本身。個體本身的個性、看世界的方式、有無創傷經驗、如何解讀他人對待自己的方式等等，也都會影響這個人對生活的態度與方式，也就是個人有選擇的能力，也需要爲其選擇負起責任。因此雖然個人是成長在家庭中，受其影響最大，但是個人還是有其個性與因應方式。

五、從原生家庭的學習

《曠野的聲音》一書提到父母親是給我們學習的，這暗示了天下有「不是」的父母，即便如此，個人還是可以從家庭裡學習到許多珍貴的禮物。每個人出生的家庭不同，父母親亦有差異，倘若只是花時間去抱怨自己沒有「好父母」，並無助於自己的生活，倒不如去思考：我們從原生家庭學習到什麼？有哪些可以做修正或屏棄？

原生家庭對於人格與價值觀的養成最重要，父母親只要經濟能力過得去，給孩子適度的愛與關懷，以身教代替言教，傳承給下一代正確的生命理念，子女自然就可以順利成長爲對社會有用的人。父母親也是從「做中學」，每個人都是在身爲父母之後才慢慢學習做更好的父母，當然也可能犯錯，但是通常大部分的父母親是會反省的，也因此讓自己慢慢成爲更佳父母。爲人父母不容易，因爲孩子的個性與氣質都不同，也不能以同一種方式對待及養育，就像教育者一樣要「因材施教」，有些孩子教一次就會，有些需要重複或示範多次，也都需要父母親的耐心與寬容，接納孩子之所「是」，協助其發揮潛能、貢獻社會。

生命是很棒的禮物，只有活著，我們就可以實現自己想要完成的夢想與目的。生命之所以可以延續、綿綿不絕，人類文明才可以持續，也有研究者指出：繁衍下一代的一個意義就是「生命不死」的一種幻想架構（Firestone, 1994, cited in Firestone et al., 2003, p.36）。父母親在養育孩子的過程中，體驗到快樂幸福或憂愁，看見孩子漸漸成長的驕傲，當孩子開

始步入社會、發展自己的人生，父母親還是心心念念、沒有一時或忘。

　　我們的生命從父母親來，了解自己生命的根源、懷抱感恩之心是很棒的。許多被收養或是不知道生身父母為誰的人，都很希望可以有機會去尋根、給自己一個定位（身分的認可）。此外，手足關係是一個人最長久的親密關係，在家庭裡與手足的互動，也奠定了往後與人互動的基礎。家長若是有明顯的重男輕女或偏愛，也會引起手足間的嫌隙、甚至影響以後的發展，許多家長忽略了這一點，直接造成往後子女彼此鬩牆的人倫悲劇；雖然完全公平並不容易，家長要儘量公平，以免讓子女感受不佳、進而影響彼此的情誼。心理學家阿德勒也針對家庭氣氛與排行，有諸多透徹的觀察，讀者可以參考相關書籍多作了解。

六、延伸家庭與其影響

　　我們最直接受到自己所從出的原生家庭影響，而與原生家庭有關的延伸家庭（extended family）也有其重要性，因為有環環相扣的脈絡因素。中國人的婚姻通常不是兩個人的結合，而是兩個家族的結合，因此從古代開始就很重視所謂的「門當戶對」，主要是因為出身相同、價值觀較相似，而不是指一些物質或表面上的條件而已。

　　新婚夫妻在子女出生之前，其實就開始調整彼此的生活習慣，建立起屬於自己這個「立即家庭」（immediate family）的規範與習慣，也就是各自從原生家庭帶來的規則與價值觀開始做磨合與協調，漸漸形成屬於自己家庭的規範與習慣；倘若一方原生家庭涉入較深（如夫家），妻子這一方會開始做調整或抗爭，若抗爭不成，可能就順服、或將埋怨地下化。若夫家涉入過深，最受影響的當然就是親職的部分，如果與妻子原生家庭有太多扞格或衝突，受害最大的是彼此的關係與孩子的教育。在農業時代，延伸家庭是家族的輔助力量、彼此合作、共同養育下一代，即便是現代社會，延伸家庭也是最便捷、可靠的資源，像是年輕夫婦剛生育下一代，孩

子若沒有託給保母，就會找各自的原生家庭父母親協助照養，如果遇到經濟上需要，也是先向延伸家庭招手。如果夫妻的原生家庭，還涉及到上兩代以上的恩怨情仇（如上一代家產分配不公），情況就更爲複雜。

當然延伸家庭也有彌補、修正的功能。像是若原生家庭有犯罪父母親，但是祖輩或是叔姑舅姨等人，有正確的人生觀與價值、與此戶子女互動又佳，也可以產生補救與匡正的影響，孩子的成長就不會偏離正軌，最怕的是延伸家庭成員沆瀣一氣，讓錯誤影響更大。

七、重要生命事件與其影響

生死學大師庫柏勒斯說：「人生是一所學校。」所以我們是來這裡學習的。人生的每一個階段，或許看重的事物會有不同，也有不同的學習。每個人生命過程中，會發生一些重要事件或出現影響生命的人物，這些事件對自己的影響爲何？影響了我們對自己的看法、價值觀或是對人性的觀點？又有哪些人是生命過程中的貴人，給過我們扶持與鼓勵、或是惕勵與磨練？作家吳淡如說過：「人生不是學到、就是賺到。」我們學到了哪些重要教訓？又賺到了哪些有形與無形的禮物？生命中的貴人至少有兩種，其一是協助我們、鼓勵我們、解救我們走出困厄的，另外一種是給我們磨難、痛苦、鄙視與打擊的，前者讓我們更知感激，後者惕勵我們奮發圖強、超越自己！

每個人都只能過一種生活，但是經由與他人的分享、閱讀，可以知道與感受到不同的生命經驗，而這些都可以豐富我們的生活內涵與質感，同時也可以讓我們從不同觀點看世界。檢視自己在生命旅途中，從有記憶以來，曾發生哪些讓你／妳印象深刻的事件？事件過程如何？有哪些人物出現？讓你／妳學習到哪些？這些事件都可能對個體的個性、對世界與他人的觀點、生命目標與意義有重大的影響力量。當然最主要的是：即便兩個人經歷同樣的事件，卻有不一樣的主觀詮釋，也會造成不同的結果。像是

同樣經驗經濟貧窮的年代，有人特別看重金錢與物質的享受，有人卻不以為意，那麼這兩人的發展一定會大不相同！

　　心理學家阿德勒提到：每個人就像一棵樹，有自己的生命形態。每個人的生命由自己創造其樣態與意義，每個人也都有自己想要達成的目標，而我們所從事的每個行為都有其目的存在（Corey, 2009; Halbur & Halbur, 2006）。阿德勒學派的心理學家曾經歸納幾個不同的生命目標、每個人有不同的優先次序，它們是（Adler, 1956, Mosak, 1971, cited in Seligman, 2006, p.80; Gilliland, James, & Bowman, 1989, pp.39-40）：

（一）主導（ruling）、規劃或統治他人——在與人關係中喜歡掌控與主導；

（二）獲取（getting）——總是期待自他人處獲得些什麼、依賴他人；

（三）逃避（avoiding）、迴避人際與他人的挑戰——逃避問題、不想負責或承擔；

（四）想要成就（driving）、追求卓越與完美——成功是唯一的選項；

（五）控制（controlling）與管理——喜歡有秩序、不能忍受無序或髒亂；

（六）受害或是殉難者（being victimized or martyred）——兩者都受苦，但是前者較被動、後者則是較主動；

（七）表現好（being good）或尋求安慰與舒適——總是表現出有能力、有用、總是對的；

（八）討好或贏得他人讚許；

（九）仰賴他人、需要被照顧；

（十）表現對社會有益（being socially useful）、提升社會福祉與進步——與他人合作、也貢獻自己。

　　上述十項中，只有最後一種是表現出社會興趣的，也就是對社會有

正面貢獻的。這些生命目標就如同每個人看重的不一樣，有人希望擭取獲利，有人希望有地位聲望，有人希望過簡單生活，不一而足。我們對於重要生命事件的記憶與解讀很主觀，主要也反映了我們的價值觀與性格，同樣的事件、不同的人經歷，當然也會有不同的解釋，而這也正顯示其認為生命中重要的是什麼、要追求的為何？

生命過程中，一定有個人認為對自己影響深遠的事件或人物，不妨列出這些事件與影響人物，並將其對自己的哪些影響寫下來，然後好好思索這些影響造就了自己哪些面向的態度、思考或性格？如果看見自己的抱怨或責怪，進一步去想想：自己真的沒有責任嗎？目前有無改變？雖然人也受環境或一些因素的影響，但是不要忘記個人也有主動力與能力，是不是受害者，也靠自己來決定。

八、性別與成長

心理學家楊格（Carl Jung）提到每個人都有男、女性的特質，只是礙於社會文化與期待，生理上的男性只能表現出規範的「男子氣概」行為（如勇氣、堅強），而女性只能表現出典型的女性行為（如柔弱、照顧他人），才被肯定與或讚許，倘若不管性別，都可以適時適地展現自己不同性別面向、發揮所長，這才是幸福、健康。現在的潮流雖然已經慢慢脫離傳統性別的刻板印象與框架，然而卻還需要相當長久的努力才可以讓性別平等竟其功！

與生俱來的生理性別（sex）影響社會對待個體的方式，這就是所謂的「社會性別」（gender），既然個體不能脫離社會而孤立，自然受到社會文化的約束與影響，加上「性別」也是個人身分建構的一部分，因此其影響不容小覷。個人可以從性別與自己成長的角度來看社會化（性別）對自己的影響，也可以從日常生活中的觀察、看見不同性別被對待的情況，還可以分析我們國、台語中的「髒話」是不是含有許多的性別與歧視成分。

　　個體還在母體裡時，就開始接受性別教育的影響。像是母親會預設胎兒的性別而對胎兒說話；嬰兒一出生在醫院，手腕上或是嬰兒服以顏色來區別（如男嬰為淺藍、女嬰為粉紅）；家長會因為嬰兒的性別不同而與其做不同互動（如對女嬰不斷說話，對男嬰則是以動作逗弄或玩耍），也開始在服裝顏色與款式的選擇上遵守性別的規範；孩子漸漸長大，父母親也會以不同的規則叮嚀或約束孩子要表現得與其生理性別一致的行為（像男孩頑皮、好動是被允許的，女孩則要求安靜、文雅）、玩不同的玩具或遊戲；孩子進入學校，師長也加入性別教育的行列，甚至執行更嚴格！

　　嬰兒期與青春期是個體發育最快速的兩個階段，有關性別的發展與學習在青少年時期是最為顯著的、也是「性別刻板化」（要求行為吻合生理性別）最強烈的時期，因為「性別」也是我們自我認同的一部分。因為性別是社會化的產物，身處其中的每個人難免受其影響，因此也是自我成長可以檢視的一個環節。我們會不會因為自己的性別而受到不同教育或待遇？喜歡自己的性別嗎？自己對於這樣的待遇有無疑慮或是思考？在生活、求學、求職或是親密關係中，又有什麼影響？自己對於性別刻板化的影響多少？會不會有性別的偏見？對於性少數族群的看法如何？對於家庭分工與親職工作責任分攤有何看法？

　　性別影響到權力與位階，身為男性就是擁有較多權力的一方，身為女性就矮了一截，許多的規定是男性制定的，包含以前對心理疾病的定義，也是男性主導，女性反而成為「病患」或「失常」的一方，即便是家暴事件，男性為尊的解釋是「女人不聽話、不尊重男人」，卻沒有站在女性實際身體力量較弱、資源較少的立場，因此女性主義者提及：許多女性的心理疾病其實是「存活策略」之一（Corey, 2009）。雖然多元性別與文化的倡議，似乎讓許多的性別緊身衣鬆綁多了，連男女性服裝也趨向中性，但是我們基本上還是父權至上的社會，許多的師長與社會人士還是極力要求

生理性別符合一些特定行為（如男性不能太「娘」、女性在正式場合要著套裝）、鄙視或壓抑不符合性別的行為或思考、甚至加諸同／雙性戀者汙名，而不是尊重個體的才能、個性或自在性，這也是我們目前與未來仍待努力的地方。

　　了解自己的性別及受到的影響、知道也接受自己是有性慾的動物，努力掙脫性別刻板化的束縛與自限，也是自我覺察的重要功課。

家庭作業

一、畫一條自己的生命線，其蜿蜒曲折、或高峰或低谷，由自己去決定，　　並在重要年齡標上大事紀、簡述此事件與其影響。

二、訪問父母親之一，詢問其成長史。

三、訪問手足或家人之一，對你印象深刻的童年事件，並詢問其看見自己　　性格中的什麼？

第六章　成見與價值觀

希臘哲學家Epictetus認為「人們不是受到所發生事件所困擾，而是他們對於事件的看法所影響」（men are disturbed not by things but by their views of things）。

楔子

教育心理學上曾經有個著名的實驗。首先讓老師預覽班上學生的智能成績，學生表現的情況是成績普遍低落，因此老師在上課後受訪時也報告學生有許多偏差行為、幾乎無法受教；同樣一班讓另外一位老師教，但是呈現給該師的智能成績是相當傑出的，老師在上課後接受訪問，對學生表現嘖嘖稱奇、認為根本就是天才班！

同樣的一個班級的學生，只是讓老師事先看到不同的智力成績結果，就有了這麼大的反差！這是教育學上所謂的「預期效應」，從心理學的角度就是「帶著有色的眼鏡去看世界」，因此這說明了「第一印象」可能偏誤，也可能意味著我們常常在還沒有嘗試或認識新的經驗或事物之前，會有一些先入為主的偏見或成見，導引著後面錯誤的結果或結論。

因為是人，都有自己對於事物的不同看法與信念，有些甚至主宰著我們的生活與生命，然而我們的價值觀幾乎充斥在我們的生活裡，有些直接與我們的直覺或感受有關（如覺得不對勁或不喜歡），而這些感受就可以引領我們去檢視自己存而不察的價值觀。

文化覺察與價值觀

一、文化與價值觀的關係

價值觀是指一個人視爲重要的生命指導原則或信念，有時甚至比生命更重要。價值觀是從我們的原生家庭、學校、教會（宗教）、媒體與其他重要影響力而來（Gordon, 2006, p.29）。每個人都是文化的產物，自然深受影響，影響最重要的是世界觀與價值觀。文化包含了許多內容，像是種族、性別、年齡、思想、宗教、社經地位、性取向、身心障礙、職業、飲食偏好等（Pederson, 1991, 1997, cited in Hill, p.12），而每一個人都屬於許多文化（Hill, 2009/2013, p.12）。由於文化中涵括有太多元素，因此在探討較具體的世界觀或價值觀之前，須要先了解「文化覺察」。

「文化覺察」最常出現在諮商師的養成教育中，然而隨著全球化的趨勢影響，世界不同地域的人交流機會大幅增加，不僅消弭了許多錯誤的偏見或刻板印象，也讓「文化覺察」與「人權平等」畫上了等號，也就是要尊重與接納不同背景者，才是尊重人權！

二、諮商師的文化敏銳度

Richardson與Molinaro（1996）提到作爲一個有文化敏銳度的諮商師，必須有自我世界觀、文化價值、與種族認同的覺察能力，也就是必須在了解當事人之先就對自己的部分有用心努力過（Carter, 1991），諮商師可以覺察的面向有三個：全人類共通的人性與經驗、文化種族的共通性、以及個人的個別特殊性（Niles, 1993）。人類是文化的產物，不能脫離文化而獨立或不受其影響，也可以說每一個人都是一個文化。既然諮商師面對與處理的是當事人，也是面對著一個與自己不同的文化，因此需要了解當事人與其文化，以及當事人在文化中的脈絡。文化的差異可以反映在資訊處理的過程、世界觀、認知機制、個人或團體行爲的參照標準、對

「正常」的涵義、性別角色、以及對成員的期許不同上（Conyne & Cook, 2004, p.46）。

三、諮商師的文化能力

　　Monk與同事（2008, pp.432-439）整理了有關諮商師文化能力的相關資料，歸納有：治療師不僅要對多元文化抱持開放、好奇，也需要去了解與尊重、多元文化、平等、社會正義及文化民主，更要投身於相關研究，有時甚至需要經歷許多痛苦的過程去面對自身、文化與社會的許多偏見與不公義，也要去質詢、挑戰與改變自己既存的世界觀與假設；而治療本身就是文化的產物，也受到社會文化、歷史與政治力的影響，因此不能只注意到個人的世界觀或文化背景而已，也要留意文化相關的議題，尤其是治療關係中的「權力差異」。

　　多元文化是諮商師應該具備的能力之一，不僅治療師對於自身所從出的文化要能了解，也要對當事人的文化有適當的知識與探索，這樣才能在「知己知彼」、互相尊重的情況下做溝通，加上諮商師本身的專業與訓練是擁有較高的社會地位與責任，也就意味著「權力」較多，相對地，當事人可能處於經濟社會的弱勢、加上心理困擾，因此治療師更是責無旁貸地要屏除與改變當事人受壓迫的情境與系統，才能夠為當事人的福祉與權益代言。每一個文化也都有其蘊含的信念與價值觀，因此諮商師不僅要清楚與了解自己本身的文化與價值觀，也要相對地尊重當事人的文化與價值觀，而不是以自己的文化及價值觀為唯一的「正確」來評估其他人的文化。

四、諮商理論與價值觀

　　由於諮商助人理論基本上是白人、中產階級的男性所研發創立，不免會帶有濃厚的文化色彩與價值觀，因而Pedersen（1988, pp.39-43）提醒

治療師在諮商過程中容易發生的幾個文化偏誤爲：（一）以一種測量方式來評鑑「正常行爲」；（二）強調「個別化」或個體的發展；（三）以某個學術領域（如社會學、心理學或人類學）來定義問題；（四）仰賴抽象的語言；（五）過於強調互相依賴與線性思考；（六）忽略當事人的支持系統與歷史；（七）聚焦在當事人的改變；及（八）拘泥於自己的文化思考（cultural encapsulation）。治療師本身當然也是文化的產物，不能自外於文化的影響，然而其對當事人的理解與態度也關乎當事人福祉及治療效果，因此要特別注意。

諮商師所選擇的理論取向當然也具有「篩選」的作用，而這也會扭曲了諮商師對當事人的看法（Holiman & Lauver, 1987, cited in Ridley, 2005, p.101），像是精神分析學派認爲個體幼年經驗與壓抑的衝動，若未經適當處理，則可能演變爲個人適應問題或心理疾病，而相對地，行爲主義卻認爲是個體學習的問題，因此Ridley（2005, p.100）建議諮商師使用Larazus（1989）的多元治療模式（BASIC ID），因爲這個模式沒有特殊理論取向，然而運用時也要謹慎。

諮商師需要具備的「文化能力」中的個人特質方面包括有：開放的態度、願意學習文化的能力、主動傾聽當事人是如何建構其世界（Leach et al., 2010, p.21）。缺乏文化訓練或經驗的諮商師容易將當事人問題視爲「內在」的，而忽略了其他相關脈絡與環境（或是「文化」）因素（Arkinson, Thompson, & Grant, 1993, cited in Constantine, Miville, Kindaichi, & Owens, 2010, p.103），因此在「初次晤談」時也有必要將當事人的一些社經文化背景列入（Constantine et al., 2010），包括信仰與宗教議題，因爲宗教也是文化的一環（Schlosser, et al., 2010）；Roysircar與Gill（2010, p.169）提醒諮商師不要只是以團體的觀點來看當事人，而忽略其「個別性」，而諮商師的另一項重要責任就是爲弱勢代言、伸張社會正義（包含

了可以接近相關資源、積極協助、分享權力與合作）。

　　治療師最重要的文化能力是從了解自己的文化背景與歷史開始，進一步時時檢視自己所從來的文化帶來的價值觀，並願意主動涉獵與了解當事人的文化與價值觀，在面對當事人時，抱持著好奇、不知與尊重的態度，請當事人做我們的老師或資訊提供者，可以讓我們從當事人身上學習更多。

五、諮商師的文化覺察與障礙

　　在此多元的社會，治療師的自我覺察需要將自我的世界觀、特權、種族、防衛機制、價值觀、權力與社會政治議題都列入考量，對其他文化抱持著開放、尊重與同理的態度，雖然光有知識並不等於專業，但是至少表示願意開放學習的心態，這一點就彌足珍貴（Leach, Aten, Boyer, Strain, & Bradshaw, 2010, p.14），換作一般人，也需要有這些多元文化的視野，才有可能以謙遜的心態去接納與學習。

　　Sue（2001）曾提到多元文化自我覺察的幾個障礙：（一）諮商師認為自己道德高尚、是值得尊敬的優雅人士，這樣就讓他／她很難去了解與其自我認同衝突的偏見；（二）當眾或公開討論社會與個人的偏見是不被接受的，效果適得其反；（三）一旦有了領悟，個人就要為其過去與目前的行為負責任；（四）伴隨之前的領悟而來的情緒常常很難去體會到，而大部分的人也不願意去面對自己這樣的情緒（cited in Leach et al., 2010, pp.17-18），我們一般人不是也是如此？一般人在面對與自己不同的人時都會有一些抗拒反應，像是遠離、否認、防衛、貶低對方或是發現後的焦慮，諮商師也要注意自己的這些反應（Leach et al., 2010, p.18），因此Ridley（2005, p.134）提醒諮商師在面對種族或文化不同的族群時，對於「抗拒」行為的解讀也要特別留意，不要誤解了當事人的表現或行為。

　　覺察文化的相同，會有「同是人類」的普同感與惺惺相惜，覺察文化

的不同，讓人有好奇、探索，有不同學習及拓展視野與經驗的可能性。

世界觀與價值觀

「世界觀」是指個體詮釋人性與世界的方式（Ivey & Ivey, 2008, p.28），而價值觀涉及我們安身立命的原則或規範。我們對於人性的看法，認爲社會秩序該如何，什麼是重要與不重要的，這些就是影響我們最多的價值觀，自然就會影響我們的看法與行爲。每個文化中都有其價值觀蘊含在裡面，Edward Hall（1973）整理出有：語言（language，如文字與溝通系統）、時間觀念（temporality，如時間、例行公事、行事曆）、地域觀念（territoriality，如空間、財物）、資源利用（exploitation，如控制、使用權與資源分享）、連結（association，如家庭、親人、社區）、生計（subsistence，如工作、分工）、性別（bisexuality，如不同說話方式、衣著、行爲）、學習（learning，如觀察、楷模、教導）、遊戲（play，如幽默、遊戲項目）、以及防禦措施（defense，如健康程序、社交衝突、信念）（cited in Ridley, 2005, p.94）。像是回教國家重男輕女，以西方的現代性別平權觀點來看，就可能是「不重視人權」，原住民的時間觀不像漢民族那般精確，卻會被漢民族認爲疏懶、不積極，這就是文化所蘊含的價值觀所致，我們不應該以自己的觀點來判定其他文化的優劣。

人性是善還是惡？或非善非惡？人應該要有什麼樣的作爲？是該以自己利益爲出發點，還是兼善天下？爲什麼有人會從事損人不利己的事？又爲什麼有些人是以宗教家之仁、極力爲他人或社稷牟取福利？做爲一個人，有哪些價值觀或準則是我們非常重視或不願意放棄的？個人的生活哲學爲何？在做判斷或決定時，有哪些原則或面向是我們會考慮的？這些世界觀或價值觀，有些是與傳統文化社會攸關的，像是中國人的孝順、尊重長輩與倫常、維持人際和諧、不與外人分享家族秘密等，或是美國人以基

督教立國、重視家庭價值與個人的獨立自主。然而，在一個國家的不同族群裡，也有其珍視的文化或價值，像是台灣客家人重視節儉、刻苦與書香傳家，原住民重視人與自然的共依存關係及和諧相處等，美國西班牙裔或非裔美國人重視家庭聯繫、母親的地位等。

　　有些價值觀會因為時間或場地不同，而在優先次序上會有變動（如死亡當前，金錢或爭執就變得不重要），但是基本上個人的價值觀是很少變動的，除非經歷了重大生命事件，因為價值觀就是個人的信念，也是個人認為自己之所以為人的重要基礎核心。每個人都有自己的價值觀，但是如果沒有遇到價值觀衝突的事物，可能就不會覺察自己對於事物有不同看法或不贊成，當我們戴著價值觀的眼鏡去看周遭事物時，可能就因此而有了喜惡或反應，通常對於我們信念不同的，我們就容易區分「你群」或「我群」，也會批判、甚至攻擊，因此退一步去思考為什麼自己有這樣的感受或反應，也可以檢視自己的價值觀是否適當？有沒有新的資訊需要納入做調整？

種族與民族

　　我們對於不同膚色、種族、國籍或是區域的人的看法，透露了我們是如何看待自己。以往因為交通不發達，資訊流通不易，許多人對於外來者或是文化都先抱持著拒絕與不相信的態度，就連美國對於初來的移民也相當不友善、曾有所謂的「排華運動」；後來科技傳播的進步，翻轉了人類自守區域的觀點，不管是主、被動受到其他文化的薰染或影響，也開始調適本身傳統的觀念與作為，美國也於是從「成為民族大熔爐」的主流霸權思考，轉換成今日的「廣納多元文化」，開始去欣賞不同文化之美與能力，也將其納入自己的文化內涵，世界其他國家在全球化的現代當然也不可能置身度外。

　　所謂的「種族歧視」（racism）是指系統性地否認某個種族的人可以運用機會或特權的任何行為（或行為模式），但同時讓其他種族的人卻可以享受那些機會與特權，也就是包含五個特色（強調種族歧視行為有很多種、是系統性的行為、有偏差待遇、不平等的結果、以及特定加害對象），「種族歧視」也是長期、社會問題的一種（Ridley, 2005, p.29），種族歧視或偏見也可能是非常隱微的，因此需要有適當的敏銳度才能覺察並做處理（Sue, 2001）。

　　Ridley（2005, pp.17-27）提出15項有關種族歧視的見解，它們是：（一）種族歧視反映在行為上；（二）種族歧視有別於種族偏見（racial prejudice），後者只是無足夠資訊所做出的負面判斷或意見，主要是態度、想法與信念，而無關乎「行為」；（三）雖然種族偏見涉及不喜歡的態度或意圖，但是不一定會演變成種族歧視的行為；（四）每個人都可能是種族歧視者，包括少數族群裡面的成員；（五）決定種族歧視是否發生是在「行為」結果，而不在「原因」；（六）要表現出是一個種族歧視者需要有「權力」；（七）不去對抗種族歧視也是一種種族歧視的表現；（八）雖然種族歧視是可以觀察得到的，但是種族歧視的行為卻不是總是看得見的；（九）種族歧視像其他行為一樣，是透過學習而來；（十）因為種族歧視是學習而來，因此也可以做改變；（十一）提升覺察團體（consciousness-raising）不是對抗種族歧視的適當方式，因為重點不在「原因」、而是在「行為」上；（十二）消弭種族歧視首先要從「辨識」特別的種族歧視行為開始；（十三）種族歧視很難改變，需要持續的努力；（十四）為了預防種族歧視復發或再現（relapse），個體必須獲得、增強與小心監控非種族歧視及正確的行為；（十五）在諮商現場對抗種族歧視，是每一位心理專業人員的責任。凡身為人，站在同是人類的立場，也不應該以「不同」做為優劣的分野，畢竟種族與膚色是天生的、不是個人可以做決定，當然不應該以此來分你我或有歧視行為。

享受種族優越權利（力）者，通常很難察覺到不公平，甚至認為本該如此，然而站在沒有權利（力）的立場，常常就會敏銳覺察到自己是弱勢、受害者地位，像是在台灣的漢民族，就較難去思考原住民或新移民的情境，除非自己與這些族群的人有接觸，否則也不會去思考自己享有的優勢地位與權利、以及其他族群的處境。我們是中華民族、黃種人，在自家的國度裡，常常在比較「誰比較白」，似乎一白就可以遮三醜！但是一進到美國以白種、高加索人為主的國家，再白也還是黃種人，倘若對方以「膚色」對我有差別待遇，是不是很不公平？甚至不假區分地認為我是來自「一胎化」的中國大陸，也是極不舒服的事！種族歧視不是他人對不熟悉的我們是如此，我們對不熟悉的族群亦同！雖然我們對於不熟悉的族群會有一些「刻板印象」（stereotypes），刻板印象並不是不好，只是太以偏概全、容易有錯誤，其主要功能是讓我們在還未接觸彼此之前有個「底」或「準備」，一旦有實際接觸經驗之後，錯誤的刻板印象自然會有所修正。現在是全球化的時代，交通與電腦網路的便捷，也連帶地讓陌生的族群有機會破除原先既存、不正確的刻板印象或偏見。

宗教與信仰

許多人儘管沒有皈依或信仰某特定宗教，但還是有其個殊的生命哲學或信念，現在坊間也出現許多依據理念而聚合在一起的「教派」（cult）就是實證，美國在一九九七年曾有所謂的「天堂門」（Heaven's gate）教派的集體自殺事件，弄得全國沸沸揚揚，起因就在於其領導人Applewhite認為前兩年在星際中發現的異物為外星人，而他們是藉由人類軀體來地球進行特殊任務的外星人，現在有該所屬星球的要來接他們回去了。

宗教有其不同教義與訓誡，用來約束其信仰底下的信眾，而幾乎所有的宗教都是立意良善，希望人可以在世間行善，也為信眾規劃出來生或未

來的美麗藍圖。只是「信仰」並不能代表一個人的「善惡」，會成就怎樣
的一個人，還是得靠個人自己實際的行為。君不見「頂新集團」也為吃素
人釀「好油」嗎？同是慈濟人，並不代表都遵循教義、有為有守啊！相對
來說，若無皈依某一特別信仰或宗教，也不表示此人毫無可取！當然也有
像ISIS這樣的組織，其信眾會為了某一信念而做出若干行為，而有些行為
（如恐怖攻擊），會傷及他人或無辜民眾，甚至造成全世界的恐慌，由此
可見，宗教或教派有其執守的信念，但是否會顧及所有人類的福祉，還是
因教而異？

社經地位與職業

　　我們會不會因為自己或是他人的身分、職業或經濟情況不同，而有不
同的看法或偏見？俗話說：「佛要金裝，人要衣裝」，從外表看來，我們
最先看到的是外貌與穿著，會不會因此而先對彼此有先入為主的看法？會
不會認為漂亮、乾淨的人就較有修養、或是良善的？外表不顯眼或是髒亂
的，就會批判其個性或人格（這是心理學所謂的「月暈效應」）？有些職
業收入是金字塔的上方，因此受到倚重或尊敬的程度更高？若是勞工或藍
領階級，就不會受到同等的敬重或待遇？儘管一般人或說職業不分貴賤，
事實上卻不一定會同等公平對待，連我們的健保制度也是如此，只要花錢
也可以享受「尊榮待遇」（特別門診），不需要像一般民眾那般排隊候
診。

　　職業或社會聲望高，也不是個人的成就結果，而是整個社會所挹注
的資源使然。美國電腦鉅子Bill Gates與妻子就已經決定裸捐，也就是身後
不留財產，即便在目前，他們也致力於發展中國家的教育與醫療救助，這
就是所謂「社會菁英」的好榜樣，也是「取之社會、用之社會」的回饋典
範。

肢體健全與障礙

　　並不是每個人生來都「配備齊全」，有些人有肢體或智能上的障礙、生理上的缺陷（如先天性心臟病、聽障），甚至是罕見疾病，這些都不是自己想要的，然而事實如此，也只能善加使用、好好經營生活。絕大多數人會同情與我們處境不同、較爲劣勢的人，然而在自己利益當前的時候，也會犧牲掉這些人的福利。日常生活中，我們有沒有因爲目睹某些人身體不方便、罹患心理疾病、或是有發展上的障礙（如閱讀失語症、智能障礙等），而有不一樣的對待？身體不方便的人也許因爲過往經驗不佳，認爲他人都不會善待自己、所以會有攻擊或拒絕的行爲，有許多人甚至內化他人的看法、自己也看不起自己，這些也都有脈絡可循，一般的「能人」（就是身體健全的人）可以同理其處境、但不必憐憫，以尊重對等的方式待之即可，不然可能會增加對方的壓力與自卑。例如遇到盲人要過街，我們可能急著想協助，就魯莽過去拉對方的手，或許在提供協助之前，先詢問對方該如何協助，他／她就會告訴我們：讓他／她抓著我們的肘部即可，這樣的尊重與協助才是適當且到位！

性別與性少數族群

　　我們認爲生理性別不同的人應表現出怎樣的行爲（**規範何者爲是、何者爲非**）？穿著如何？可以表現出來的情緒又如何？可以容許的「成就」在哪些方面？對於同／雙性戀或第三性的看法如何？這些也都涉及一個人的看法與價值觀。男性主導的傳統社會，將女性視爲第二性、沒有對等地位，女性行動範圍受限於家庭中（所謂的「私領域」），在傳統中國還要遵守「在家從父、出嫁從夫、夫死從子」的規範，女人的一生都受制於他人、自己沒有決定權；在男性主導的社會裡，連孩子也都是男性的「所有

物」、可以任意處置（包括販賣、暴力相向或性侵）。現在時代不同了，弱勢族群（包含女性與兒童）也受到立法保護，然而許多人根深蒂固的信念依然未改（主要是涉及自身利益之考量，還有莫名其妙的「男性體制」），直接間接讓許多人因而受害，當然男性自己也是受害者。

性傾向少數族群到現在還是承受許多社會的異樣眼光及法律或生活上的不平等待遇，以前的觀點認為這些人是「不正常」或「有病」的，後來是認為他們是遭受創傷的受害者，現在有許多的研究顯示絕大多數是天生的，只有極少數是自己的選擇或創傷受害者。如果是天生的，就像人的膚色與種族一樣，不是自己能夠決定，這些族群是不是也應該享有一般的人權與保障？許多人聲稱自己對於性傾向少數族群沒有歧見，然而若被詢及是自己家人，情況就大大不同了！有些人甚至一反平日的反應，極力否認、或是有不同的抗拒行為，在國外甚至有所謂的「仇恨犯罪」（hate crime）──因為對方是性傾向少數，而以不同形式的暴力（霸凌、壓迫、歧視、殺害等）相向，在重視人權的現代，了解性傾向主要是因為天生，加上人有自由選擇的權利，因此悅納度會更高。

年齡

對於不同年齡或發展階段的人，我們是不是有不同期許或是看法？因為發展階段不同，需要完成的發展任務亦異，因此社會也會對其有不同期待。像是我們對於兒童與青少年的寬容度就不同，兒童犯錯還有許多機會改正，而青少年則已經是「小成人」，會希望他們開始學習擔負起責任；若是青少年與成人相比，社會對於成人的倚重更深，也因此在法律上所規範的也有許多不同。但是是不是以年齡為唯一評估標準？最近十來年，許多國家都發現青少年犯罪類型變得更慘忍、可怕，因此將其罪責拉到成人階段，甚至是將成人犯罪年齡降下，希望可以達到懲治之功效。對於年輕

的一代，稍年長者會不會認為其輕浮、無經驗或不尊重，也不願意委以重任（如「嘴上無毛、辦事不牢」）？

　　一般人對於老年人又有怎樣的看法？如愛斯基摩人，雖然也尊重長者之智慧，但是對於老朽、將死之人，則是以木筏承載、漂流海上，讓其幻滅於大自然中。以往的老人會因為體力與心智的衰退，社會認為其「建設力」不足，所以沒有提供太多其可發揮能力之處，但是現在醫學科技發達，人類壽命與健康也增長，加上少子化的關係，人力青黃不接，許多國家也開始延後退休年限，不少企業也鼓勵老人二度就業、持續貢獻其智慧與經驗。然而，也有人對於年老的長者有歧視或偏見，像是「老而不死是為賊」，或是「老而無用」。每個人在生命的不同過程也都可以發揮其能力及貢獻，即便只是含飴弄孫，還是可以傳承重要的價值觀與經驗給下一代，讓下一代感受被愛與關心，也讓年輕一代發揮人類愛、尊重與孝順年長者，提升人性與道德。

對家庭的看法

　　我國傳統上很重視三代同堂、養兒防老，認為男主外、女主內，或是「完整家庭」（有父母子女）才是正常，這些經過時代的演變，可能已經不適用（如單親家庭、繼親家庭、頂客家庭、同性家庭或隔代教養），當然有些人還是很堅持，可能就會造成教養或家庭問題。功能健全的家庭不一定要是「完整家庭」，反而是有些人刻意維持「完整家庭」，但是夫妻不睦、手足不和、甚至親子疏離，這樣的一家人堅持在一起，豈不產生更多的問題？

　　家庭中夫妻之間的關係是互補、平等或是尊卑？家事的分攤應該是彼此協調、男主外女主內、還是誰有空就誰做、或是請人代勞？教養子女應該有哪些基本準則？教養工作要如何分配、協調或討論？若是上一輩干

涉，應該採取怎樣的立場與因應方式？配偶之間的性、金錢與子女教養三項，通常就是離異的主要原因，而這些也都涉及彼此對於家庭及家庭經營的價值觀與看法。國人為了維護家庭的顏面，許多事不願意求助（如家暴或心理疾病），甚至造成長久的創傷（如家庭內性侵害或精神虐待），這些代價可能不是個人或家庭本身要付出而已，整個社會要付出的代價（如創傷處理、心理疾患增加、生產力降低、家庭問題等）更高！

成功的定義

人之所以不安是因為「覺得自己不夠好」，所以想要更多財富、地位等，汲汲向外營求，也因此每個人在人生中要成就的不同。我們對於成功的定義或許不同，這與自己要追求的有關。每個人重視學歷、社會地位、專業性、財富、聲望、回饋社會等不一而足，程度也不同，許多人的成功不是建立在自己的滿足上，而是奠基在「他人怎麼看我」的觀點上。有時候父母親比較子女的成績、成就或職業、收入、婚姻狀況等，也是受到社會一般的價值觀所影響，當然也有自己的「不如人」感受使然！成功通常與我們想要過的生活有關，有人粗茶淡飯、心安理得，有人要錦衣玉食、燕窩魚翅，有人想要輕鬆好過，有人要認真努力，最重要的就是「汝安，則為之」，只要對社會有正向貢獻即可，若是因此侵犯了他人的權益或性命，當然也會受到制裁。

面對價值觀的態度

存在主義哲學家齊克果說：「幸福屬於那些能夠自得其樂的人。」（韋啓昌譯，2014，p.52）我們的價值觀決定我們想要過的生活，也影響我們的幸福感。價值觀從哪裡來？其來源有許多，不一而足，可能是原生

家庭的信念、宗教教義或傳統、學校教師教授的對與錯、重要他人或偶像
的教誨或灌輸、不同生活經驗的影響等等。許多人因為彼此信仰、價值觀
不同而反目或不相往來，甚至會去打壓或欺負，這也都需要去約束與處
理。固然每個人的價值觀不同，但是我們也會從異中求同或同中求異，也
因此會與磁場或脾味相似的人打交道、做朋友，即便彼此的價值觀不同，
也尊重對方有這樣的理念，不必要強迫對方與我相同。我們要克服的是自
己可能的錯誤價值觀或偏見，而打破成見與錯誤價值觀的方式不外乎：體
驗與嘗試，學會同理他人處境，進而才會開放心胸、接納不同。

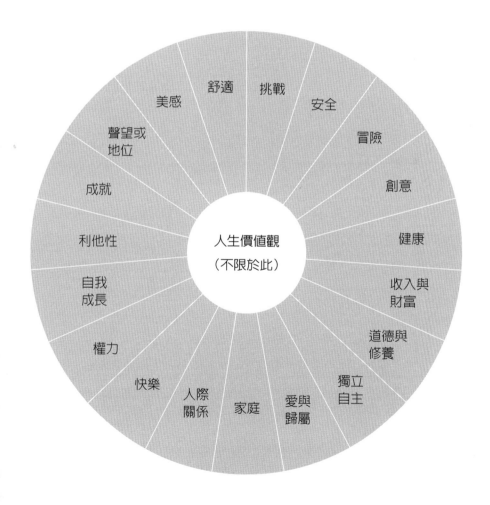

家庭作業

一、影響你最深的一句話，兩人分組分享。

二、寫一篇感謝信（五百字左右）給你想要感謝的人。

三、就「廢除死刑」與否陳述自己贊成或反對的理由。

第七章　我與他人關係

　　印度一位哲學家克里希那穆提說：「自我認識顯然是一種過程、不是目的，一個人要認識自己，必須先覺察行動中的自己，那就是關係。……關係是一種啟發、一種發現自己的持續過程，而行動便在這個自我發現的過程中產生。因此，自我認識來自於關係、而非孤立。關係就是行動，自我認識則是在行動中覺察的結果。」（2001/2015, p.18 & 20）

楔子

　　藝人楊又穎受不了網路鄉民對她的批判與侮辱，在住處以氦氣自殺，事件發生之後，許多演藝人員都在撻伐網路霸凌的可惡與可怕。其實在幾年前，已經有人提議要修法遏止霸凌這樣的行為，特別是科技的進步，讓霸凌增加了其肆虐的管道，然而竟然無法在立法院通過，現在若要修法只是老調重提而已。鄰國日、韓的校園霸凌尤其嚴重，加上升學主義雷厲風行，不同形式的霸凌已經造成許多年輕學子的自戕死亡，心理創傷或肢體受虐的更不在話下，許多受害者終其一生都無法掙脫這樣的夢魘。多年前美國哥倫拜高中兩位學生濫殺案，其肇因也是因為他們遭受言語與人際的霸凌無數，最後乾脆選擇同歸於盡！

　　霸凌是人際問題的一種，但是絕大多數人認為無害，殊不知這樣的縱容，不管是在校園、職場或軍中，已經造成莫大危害。我國民族性以和為貴，彼此又擔心關係受到影響，受害者就更可能隱瞞自己的遭遇，也讓受害時間更長。

沒有人是孤島

　　沒有人是孤島，人與人是互相影響的。心理學上的共同理念就是：
「人際關係是心理健康最重要的指標。」一個人有獨立的能力還是無法生
存，得要靠他人與社會的協助，因為人類之所以能夠進入文明，絕大部分
是靠人類的互助合作才得以完成。想想看如果沒有農人種田、工廠糶米分
裝運送、商店販賣，我們又怎能這麼方便吃到熟飯？即便是魯賓遜也是自
文明社會學得許多求生技能之後，才可以在荒島上存活。許多人忘記了這
一點，以為只要有錢，什麼買不到？問題在於許多物品或貴重的禮物，的
確是金錢買不到、權力無法掌握的，包括與人的關係。

　　有意義的人際關係有助於身心健康，通常孤單的人較容易出現情緒方
面的障礙、也較易有犯罪行為。許多心理學家如佛洛伊德、阿德勒、葛拉
瑟、伯恩等人，都提到人際關係與歸屬的重要性。我們從出生開始，就與
原生家庭裡的主要照顧人發展成「依附關係」，而這種依附關係更會延長
到成人以後的與人互動，我們所生長的原生家長，不僅提供我們生存需要
的照顧，父母親與手足也讓我們學習到與人互動的方式。不健康或不適當
的依附關係，其影響也擴及到成長之後，倘若沒有覺察、做適當改變，也
會影響到個體的生活品質與幸福指數。

　　阿德勒心理學派提出的「社會興趣」，是指個體對他人的正向態度，
與自我認同、同理他人有關（Corey, 2001）。「社會興趣」讓我們想要
有所歸屬、成為人類社會的一員（而且是有貢獻的一員），讓我們所處
的社會更好（Corey & Corey, 2011），而社會興趣是可以教導與發展的
（Seligman, 2006），也只有將人置於社會脈絡中才能夠了解此人（Corey,
2009）。人基本上有幾項生命任務（life tasks）（工作－對社會的貢獻，
友誼與愛－與人的聯繫，與自我的關係，以及與宇宙的關係），這些都與

「社會」或周遭人有關聯，若是發現自己未能實現其中的一項生命任務，就會有精神官能症的產生（Warner & Baumer, 2007）。

我們從關係中更認識自己

我們從關係中更認識與了解自己，與我們關係親密的人會希望我們更好，但是有時候礙於關係（怕彼此關係變壞），因此也不太敢說實話；偶爾從敵對的人、或是不喜歡自己的人身上，可以了解更真實的自己。我們可以知道哪些人自己不喜歡、原因為何？哪些人自己想要親近、為什麼？有時候我們不喜歡的人，通常是因為他們身上有我們不喜歡自己的特質，這也是可以參考的，因此古人說：「朋友是一面鏡子。」這道理當然也可以延伸至我們與他人的關係。

當然，有些人天生較害羞或退縮，但並不表示不能改變。我們人都是自己孤單一個人來到世界上，即便是雙胞胎、還是兩個不同的靈魂，因此人類存在的另一個現實就是「孤單」。也因為人會孤單，而人又不是孤島（因為生活在社會人群之中），因此與其他人的互動就變得很重要，也是身心健康的重要關鍵。

我們對待人的方式就是希望被對待的方式

人與人之間的互動其實很簡單，其基本原則是：「我們對待人的方式就是希望被對待的方式」。然而卻有人因為不同的關係與利益考量，而對人有不同。一般說來，人的關係有親疏遠近，血緣與情誼是主要考慮因素。我們對人好，基本上是相信對方會以同樣方式對待我們，像幼小孩童之間的情誼便是如此，前一刻彼此相處融洽、下一刻就不理會對方，但是翌日又玩在一起，好像不快不曾發生過。隨著年歲的增長，我們開始對其

他人有戒心，長輩們也會提醒我們，不要太相信他人。

吃果子拜樹頭：台灣俚語，指的是要知道感激

近年來因為年齡增長，看醫生的次數也多了，特別是因為眼疾之故，第一個想找的當然就是首屈一指的北部某教學醫院。但是清晨起來網路掛號後，連續三次的就診經驗都令人氣沮，醫師對於我這位病人的問題完全以一個制式答案回應：「定期檢查。」而且只有在口上戴著麥克風、在做教學演示時才會做回應，我在診間外詢問其他較有經驗的病人，許多人也不滿意醫師的態度，但是又擔心自己的病若不找這些「名醫」、似乎就放心不下，於是懷抱著複雜的情緒就醫。

我自己是諮商師，知道自己目前之所以可以成為一位「較好」的諮商師，絕對不是我個人的努力得來，而是犧牲掉許多當事人、犯下許多錯誤，才讓我現在可以少一些錯誤、多一些效果，名醫亦同，不是因為他／她的醫術精湛，而是之前有太多病人是他／她的實驗品，才可能成就他／她目前的聲名與地位。我後來找了另一間醫院的醫生，他很願意回答病人的所有問題、醫術與態度都是一流！這樣的醫生，不僅看到病人的「病」、還看到病人是「人」，療癒了病人的疾病與情緒。

怎樣的關係才算是「好關係」？

每個人都是孤單存在的個體，出生與死亡都需要獨自面對，也因此需要與自己以外的他人做聯繫（所謂的「人際互動」或「人際關係」），才不會覺得孤單。那麼，怎樣的關係算是「好關係」？倘若個體在每一個人生發展階段，都可以擁有一些有意義的人際關係，就算是「好關係」。因

為人不可能討好所有的人，當然相對地，也不可能讓所有的人都討厭，因此若能夠保握住一些真正親密的友好關係，就是「有意義的人際關係」。所謂的「有意義的人際關係」是指在關係中有酬賞、成長與滿意，而不是委屈、受害或不對等。

人際關係是心理健康的指標，許多的心理疾病第一個受到影響的就是人際關係，不是無法與人靠近、就是用無效的方式與人互動。好的關係是自己想要的關係，也願意花時間與心力去營造、維繫、增進。當然有些人是我們喜歡的，想去靠近、或是建立更親密的關係，相反地，有些人我們不喜歡，也不願意花心思與對方互動。然而，是不是需要去討好所有的人？第一，我們不可能討好所有的人，其次，也不需要去討好所有的人，**我們只需要去討好自己喜歡、在乎的人就好**，但是對方是不是同樣喜歡或在乎我們，就不是我們可以做決定的，這也是人際關係困難之處。

許多人花很多心力與人互動，希望可以與對方建立較佳的關係，然而就如同友誼的不同層次一樣，要彼此都有相同的「認同」不容易，尤其是知己的機率更低，但是一個人可以有不同層次、一起做不同分享的朋友，可以一起吃飯的、不一定可以聊心事，可以一起做作業的、不一定可以共遊，可以同患難的、也不一定可以共享樂，因此只要在乎自己在乎的幾個重要關係、並努力經營即可。想要在關係中得到什麼，也都是決定彼此關係品質的重要因素。

每個人要的人生不同

阿帕契軍機事件（一〇四年四月），藝人李蒨蓉在臉書上自己參觀阿帕契軍機的照片，扯出了後續一連串的調查事件與軍紀問題，目前還熱烈延燒當中。

美國知名藝人珊卓布拉克、安潔莉娜裘莉，最著名的除了演技精

湛之外，還做了許多社會公義、擔任世界和平代言人。台灣與美國藝人相形之下，我們的藝人似乎負面新聞出現較多。

　　每個人要的人生不同，有些人爭取名利、財富，有些人希望可以為社會國家貢獻，每個人生命的目標與重點不同，也沒有所謂的是非對錯，畢竟人生最終是給自己交代。

道德是維繫人際關係的最高準則

　　由於社會是由人群所組成，因此有必要設立一些規範來約束裡面的成員，「法律」是最低限度的規範，然而每個人都想要展現自己的高度與價值觀，因此有比法律更高的標準，那就是「道德」。道德沒有所謂的「上限」，是人之所以為人的理想。

　　人在社會中生活，許多行為會影響到他人，因此社會或國家就會訂出一些規則或法律要大家遵守，也就是維護個人福祉與他人利益。除了不要傷害的原則外，人際之間還有一個心理的界限（boundary），用來管理自我與他人的距離，如果認為彼此關係親密，界限就會較寬鬆、偶而也讓對方跨越過來，倘若不喜歡對方，界限就會較僵固、不願意讓對方靠近。關係界限就像光譜一樣，可以允許的距離主要是靠主觀的感受，限界有兩個極端是較不健康的，一是「糾結」，彼此之間關係甚密、但是少了個人空間，另一個極端是「僵固」，雖然保住了自主與獨立，卻也犧牲掉了親密。

建立與維繫人際關係

　　前面章節提到我們的人際關係基礎是從原生家庭裡習得的，因此也會

將其運用在與家庭外的人際關係裡。倘若在家庭中受到傷害、或是沒有學習到應有的人際互動能力或技巧，可能也會將這些複製在自己的人際模式中，當然若有機會去學習更適當的人際互動模式，自然就減少錯誤複製的機率。

家人之間的關係儘管親密，還是需要持續經營，而不是視為理所當然，尤其是手足關係可能是我們一生最長久的人際關係，更要好好經營與維繫。

因為每個人不同的個性，因此與人互動的主動性也不同，「人際關係」也是多元智商的一種，有些人似乎可以在很短時間內與陌生人聊上話、不覺得焦慮，有些人則是遲遲不敢踏出第一步、習慣做壁花，絕大多數人是介於這兩者之間，須要有一段時間的醞釀與熟悉，才會有進一步聯繫的動作。

每個人在不同的人生階段也會有不同的人際與情誼產生，即便是友誼也會因為彼此的「認定」不同、而有不同程度的關係，最好當然是彼此都認定對方是「好友」，然而有時候卻不一定如此（像是你是對方為「好友」，對方卻認為你只是「普通朋友」），所以難免會有失落或難受，反之亦然（如對方認為你是「好友」，你卻認為對方只是「普通朋友」）。不同的情誼可以互動或分享的內容就會有差別，像是有些人可以一起做活動、卻不一定能談心，有些人可以聊八卦、吃飯，但不一定可以一起做事，這些都是現實生活中會發生的，我們要學會接受。有些人基於個性（如退縮、害羞）或發展問題（如自閉症、智能障礙）或疾病（如人格違常或過動），而較難與人建立關係，這些也都可以經過練習、訓練或治療加以改善，身邊有正向的支持系統最重要。

當然，關係的建立與維繫是有一些重要元素的：

一、真誠是建立關係最重要的元素

要建立真正的情誼，除了要有更多的自我揭露外，最重要的因素就是「真誠」，唯有彼此願意坦誠相待，關係才會走得久遠，萬一其中一方發現對方不誠實或有所隱瞞，信任關係就很難恢復。

二、不要想太多，先有行動

大多數人想要開始建立新關係之前，都會有所擔心或害怕，最大的害怕就是怕被拒絕，因此常常因為想太多、反而阻止了可能的行動。要建立關係，總是要有一方主動，反正試試看、沒有關係，因為若不採取任何行動，就馬上失去了機會。

三、關係需要經營

關係需要投入心力與時間，也就是會常常想到對方，願意主動與對方連繫，甚至連結感情、分享彼此的近況與生活甘苦。

四、同理與為對方設想

能夠站在對方的立場，試圖了解其感受與想法，就較容易知道該有怎樣的行動來協助。彼此關係若較親近，也較會為對方著想。

五、不必討好所有人

一個人不可能與所有的人關係都好，因此也沒有必要討好所有的人，去討好自己喜歡或在意的人就好，最好的結果是對方也投桃報李，倘若對方沒有相等的期待或行為，也不必難過，更不要因此而否定或看輕自己。

六、關係中不應該有委屈

關係中的兩造彼此應該是平等的，因此不應該有某方屈就另一方，也就是最好維持較平衡的「給與受」（give and take）的關係。如果一方一直給或給太多，而沒有得到相對的對待，也會覺得不公平，這樣的「失

衡」關係也無法維繫長久。

七、關係會讓彼此成長

我們在關係中會更認識自己，也願意付出（「利他」），更重要的是關係可以讓我們在與對方的互動交流中有所成長，不僅可以更貼近另一個人、有知己而不孤單，還可以彼此支持、扶助、鼓勵、同甘共苦，有不同的學習與成長。

有害的人際關係

固然每個人都希望擁有一些有意義、滿意的人際關係，但是一般人對於關係還是有一些迷思，包括需要討好所有人、用情感綁架的方式來成就自己的人際關係（如「你不愛我我就死」），甚至以不正當的手段破壞他人的人際關係（如關係霸凌）。有害的人際關係有時候並不是自願的，像是家人之間的關係彼此傷害卻脫離不掉，這樣的傷害更持久、嚴重；有些親密關係雖然是自己的選擇，即便關係已經不良或造成傷害，卻選擇還待在其中，可能就要進一步去探討背後的原因或可能的需求為何？像是家庭暴力受害者通常是女性，卻不願意離開家庭，可能是希望以「愛」來解決問題，或是有其他重要角色（如母親）不願意放棄，或是擔心自己若離開、另一半會破壞她在子女心目中的形象等。

有害的人際關係影響的面向很多，也會造成個人疲於奔命、身心受創。有害的人際關係通常就是與前一節「建立與維持人際關係要素」相反的結果。

溝通能力與人際關係

溝通是人際中很重要的一門能力與技巧，雖然大多數人是屬於慢熟

型，與人互動總需要一段時間醞釀或準備，但是對於與陌生人互動，抗拒或焦慮是自然的，只是要如何打破沉默或尷尬，進一步建立關係，就需要了解如何溝通。由於溝通是一種能力，也表示溝通是可以學習的。

一、溝通有不同方式與管道

溝通不是「說了算」，還要讓對方理解。有些人認為溝通都是用說的，其實溝通管道有許多，「說出來」的表達方式只是其中之一，其他的管道包含表情、姿體動作、語氣、距離、書寫、繪畫、音樂等，都可以是傳達訊息的管道。我們一般人即便在與人做口語溝通時，還是會注意到當時的環境（如私下或在公眾場合、吵鬧或安靜）、時機（如彼此準備與否、專注程度、體能狀態）等，除了關注口語內容之外，還會留意對方的眼神、表情、姿勢等，倘若這些條件都一致，表示對方所說的話可信度增加。

表情專注與否，從眼神與身體動作都可以觀察出來，若是肢體僵硬、面無表情、或是將雙臂環抱胸前，其所發出的訊息可能是「我很不耐煩、不想聽」，當然就會影響想要說話的人。有些人認為自己口語表達不佳，可以用其他方式來補足，像是用書寫的，可以經過思慮、表達較為周全，也可以留下紀錄，也有人以繪畫、歌唱方式表現自己的情緒或想法，舞蹈是肢體動作表現的一種，表演舞蹈與觀看者也都可以了解。因此善用不同的溝通管道，可以讓溝通更無障礙。

二、溝通技巧

（一）溝通從傾聽開始

溝通從「傾聽」開始，若不能聆聽、對方就會認為你／妳不了解，當然進一步就不會想與你／妳互動，如果是不得已需要傳達一些資訊或想法，也會認為你／妳沒有動機要知道。

傾聽是將舞台讓給對方（要花時間與心力），不要想搶話或腦中醞釀著要如何問問題或回應。傾聽時，把手邊的事放下，選一個不受打擾的地方，與對方坐下來（最好維持相同的高度）；對方說話時，眼神專注看著對方（但不是盯著讓對方有壓迫感），身體放輕鬆，自然表情就會隨著其所敘述的內容變化，也就是專注的動作要先做出來。傾聽表達出專注、尊重與認可對方的權利。通常在專注傾聽之後，對方也會比較願意聽我說話，接下來所說的或建議也才會有可能被採納。

（二）溝通是所有資訊的總和

如之前所述，溝通與場地、環境、準備度等都有關係，敘述內容、眼神、表情、姿勢等也都是溝通的線索，有些還涉及彼此的關係、之前互動的情況，因此是所有資訊的總和，也就是跟你／妳說話的人會將這些訊息結合在一起判定你／妳所表達的是否真實可信、接受多少？

（三）摘要與同理

對方所說的雖然不必要每次都將其內容做言簡意賅的覆述，但是若適當做摘要，也可以讓對方知道你／妳在聽、是否了解，也可以在必要時做修正的動作。「同理」則是站在對方立場去感受他／她的感受、想法，甚至是作法，而且是表達出來讓對方知道。有些人誤以為溝通只是表達內容，事實上溝通也表達了情緒，只是有些情緒不會明說，然而若傾聽者站在對方的立場去感受與思考，就更能體會與了解對方所說的，「同理」正是表現的方式。經由同理的回應，對方會感動你／妳了解這麼深、會更願意誠實表達自己的想法。

（四）適當應用「我訊息」

每個人都有表達的權利，有時候卻不一定可以如願，主要是因為對方不願意聽、或是怕聽見一些訊息，因此適當地應用「我訊息」的技巧，可以讓溝通更順暢。「我訊息」的出發點不是要攻擊或批判對方，而是說明自己的想法與感受。像是有人說話人前人後不一致，我可以說：「我有

點搞不清楚，因為妳之前所說的、跟現在所說的好像不太一樣？」或是對方突然將門砰然關上，我可以說：「我剛剛被關門聲嚇了一下，你還好嗎？」「我訊息」不是以指責對方出發，而是表達出自己所受到的影響（包括情緒）。

（五）不在情緒衝擊中做溝通

倘若當時自己或對方在激烈的情緒中，最好不要立即做溝通，也許先退出現場，等情緒稍稍穩定下來之後才做，這樣的溝通會比較有效。我們在情緒中容易為了護衛自己而刻意去傷害他人，卻讓關係破裂，這應該不是我們想要的結果。退一步、先禮讓一下，或是告訴對方：「我現在情緒很亂，待會兒再過來跟你／妳說，可以嗎？」或是發現彼此面對面溝通會有困難，不妨用書面或是書寫的方式替代，要記得自己在寄出或送出前先仔細看一次，而不是在情緒中寫下、立即送出，許多人上臉書發表，都是衝動下的立即表現，結果反而適得其反！

（六）不要刻意避免衝突

意見不合是正常的，因為每個人都是不同的個體，自然會有不同的想法或感受，也因此我們可以有機會從不同觀點來看或考量同一件事，讓自己視野更廣、考慮更周詳。將衝突視為**有溝通的必要性**，也許是對方的論點被錯誤解讀、或是沒有得到認可，不妨花一些時間來傾聽與了解，或許會有不同收穫。與人有意見不同，儘量不要將焦點放在「人」身上，而是放在「事」上頭，自然會有較多的共同點可以聚焦與協調。

課堂作業

一、我的人際脈絡：找出自己從以前到現在的重要他人與其影響為何？

二、我與人互動有哪些原則不願意放棄？

三、我從與人互動中學習到什麼？

第八章　生死學大會

有人說：「棺材裡躺著是死人、不一定是老人。」每個人生命長短不是我們可以控制，但是生命的質感與深度卻在我們的掌握之中。

楔子

近年韓國因為經濟發展，自殺人數攀高峰，最多自殺的是10到39歲民眾，平均每天有40名民眾自殺死亡。為了讓一般民眾珍惜生命，韓國鼓勵其民眾參與一種「震撼治療」（shock therapy），就是參與自己的模擬葬禮。近日在首爾就有一場集體葬禮，邀請有自殺企圖者參與。在進入棺木實際體驗之前，則是觀賞許多身體障礙或罹患癌症者克服困難、努力生活的勵志影片。許多參與民眾對此活動都深有感受。活動中參與民眾除了撰寫自己的遺囑之外，還有給親人的告別信，也可以實際躺進棺木內，去體驗在棺木內的十分鐘、以及存活親人的感受。這種另類的生命教育，也讓一般民眾可以親身體驗生命的可貴（Taipei Times, 12/17/15, p.6）。

二十一世紀，人類面臨了許多的挑戰，包括天災（如南亞海嘯、日本大地震）、人禍（如恐怖攻擊、隨機殺人、人口販賣），加上網路世代的價值觀，人們汲汲營營於物質上的追求，卻忽略了家庭、自我內在與成長以及人際的深刻議題。於是有人開始去追求簡單生活，減少物質上的需求，追尋精神導師與心靈的安在。本章會就有關死亡的相關議題作介紹，包括失落與悲傷。

生命過程中，失落是必不可免的一環，每天我們都在體驗失落（像是

又過了一天、失去了與朋友家人相聚的時刻、或者是好友遠離等）或接觸失落（新聞媒體中的車禍、災難、疾病死亡等報導），只是有些重大失落對於生命的影響更大，不管是嚴重的天然或人為災難，還是與自身有關的失落或死亡。

因為生命有限，因此要過有意義的生活，得要個人在追求外在生活滿足與自我需求時，也同時可以開放且敏銳地去體驗自己情緒、思考、幻想、夢想等內在生活（Firestone et al., 2003, p.xiii），換句話說，就是除了滿足生存的條件與安適之外，還要顧及心理上與靈性上的需求。因此Firestone等人（2003, p.20）定義所謂的「好生活」包括了：尋找意義、有能力去愛且對自我與他人有熱情、有抽象推理與創造的能力、能夠體驗深層的感受、渴望成為社會的一份子、有能力設定目標並發展策略去完成、覺察存在議題，以及能夠去體驗生命的神聖與神秘。

既然人皆有死，而與死亡的相關議題，如失落悲傷、面對死亡、瀕死經驗、臨終照顧與緩和照顧、喪禮、安樂死等，也都是我們關切的議題。

失落與悲傷

生命就存在於呼吸之間。有位廣播人陳輝文曾經說過：「躺在床上醒來，睜開眼睛，又過了一天，躺在床上睜不開眼睛，就過了一生。」一般人若是因為生病或是運動，偶爾喘不過氣、就是非常痛苦而可怕的經驗，我們的時間架構又是「未來式」，總是認為有不斷的明天到來，卻沒有思考過有一天就沒有了呼吸，死亡降臨。

一、生命是不斷失去與獲得的過程

人生過程其實就是不斷地失去，生理上隨著成長而有的變化（每天脫落的頭髮、皮膚的年齡）。整個生命中過程中有許多的失落，包括失去

童年（長大了）、失戀或分手、被解僱或失業、搬家、遺失貴重物品、截肢、在競賽中失敗、朋友離開或失去友誼、親友或喜愛的寵物的死亡、退休等等（Corr, Nabe, & Corr, 2000）。

　　生命的現實面就是有得有失，得與失是生命的一體兩面，而且孩子從很小的年紀就開始體會，像是得到了一個新弟弟（妹妹），就可能失去了父母親原本全心全意的注意與寵愛；多了一些行走獨立的能力，也發現會跌倒、失去周全保護的權利；搬新家認識新朋友、也失去舊家的熟悉環境與朋友。在生命中的發展階段也是如此，每晉升一個階段、都幾乎會遭遇到擁有與失去，比如從幼稚園升上小學、可能換了學校，當然遇見了另一批新的同學與老師，但是也感受到別人對於自己的期待不同（不能常常哭鬧、也不能只看漫畫書了）。有些人可能很早就已經經歷了親人離開（如雙親之一在外縣市工作、離婚、祖母搬家）、生病（失去關照與相聚時間）或死亡，或是寵物遺失或死亡等等，中國人對於悲傷的教育與先前所提的情緒教育比較缺乏，連成人自己都不能正常表達或談論悲傷、進而也會壓抑了孩子的情緒，這些悲傷未解的情緒就可能成為一個「凍結的情緒」（frozen feelings），影響到未來的生活（Goldman, 2000）。

　　生命中的失去固然是常態，但是我們一般很少花時間去哀悼或處理，當作沒事發生並不是處理失落情緒，這些失落的情緒必須要有處理動作，才不會變成「殘留」的未竟事務、影響往後的生活。

二、哀悼意義與過程

（一）哀悼的意義

　　哀悼或喪慟（mourning）是從文化層面來決定表現是否恰當的方式（林慧珍譯，1998/2007, p.57），論語上所謂的「鄰有殯，不巷歌」、「寡婦不夜哭」就是其中一項，當然後者是有男性大沙文主義的意涵的（認為寡婦怕孤單而哭泣）。葬禮也是哀悼的一種儀式，雖然繁瑣，卻也

有其功能，東西方的喪禮大部分就是把親友聚在一起、送走一個人，然後大家聚在一起討論這個人的功過（通常就是此人生前的許多大小事蹟），也給予喪慟者一些支持的力量，而「喪慟」就是指「殘存的狀態」（林慧珍譯，1998/2007, p.58）。

許多成人在面臨失落或殤慟事件時，不願意將孩子牽扯進來，擔心孩子因此受到負面影響。事實上，五歲至七歲的兒童已經了解死亡的「不可逆性」（也就是「死了不可能復活」）、不具生理功能（身體不再活動）、以及普遍性（萬物皆有死）的觀念（Speece & Brent, 1984, cited in Warren, 1998/2007, p.93），因此若不讓孩子知道事實，或是徵詢其意願決定涉入多少，可能就會傳達了不正確的訊息（像是死亡是不可說的，或死亡是可怕神秘的），讓孩子對於死亡的看法更負面、或增加其恐懼。

公開的哀傷是必要的，也有助於兒童健康的哀傷過程；青少年正處於「存在提問」的階段（會詢及「人為何要活著」、「人生意義為何」），因此必須要正視他們「需要與想要」是什麼（林慧珍譯，1998/2007, pp.64-65）。處理喪慟也要注意文化因素（林慧珍譯，1998/2007, p.65），不同的文化有其處理喪禮或哀悼的儀式，也都有其特殊含意，有的家庭因為信仰或是家族傳統，希望遵照一些形式或規範，甚至是按照亡者的期許而進行特殊儀式，這些也都要儘量尊重。讓孩子參加葬禮，不僅打破對於死亡的迷思或恐懼，也可以讓其在往後人生中，在排解自己本身的悲傷過程裡，帶給他們一些正面的影響。藉著葬禮，成人與孩童都可以坦率表達自己的悲傷，同時發現自己不孤單、在葬禮中確認自己是家族之一員，可以與成人一起分享情緒（Deeken, 2001/2002），這些都具有重要的社會意義。

失落者往往會將失落的部分整合到自己持續的生活當中，其處理過程是由社會或文化表達哀傷的規範所決定。重大失落會導致我們質疑與動搖自己所居住的世界，因此重新學習是有必要的。有時候失落者會獨

自哀悼、遠離社交關係，這樣的做法一是庇護自己的傷痛，二來是防止哀悼者對逝者太早遺忘，然而社會的支持網路是度過哀悼最重要的因素（DeSpelder & Strickland, 2005/2006, pp.127-128）。

表8-1　失落相關名詞解釋

名詞	解釋
喪親（bereavement）	指某個客觀的失落事件
哀傷（grief）	指對失落的反應
哀悼（mourning）	指哀傷過程

表8-2　哀傷過程

初期	混亂與毫無頭緒、震驚、手足無措、以退縮方式尋求保護。喪禮有助於重建哀傷者因失去親人所帶來的心煩意亂與迷惑，團體參與喪禮也有助於促進對死亡事實的接受，讓活者開始超越哀傷的劇痛。
中期	焦慮、冷漠、失望、以及對死者的渴望，不穩的情緒、憤怒或怨恨、被離棄的傷痛、傷心、渴望、孤獨感。 哀傷者會回顧與整理與死者過去互動與發生事件的點滴，也在持續的生活中，與死者形成新的關係形式。
後期	顯著的堅定感，恢復、重新整合與轉化。悲傷已經退後到背景的位置，適應失去親人的事實（有時感覺自己好像在背叛逝去的親人），重新參與生活、再度安排自己的未來。此階段不是「克服哀傷」，而是與哀傷共存與相處的過程。

（引自 DeSpelder & Strickland, 2005/2006, pp.129-130）

表8-3　與哀傷有關的情緒與行為反應

生理	哀嘆、呼吸急促、喉嚨緊繃、胸腔空虛、肌肉衰弱、寒顫、顫抖、神經系統過度活躍、失眠或睡眠干擾、胃口改變。
情緒	難過、渴望、孤獨、悲痛、自憐、苦悶、罪惡感、憤怒、安慰。
行為	哭泣、尋找亡者、不斷講述有關亡者與亡者過世的情況、什麼都談就是不談失落部分、容易發怒或表示敵意、發狂式地過度活躍、慌張、不知所措。

（二）哀悼的過程

　　Bowlby（1980）提及哀悼的四個過程，它們是：（一）麻木、否認失落；（二）情緒上渴望逝去的人、抗議失去是一去不返的；（三）認知上的失調、沮喪，在日常生活上無法正常運作；（四）重新組織與重整自我（cited in Marrone, 1997, p.110）。

　　哀悼過程有兩層意義：一是從悲傷中復原（結束），另一個是新的開始（重新調適無逝者的世界）。當然哀悼過程並沒有結束，只是我們學會慢慢調適（accommodation）（Rando, 1995, cited in Marrone, 1997, p.112），畢竟生命中已經產生變化，不再像以前一樣。哀悼過程中，哭泣象徵著哀悼者已經從「否認」轉移到「接受」失落的事實，此外，很重要的一件事是：聽哀悼者敘述事件發經過（account-making），也就是有關死者如何過世的故事，可以協助哀悼者的認知重整（Marrone, 1997, p.115-116）。悲傷過程常常是痛苦而揪心的經驗，而哀悼就是度過悲傷，帶給我們最終的安慰、個人重整或是靈性的轉換（Marrone, 1997, p.110）。

　　對於失落或失去的哀悼過程是必須的，而哀悼要達成的任務就是：（一）接受失去的事實，（二）走過哀傷的痛苦，（三）適應沒有那個人（或物）的情境，以及（四）將對逝者（失去物）的情感重新定位、繼續過生活（Worden, 1991, cited in Corr et al., 2000）。Worden（1991）提到哀悼的任務包括：接受失落的事實，體驗到悲傷的痛苦，調適逝者已逝的

環境，以及重新投入到其他關係中（cited in Marrone, 1997, p.111），哀傷過程中也可以看到其三項任務：接受失落的事實、管理哀傷（生理、情緒與行為）之痛、調適到一個轉換的環境（Worden, cited in DeSepelder & Strickland, 2005/2006, p.139）。

表8-4　哀悼模式

哀悼過程	說明
認知重建	啜泣與哭嚎，敘述關於逝者的死亡過程，依據過去、未來、世界與自我做認知重建。
情緒表達	空虛、緊張焦慮、疲憊或掏空的感受，情緒無著及沮喪、很難維持正常生活功能，承受因逝者而去的其他失落、學會因應心理傷痛。
心理重整	藉由問題解決、情緒抒發與社會支持，重新整合自我效能、重新調適與逝者的關係及其在自己心目中的位置。
心靈轉換	失落經驗會衝擊我們對世界的假設與信念，也會激起許多的質疑，存在與靈性問題因之而起，我們會去找尋自己認為神聖的物品，試著去連結此肉體生命以外的自己。

（引自Marrone, 1997, pp.114-131）

（三）複雜性喪慟

倘若一個人的哀傷過程超過一年，也許就是進入所謂的「複雜性喪慟」。S. Freud是最早提出「複雜性喪慟（或悲傷）」的人。「複雜性喪慟」常出現在悲傷歷程失敗，喪慟者沒有出現悲傷、或出現過度或扭曲的反應，尤其是有憂鬱症時，會因為失落而加速複雜性喪慟（林慧珍譯，1998/2007, p.58），像藝人歡歡罹患憂鬱症又喪父不久，最後走上絕路。

所謂的「複雜性喪慟」（Horowitz, Bonanno, & Holen, 1993, cited in Marrone, 1997, p.21）主要是指兩個因素的結合，一是個人對於死者的感受與想法停留在高度模糊不清的情況當中，二是展現出企圖過度掌控、壓抑

不想要的感覺與情緒，這樣容易造成慢性沮喪與其他複雜性悲傷的癥狀。以年輕喪偶者而言，其喪慟過程是：驚嚇與不置信、悲傷情緒（哭、生氣、焦慮）表現，接著是個人的混亂（與死者親戚間的關係變化、缺乏自信、自我毀滅的誘發），因此要特別注意到喪慟者的個人因素（特別是壓力、與死者的關係）、以及社會支持資源（林慧珍譯，1998/2007, p.60）。

在複雜性喪慟裡，認知失措、與情緒崩潰會持續衝擊個人，甚至會讓某些人有臨床上的憂鬱、不適應或失能情況發生，因此可能會有慢性悲傷、誇大悲傷、掩飾悲傷（壓抑情緒，以身心症方式呈現）與慢性憂鬱等反應（Marrone, 1997）。每個人的悲傷反應不同，不能一概而論，也需要注意。

（引自 Rando, cited in DeSpelder & Strickland, 2005/2006, p.133）

現在全世界有更多複雜性哀傷的存在，主要是因為多樣化社會使然，包括都市化、世俗化、儀式化不存在、暴力與槍械增加、社會疏離、物質濫用與絕望感（Rando, cited in DeSpelder & Strickland, 2005/2006, p.134）。DeSpelder與Strickland（2005/2006, p.125）提到我們都是「存活者」（survivors），因為每天都會面臨生活中的改變與失落，因此了解親人喪亡、哀傷與哀悼的定義，可以拓展我們對存活者的理解。

表8-5　悲傷過程的階段

階段	說明
震驚與麻木	面對親人死亡，一時之間難以接受，呈現出對現實感麻木的情況。
否認	理性上拒絕接受親人已逝的事實。
混亂或恐慌	從恐懼陷入極度的混亂，對周遭事物無法專心，日常生活也出現問題。
憤怒、感覺不公平	為何自己受此折磨？認為不公平的情緒轉為憤怒，若發洩管道受阻、就將氣憤轉向自己。
敵意與懷恨	對逝去之人有敵意與憤恨之心，認為對方為何不小心或不注意自己健康（不負責任）。
罪惡感	懊悔自己所做的或該做卻沒有去做的。
空想與幻覺	認為死者還活著，在日常生活中當死者仍在世時一樣。
孤獨感與憂鬱	希望自己可以早點超脫孤單感，也需要他人的協助。
精神的混亂與凡事不關心	生活失去目標、覺得空虛、不知如何是好。
絕望到接受	知道事不可挽、要去接受與面對。
新的希望－重新發現幽默與笑容	看見不同的自己與逝者的關係，想為對方更認真活下去。
重新站起來－新的自我誕生	重新獲得自我感，也有更成熟的表現。

（引自Deeken, 2001/2002, pp.41-45）

表8-6　調適哀傷的任務（6R）

哀傷任務	說明
認清失落（recognize）	承認與了解死亡。
對於分離做出反應（react）	經驗痛苦，去感覺、識別、接受與表達對失落的反應。
回憶與再次經驗亡者、與亡者的關係（recollect）	逼真的回憶與回顧，還原與再次感受。
放棄（relinquish）	放棄對亡者過去之情感和以前的假設世界。
重新調整以適應新的世界，同時不忘過去的世界（readjust）	與亡者建立一個新的關係、接受在新世界的新方式、建構一個新的身分。
再投資（reinvest）	重新面對生活。

注：悲傷不是切斷與亡者強烈的緊密關係，而是把失去親人之痛、結合在往後生活的一個過程。

（引自Rando, cited in DeSpelder & Strickland, 2005/2006, p.140）

三、悲傷輔導的原則

　　助人專業者面對失落經驗的當事人可以採取哪些方式協助呢？有學者提出以下原則（鈕則誠等，2005, pp.144-145），也適用於一般人：

（一）主動接觸喪親家屬（包括身體層面的接觸）。

（二）建立以當事人（可能是全家）為主的助人關係（包括同理與慈悲）。

（三）增加失落的現實感（與喪親家屬談論死者，可增加其現實感）。

（四）協助喪親者表達與處理情緒。

（五）闡明正常的悲傷行為（有些喪親者會被自己失控的情緒嚇到，讓其理解此乃正常反應）。

（六）協助喪親者發現資源及克服生活適應過程中的障礙。

（七）面對喪親者靈性或宗教層面的課題（失落親人的悲傷常會衝擊個人生命的信念、瓦解對世界的假設，並使喪親者連接到自己的死亡，因此當喪親者從失落中體會意義、並重新建立對生命的信念時，常能協助自己走出悲傷）。

（八）評估喪親者的高危險群並能及時予以轉介（覺察喪親者可能有複雜悲傷的傾向時，發現自己無能力協助，就要及時做轉介。）

四、協助孩子面對失落與悲傷

老師或家長可以協助孩子處理失落經驗的方向包括（Corr et al., 2000, pp.250-254）：

（一）給予適當正確資訊——包括事情是怎麼發生的？

（二）給孩子表達失去的情緒與可能的反應——不必要強裝勇敢、也不要故意逃避，真實去面對自己的感受，也發洩出來；

（三）讓孩子參與一些儀式或回憶的活動——如喪禮、看看剪貼或相簿，這些儀式與活動提供了孩子心理上的安慰；

（四）協助孩子從失落中找尋意義——這就包括事後與孩子討論如何記得這個失去的人（物），他（或它）讓我們學到了什麼？在碰到困難或是生活上的挑戰時，會想起這個人（物）的忠告可能是什麼？他（它）在我們的生命中佔了一個怎樣的地位？

一般說來，處理孩子失落經驗與哀傷最重要而有效的態度就是：有回應、也問問題，可以做的包括與孩子分享照片與記憶、寫信等

孩子可能會對逝去之人有一些罪惡感，也會後悔自己之前應該做些什麼卻沒有做，或者是做了不該做的事、所以「造成」對方的死亡，因此要讓孩子清楚對方的死亡與他／她無關，平撫其情緒。

詢問孩子是否願意參加逝者的葬禮，把他／她包括進來是很重要的，可以讓他／她有機會去消化悲傷，也是悲傷教育很重要的一部分。協助孩

子去檢視與逝者之間的關係，可以如何記得對方？讓孩子將悲傷轉化爲珍貴的死亡教育機會。若成人自行決定要不要讓孩子參與葬禮，就是不尊重孩子的表現，我國的習慣常常是阻止孩子去參加，這也暗示了死亡是一種禁忌、無形中讓孩子對於死亡更加焦慮與懼怕。孩子其實不會害怕死亡，主要是從成人那裡獲得的暗示或解讀使然。

表8-7　協助兒童悲傷輔導注意事項

注意事項	說明
讓兒童了解真相	清楚告知事實，不要隱瞞，要不然兒童會自行解釋或經由不當管道去了解死亡，傷害更大。
對死亡的解釋	勿捏造事實、或當自己對死亡全知全能，而是以兒童可以了解的程度與語彙做說明，具體說明死亡經過與死亡相關的自然現象。
允許兒童參與部分或全部葬禮	也要徵得兒童之同意，讓其學習死亡的社會意涵。
開放與積極傾聽	兒童的表達多以行為方式表示，傾聽兒童之後才能協助其表達情緒，不預設立場，也開放其發問。
等待並給予充足時間	耐心等待其回應。
情緒疏導與表達技巧	運用不同媒材（如繪畫、遊戲治療等）協助其表達情緒，並做良好示範。
記憶重整與回憶箱製作	協助兒童整理對已逝者的回憶、安放在記憶裡的位置，探索失落對其的意義。
必要的愛護與足夠的社會支持	儘量讓兒童生活回歸正常，並保證讓他／她有足夠的安全感與照顧。
身體舒適的照顧	壓力與悲傷情緒很耗費能量，適當的休息與身體照顧很重要，也讓兒童感受到自己沒有被忽略。
允許兒童做自己	兒童應享有其年齡應有的福祉，成人不應對其有超乎其年齡的能力與要求。

（引自鈕則誠等，2005, pp.147-148）

　　Seibert等人（2003, pp.60-61）建議在處理孩子的失落經驗時要注意以下幾點：

（一）對年齡層不同的孩子：對年幼的孩子要使用具體簡短的答案，語調與肢體上的安慰（如擁抱、拍肩）就可以提供最有效的撫慰；對年紀較長的孩子，答覆的內容要給與對方有空間去發展概念。關於該提供多少細節的部分，則視孩子的情況或問題而定。

（二）要注意情緒與事實的平衡度：陳述若太情緒化，孩子不能理解，若無太多情緒表露，可能會讓孩子覺得困惑或太嚴厲。

（三）要誠實、根據事實與展現關懷：答案沒有對錯，但是態度很重要。

（四）倘若孩子認為死亡與自己有關，就必須做釐清與保證，你／妳的責任是解讀孩子的疑問與行為，並提供或找尋機會、給予孩子適當資訊或支持。

（五）倘若死亡或失落經驗是很暴力或突然，甚至是悲劇性的，就要有不同的因應策略，特別要注意孩子是否覺得焦慮或安全感被威脅。

面對死亡

　　「死亡」是最大的失去，也是一種「不可逆」的失去，因此一般人會認為面對「失去」比面對「死亡」容易。對生者而言，死亡就是失去聯繫與見面機會，對死者而言，就是失去人世間原來的一切。我們對於死亡的認識大概在七歲左右就很清楚死亡的「不可逆性」，也就是說死亡是不會讓生命再回頭的，死了就是死了，沒有再商量、挽回的餘地；但是在更早之前的發展階段，孩子對於死亡是慢慢知道其現實的，從認為死亡只是睡了一覺就醒過來、與睡著了沒有兩樣，到意識到死亡可以一去不回，雖然只是短短幾年，但是之中還是有一些變數會影響到孩子的生命與死亡觀，特別是父母親自己面對死亡時的態度與行為。

　　畢竟每個人面對自己的死亡機會只有一次，態度會如何？在生時是否有一些跡象或是準備？對於以何種態度面對死亡，有學者提出：「我們面對死亡的方式，反映出我們在日常生活中處理事情、得失與生活改變的方式。」（DeSplder & Strickland, 2005, p.58），這段話似乎也提醒了我們對待死亡的方式與平日的性格、對失落處理的一致性。對於希望自己有預期或無預期死亡，大學部一年級的學生的反應占一半一半（2016/4/7），希望無預期的主要原因是擔心自己會開始放棄、擺爛，反而會活得無意義，希望有預期死亡的同學則是認為這樣就可以好好做準備、重新將生命中的優先次序做安排、少些遺憾。許多人希望的「好死」，通常就是指「無疾而終」或是「在睡夢中死亡」，是一種無預警、沒有意識到痛苦的死亡，而研究顯示老人較喜歡「自然死」與被動的「安樂死」（鈕誠則等，2005, p.71），「好死」同時具有「無痛苦」與「道德批判」（例如「好人會有好死」）的意義，很遺憾的是我們通常無法選擇自己死亡的方式（自殺除外）。

　　一般的傳統宗教提供了死後生命的希望，目前的有形生命必須犧牲、才可以換取靈魂的生存（Firestone et al., 2003, p.379），而「愛」是存在絕望與空虛的解藥，也提供了真正的希望與充實感（Firestone et al., 2003, p.383）。紐則誠等人（2005, p.66）認為成熟的死亡態度應該要了解：死亡之不可逆性（死亡是永遠的結束）、普遍性（全宇宙皆然）與無功能性（身體所有的功能包括感覺、生理、情感等都沒有功能了）。

　　一般人認為「生老病死」是人生之常，但是棺材裡躺著的是「死人」而不是「老人」而已，死亡並不是老人的專利。許多人認為老年人面對死亡是「自然且適時」的，因此「社會損失」極小，而「憂鬱」或「無言」被視為「準備死亡」的一部分（鈕誠則等，2005, p.70）。生命的長短我們無法控制，唯一能夠控制的是生命的質感、深度與意義，然而若是不提死亡，反而讓瀕死者無法真誠談及個人事務或關切的議題，其實是影響極

大的（鈕誠則等，2005, p.71）！

　　Kastenbaum（2005, pp.71）認為個體對自己必死的醒悟可以來自多方面經驗：（一）覺察到自己老化的徵兆，（二）老友的逝去，以及（三）與死亡擦身而過的經驗。我們的文化界定了「疾病」的意義、內容與處理方式，同樣也界定了處理疾病而死亡或悲傷的表達方式（林綺雲，2004, p.20），然而文明與醫學科技的日新月異，疾病的結果可能不是立即死亡，而是會延長生物上的壽命，或是有人寧可讓自己尊嚴地死亡、而採取安樂死，這些也都是生命教育會觸及的重要議題。

一、死亡體制

　　Kastenbaum（1977）提出「死亡體制」（death system）的概念，每個社會都有其死亡體制，是描述社會對於有關死亡、瀕死與哀悼的整個態度、行為模式，包括人、地、物與死亡象徵或因應死亡的一切（cited in Marrone, 1997, p.9）。思考死亡如何塑造社會秩序與我們的生活有其功能，其功能是：（一）警告與預測有關潛在危及生命的凶兆事件（如自然災害預警、檢驗報告或醫師囑咐）；（二）死亡的預防（如急診醫療程序、公共衛生倡導）；（三）臨終關懷（如安寧與居家照顧、處理外傷專業人員）；（四）亡者的後續處理（如喪葬事宜、身分確認或墓地位置）；（五）亡故後的社會整合（如處理悲傷情緒、遺產相關事宜）；（六）意識到死亡來臨（如提供宗教或醫學上的解釋、支持團體、遺言）；（七）因被害致死（如死刑、謀殺、戰役或意外）的社會認可意義（Kastenbaum & Aisenberg, 1972，引自DeSpelder & Strickland, 2005, pp.28-29）。

　　東西方社會因為忌諱談死，常常也沒有機會去了解自己親人或瀕死者對於自己重要事務的處理方式，而除了在接近死亡過程中與死後的喪禮等處理，需要尊重死者的個人意願之外，Attig（2003）還提到尊重瀕死者的靈性與宗教需求是很重要的，包括其對於死亡的信念、生命與其意義、上

帝與不朽等都值得尊重，藉由信仰的引導，可以協助瀕死者導向現實生活面，因此有四個關於生命意義的問題可以詢問（答案都是肯定的）：

（一）個人可以渺小嗎？

（二）改變可以嗎？

（三）受苦可以嗎？

（四）不確定可以嗎？

表8-8　「死亡體制」組成要素

死亡體制組成要素	說明
人	如殯葬業者與相關人士、壽險經理人、執行死刑者、臨終照顧者等。
地	如公墓、殯儀館、災難現場等。
時	如紀念日、或節日。
物	如訃聞、墓碑、靈車等。
象徵	如黑色臂章、喪禮音樂、談論死亡用語等。

（引自 DeSplder & Strickland, 2005, p.28）

西方社會對於「好死」的定義

- 痛及不適症狀減至最低、或病人可忍受之程度。
- 身體與儀容整潔，以保個人尊嚴。
- 即使在疾病的限制下，仍能保持活動性與自主性。
- 盡可能滿足其情緒與社會（與人互動）層面的需要。
- 釋放過往的人際衝突。
- 允許表達並滿足心願。
- 給予自由選擇之權利。
- 保護其不受到不需要、去人性，以及無意義的醫療處置。
- 滿足其靈性需求，感受到生命是有意義的存在。
- 給予機會安排自己的後事及向親友告別。

（引自 Kastenbaum, 1979, cited in 鈕則誠等，2005, p.157）

二、家人面對死亡

我們每一天都接近死亡一小步，但是死亡與「不存在」的恐懼卻逼使我們暫且去忘掉它的存在，因此我們發明了許多方式、企圖分散我們的注意力或是焦慮，甚至還刻意去挑戰死亡（如飆車、嗑藥）。曾經高雄縣有一位少年隊大隊長，就讓飆車族去探訪植物人收容中心，讓他們去對照自己的生命形態，不少年輕人看到了這些景象對生命有不同的領悟、也就轉變了輕忽生命的態度。成大趙可式老師也曾經讓護理系的學生暑假輪流去照護王曉民（北二女車禍後成為植物人狀態的女生），她們每天替王曉明翻身、按摩、以鼻胃管餵食，回來之後許多人的生命都產生了改變；其中有一位母親就提到自己女兒原本生活習慣很糟糕，但是暑假過後卻展現了自律與感恩。這些事件給予我們最大的省思就是：同樣是生命，有人可以有所作為、有些人卻已經不能了，他人的生命的確可以教育我們、也給我們不同的對照與反思。

當我們面臨親人的死亡，根據Elisabeth Kúbler-Ross（1969）的理論歸納會有幾個階段的反應出現，而作者將其稍作更動、也概括到面臨親人的死亡，我們可能會有以下的反應出現，它們是：（一）否認與孤立（denial and isolation）──不願意承認死亡是事實，在行為的表現上也是如此，甚至會維持原來死者在世時的生活情況，像是堅持在某一時刻等待已死的對方回家，或是在用餐時擺上碗筷、留特定的座位、假裝一切都沒有發生；（二）憤怒（anger）──很生氣，感受到重大的失落，認為這麼好的人不該死、上天不公平；（三）討價還價（bargaining）──願意與死神或是上帝交換一些條件讓死者復活；（四）沮喪（depression）──儘管已經這麼努力要做補救、或是有懊悔之心了，但截至目前所做的一切都於事無補，心情非常低落、鬱悶；（五）接受（acceptance）──知道事情可能已經不能挽回、只好接受這

個事實，也不希望他人來安慰或打擾。然而理論歸理論，並不是所有的人都可以經歷這些過程、到達「接受」死亡的階段，甚至同一階段會一直重複，因此我們看到許多人的悲傷哀悼時間特別久，甚至忍受不了失去、也結束自己性命，希望可以與死者一起。其中的「沮喪」有兩種，其一是因爲疾病引起的困擾情緒反映，其二爲覺知死亡必然降臨的準備（cited in DeSpelder & Strickland, 2005/2006, p.63）。

「即便是面臨死亡的老人，也需要被觸碰、滋養、寵渥、翻身、清理與更衣。」（Kúbler-Ross, 1983, p.25），因此對於將死之人，要給予最佳的尊重。作家曹又方在被診斷罹癌之後，舉辦了生前的葬禮，當時蔚爲新聞。她說：「死了以後，不知道還聽不聽得見朋友對我說的話，所以在死前舉辦『告別式』，可以親自聽到（自己在朋友心目中的模樣）。」活著與面對死亡都需要勇氣。死亡對每一個人的意義不同，老年人的生命任務之一就是「生命回顧」，重新審視一下自己的一生過程，成功的或者是失敗的、做對的以及做錯的、要感謝以及悔恨的也都會一一浮現，也許還有機會去做彌補與請求原諒，至少要讓自己「減少遺憾」，當然也有些人不會採取積極行動，因此心理家E. Erickson（1986, pp.54-55）說老年期面臨的就是去平衡「完整」（integrity）或「沮喪」（despair），需要有「智慧」去做解決，企圖將過往的生命任務（傳承與停滯、親密與孤單、認同與認同混淆等）做妥協，也將其統整入目前的生活當中。

如前所述，並非每一個面臨死亡的人都會經歷過這些階段，許多人到死還是否認，有些人卻很早就平心靜氣接受了自己會死的這個事實。有研究（Christ, Siegel, Freund, Langosch, Hendersen, Sperber, et al., 1993; Silverman & Worden, 1992）發現孩童較之成人更容易接受死亡，可能是因爲較能夠「捨得」，像周大觀（十歲）、黃冠億（十三歲）等。有學者認爲「否認」也可以是一種健康的應對方式（DeSpelder & Strickland,

2005/2006），而不少學者針對Kúbler-Ross的死亡階段論提出質疑，批評她的研究是沒有考慮到周遭文化與社會脈絡，基本上可稱是「適應社會脈絡的方式」（an adaption to the social context in which death occurs）（Charmaz, 1980, cited in Littlewood, 1993, p.72）。

幽默也是面對死亡的一種方式，企圖減少死亡的威力、增加控制感，尤其對常常感受到死亡壓力的照顧者來說，幽默可以是一個調節的方式（Strickland & DeSpelder, 2003, p.12），然而也可能要考慮到文化的因素，國人慎終追遠的傳統，是否可以用幽默態度面對死亡，也許需要進一步了解。

三、死亡階段

每個人的死亡都是獨特的（DeSpelder & Strickland, 2005/2006）。面對致命性疾病的過程，可以經由（一）出現困擾（接受診斷後出現的自我認同危機）；到（二）緩和與調適（開始治療，面對疾病調整與適應）；到最後的（三）疾病晚期與生命終止（不再治療、身體衰退）（Weisman, cited in DeSpelder & Strickland, 2005/2006, p.66）。通常一般人在面對致命疾病的威脅時，會出現防衛機轉與處理策略，都是為了處理引發的焦慮情緒，因此可以使用情緒焦點的方式（協助調整痛苦與壓力的程度）、問題焦點的方式（解決痛苦的問題）以及意義基礎取向（維持一個人正向的安適感、有新的目標）（DeSpelder & Strickland, 2005/2006, pp.66-67）。瀕死或是即將知道未來可數，瀕死之人卻也必須面對所謂「社會性的死亡」，也就是周遭的人似乎已經開始主、被動地疏離此人，甚至將他／她視為已經不存在的人，這種型態的死亡早在生理上的死亡前就已經發生，原本是活躍於他人生命的積極角色慢慢褪去（Mulkay, 1993, p.33）。

表8-9　人面對死亡的四個向度

生理	滿足身體上的需求、降低病痛。
心理	儘量提升心理的安全感、自主性與富足感。
社會	維持與加強和重要他人的人際關係與情感，也觸及死亡過程中的社交關係內容。
靈性	界定、發展與重新肯定可用之精神能量與意義，提供希望感。

（引自Kenneth Core, 1991-92, cited in DeSplder & Strickland, 2005/2006, p.65）

表8-10　人面對致命疾病的階段

立即期	持續期	臨終期
了解疾病。	控制病症與副作用。	控制不適、疼痛與失能。
極力保持健康與生活型態保持最佳能力狀態。	實施健康養生之道。	接受醫療程序與面對壓力。
探討診斷對自己與他人的效應。	壓力管理與調整因應行為。	準備面對死亡與道別。
表達感受與恐懼。	面對疾病的生活正常化。	維持自我概念與人際關係。
整合現在、未來與過去。	加強社會支持與自我概念。	表達感受與恐懼。
	從未知與痛苦中找到意義。	從生與死之中找到意義。

（引自Kenneth Core, 1995-96, cited in DeSpelder & Strickland, 2005/2006, p.65）

　　關於死亡階段，有學者將其分為三個階段（如下圖），從明顯感受到死亡之逼近、到與死亡相關的情緒與思考出現，最後是死亡前的反應。

四、宗教與信仰提供死後的出路

　　宗教或信仰提供了死亡之後的出路，宗教可以是死亡焦慮的緩衝劑，但也可能是壓力來源（Kastenbaum, 1992/2005, p.158）。一般說來有宗教信仰者，其死亡焦慮較低，然而對自己能力或自信較低者，死亡焦慮可能較高，這可能與自己欲達的生命目標有關。

表8-11　E. Mansell Pattison的死亡階段模式

階段	過程描述
敏感期	對應 Kúbler-Ross 的「否認期」、「氣憤期」與「討價還價期」，瀕死者很焦慮、凍結（frozen）在害怕中的情況，也可能會極度壓抑情緒、做認知上的否認。
慢性期	持續質疑未知世界，也同時有許多害怕，包括害怕被拋棄、失去自我控制、受苦與痛苦、失去個人的身分或認同、對於將臨的未知、從外界世界抽離退縮到自我。
結束期	會有不切實際的希望、與外界環境疏遠或隔離，沉浸在內在自我世界裡，漸漸進入生理（主要器官不再運作）、生物（無意識或目的性的活動）、心理（包括睡眠、做夢與失去意識）與社會性的死亡（從身體上被迫遠離社交圈，與社區、家人隔離，以及被醫療上的去個人化所隔離）。

（引自E. Mansell Pattison 1977, cited inMarrone, 1997, pp.78-84）

表8-12　死亡的信號與徵象

最後幾天或幾小時的共同特徵	最後瀕死階段
• 身體功能系統減弱。 • 呼吸節奏改變，凌亂，呼吸困難、急促。 • 飲食不振、噁心、嘔吐。 • 大小便失禁、冒冷汗。 • 焦慮不安、不能休息、思想錯置和紛亂。 • 減少人際活動、逐漸分離。 • 軀體因血液循環緩慢而改變顏色。 • 睡眠增加、意識減少。	• 喉嚨因肌肉鬆弛而發出聲響。 • 呼吸停止，肌肉收縮、胸部起伏看似在呼吸。 • 心跳停止，呼吸停止後幾分鐘會跳動、或短暫加速跳動。 • 無法呼喚叫醒。 • 眼瞼微開、眼睛凝視，嘴巴可能因為肌肉放鬆而張開。 • 大腸與膀胱內容物外洩。

（引自Enck, 1997, cited in DeSpelder & Strickland, 2005/2006, p.79）

　　有學者主張「宗教」與「信仰」不同，前者是團體活動、後者為個人選擇（紐則誠等編著，2005, p.8）。生死問題的探索與解決，是宗教存在

的最大理由（傅偉勳，1993, p.136）。對死亡之後抱持強烈的好奇是人類的普遍傾向，而對來世的信仰也深植於人們心中，因此對於死亡意義之探求，其實就是對有意義的「生之探求」（Deeken, 2001/2002）。

宗教給人最大的幫助在於「死後往哪裡去」的觀念，也就從「死後世界」來反思活著時應要如何生活、才可以抵達想望的死後世界或歸處？而一般的宗教都會提供「好死」必要的「好生」哲學、勸導人為善；宗教最大的功能在於提供了死後世界的願景與信仰，也因此會鼓勵人在世時及時行善、完成自己想要達成的生命目標與創造意義，由此可見「生」與「死」是一體之兩面。

基督教重視死亡，其傳道工作是引導人們如何「慎行一生」（Warren, 1998/2007, p.14），呼應了宗教之功能，也與存在主義者所主張的「人生有限」才顯現出生命的意義如出一轍。我的觀察是一般人過三十之後，比較有宗教或靈性方面的需求，而在研究文獻上，也許因為過了三十，經歷過許多人生事件，感覺到許多事物似乎不是我們人類能力所及，彷彿冥冥中有一股不知名的超人力量在掌控。

瀕死經驗（near-death experience）

近十多年來，開始有關瀕死經驗的研究，坊間或媒體偶爾也出現有人被送到殯儀館卻復生的新聞。有些人有過瀕死經驗，也就是曾經被認定死亡卻又活過來，他們報導自己的經驗通常是：起初是不愉快的，後來在「放手」（letting go）的同時卻有一種奇妙如幻的感受，後來有平靜，接著就會看見奧妙的景象，好像自己脫離肉身感受，清明且愉悅（Moody, 1975, 1980, cited in Marrone, 1997, p.92）。他們通常會描述自己經過了一段黑暗空間，然後經過一個充滿亮光的通道，這個亮光讓人感受到愛與驚奇，有些人可以通過這道亮光、有些人則否，被拒絕的通常就會回到人世

間；護送他們的也是已逝的親人或朋友，外表雖然看不出來，但從個性可以得知是誰。

　　有過瀕死經驗的人，對於生命態度會有轉變。有一位在重大手術之後存活下來的中年女性說：「我一切都看得比較開了，不會像以前那樣總是愛計較，對我反而比較好。」

一、瀕死經驗特色

　　瀕死經驗包括幾個向度，它們是（Marrone, 1997, pp.94-96）：

（一）超級警覺：專注力強而狹隘，時間彷彿轉變且扭曲了。

（二）去人格化：感受轉變，覺得不真實、不具體，沒有身分，好像抽離了時空、呈現失控的狀態，自己的一生似乎在瞬間快速閃過。

（三）靈魂出竅經驗：彷彿做一趟美麗狂喜的旅程，到一個美麗新世界，也看見其他人在努力地救他／她。

（四）超越時空與個人身分的感受：離開現實世界到另一個空間，與神秘的或看不見的靈體邂逅，朝向一個障礙物或轉捩點（只要通過就永不回頭）。瀕死者會與上帝或是類似的神祇對話，或是感受到自己受外力控制。

　　對於這些有瀕死經驗的人來說，瀕死對他們的影響是（Marrone, 1997, pp.101-102）：

（一）減少對死亡的焦慮。

（二）對死亡發展出新的態度。

（三）生命重新聚焦在當下。

（四）直覺接受生與死的樣態。

（五）嶄新的願意活下去的意志力。

（六）在長期康復過程中，有較充實的自我感。

（七）對信仰改變或更為豐富。

（八）對人類關係的關懷面重新燃起興趣。

二、瀕死的覺知

從1950年代開始，死亡似乎大都在醫療院所發生、變成醫療科技與喪葬業者接手的情況，也漸漸變得「不可見」或「隱形」（invisible）起來（Marrone, 1997, p.7）。罹患重症者，也許對於自身來日無多有較多警覺，但是也希望奇蹟出現，倘若病痛無法忍受，對於死之嚮往會較積極。

針對知道自己將面臨死亡的人，該不該讓他／她知道？或是該如何溝通？還是隱諱下來，不讓當事人知道？存活的親人擔心萬一對方知道，是不是會妨礙或擾亂其心理與情緒？然而讓對方知道似乎也是他／她的權利，這樣也好做相關死亡事務的溝通。目前許多醫師也面臨到該不該讓病人知道其即將死亡的事實，至少有兩種做法（告知與不告知），或是兩種態度（主動告知或被要求後才告知），當然也與醫師的信念有關。

有研究者提到將面臨死亡的當事人與其親人，針對即將死亡的議題有不同的態度與因應（如下表）。

表8-13　對死亡覺知的溝通型態

覺知狀態	特質
封閉的覺知	病人不知自己將死，但是其他人知道，缺乏對病人疾病或對其死亡前景的討論。
懷疑的覺知	病人猜測自己可能會死、但未得到證實，因此會試著從他人那裡取得資訊與測試，來肯定或否定自己的猜測。
相互假裝	包含病人在內都知道死亡結果，去扮演得像病人會康復一樣、避免進一步溝通。此種方式對嚴重病痛者有其效果。
公開的覺知	已知死亡將臨、且可公開討論，允許經驗分享與支持。

（引自Anselm Strauss, cited in DeSpelder & Strickland, 2005/2006, pp.61-62）

臨終與緩和照顧

　　臨終照顧與緩和照顧常交互使用，但是基本上臨終照顧只是緩和照顧其中的一種形式。臨終照顧是對疾病末期或臨終病人的整體照顧，緩和照顧的對象可能提供給非疾病末期病患（DeSpelder & Strickland, 2005/2006, p.11）。

　　傳統的醫療模式是以病患及醫療人員爲中心，病人家屬不是重要的，而臨終醫療可以在不同地方提供，通常是一個以社區爲基礎的照顧計畫，不只是病患本身與家人、工作人員與機構人員也都參與其中。傳統到臨終照顧其目的是：「從治療到照顧，從延長生命到生命品質」（DeSplder & Strickland, 2005/2006, p.8）。

　　依據世界衛生組織（WHO）的定義指的是「緩和照顧是其疾病對醫療已沒有反應的病人之積極完整的照顧」，著重在病患之生活品質的提升，是一種治療方式而不是「治癒」（DeSeplder & Strickland, 2005/2006, p.8）。臨終照顧是特別爲末期病患及同意避免延長生命的醫療干涉的病人所設計的，其旨在創造一個適合瀕死者需求與信念的方式，讓死亡過程可以較爲安心地度過（DeSpelder & Strickland, 2005/2006, p.11）。

　　臨終關懷（或「安寧療護」）沿襲自中世紀的hospice，原只是供朝聖者或長途旅行者休養體力的中途驛站。臨終關懷運動始於十九世紀中葉愛爾蘭慈善修道會的修女Mary Aikenhead建立臨終關懷的住院機構，十九世紀末美國紐約也建立了「聖路絲之家」（St. Rose Home）與「卡爾布萊里」（Calvay Hospice）臨終關懷機構，1960年代英國醫師基於對瀕死病人的關心與護理實踐，開始建立對症治療的高超技術，成爲現代臨終護理的先驅，而在一九六七年設立的「聖克里斯夫」機構是現代臨終關懷機構的模範。一直到西元二千年，美國的臨終關懷機構已超過三千七百間，而

其中以居家關懷的型態較多。居家關懷就是患者無需住院，而是在家接受臨終關懷的服務，像是緩和疼痛與症狀的控制與處置，都由關懷團隊來負責，即便是獨居者也不會孤單，由義工輪流陪伴與照顧，或是送到關懷中心，讓他們增加彼此互動機會、從孤獨中得到解放，也提升其生活與生命品質。

台灣的安寧服務可溯及1970年代，軍方在台北近郊陸軍829醫院設置114床的「博愛樓」，照顧軍中癌末患者，但與真正的安寧療護理念仍有差距；1990年馬偕淡水院區成立安寧病房，同年又成立財團法人安寧照顧基金會，1993年康泰醫療教育基金會正式成立癌末照顧中心，同年基金會負責人趙可式赴美學成歸國（專攻hospice care），1994年耕莘醫院與趙可式博士合作，於其新店院區內成立第二家安寧療護病房，開始以居家護理的模式做為安寧照顧；1994年底，衛生署開始全力推動安寧療護的發展（張盈堃、林綺雲，2004a, pp.33-34，鈕則誠等，2005；Deeken, 2001/2002, pp.24-28）。

然而臨終的一幕，還有幾個重要影響因素（Kastenbaum, 1992/2005, pp.17）：

一、阻隔團圓的障礙（如儀器的聲音、家人的爭吵、來訪時間的花費等）。

二、垂危者與他人之間未解的問題（如不贊同他人的生活方式、對過去惡行的控訴等）。

三、垂危者在整個家庭與朋友關係網路中的地位（是核心人物或無名小卒？）。

四、對尚在世的人而言，此人的死帶給個人的意義與衝擊（垂危者患病否具傳染性、病患受的苦是否預示吾等的將來？）。

有時候該如何死亡、或是如何死，不是臨終者可以做的決定。那麼誰

可以主宰臨終的一幕？Kastenbaum（2005, pp.18-28）提及：（一）基於道德的訴求，人畏於死後的審判，使得臨終已經成為人生的「期末考」而非盡頭，有些照顧者會將自己的宗教信仰強加在臨終者身上。（二）專業、官僚與法律的主張，有時候所謂的這些醫療或法律的專業人士會阻止臨終事宜，甚至努力延長臨終者性命，醫療人士也依循「可操作死亡」（不敢讓病人自然死、或讓病人以植物人方式存活）的步驟，因為不敢冒法律的危險。（三）倘若臨終者的死亡極為痛苦，也會讓死者家屬遭受心理創傷，這些創傷卻不被了解。（四）許多人無法經歷臨終的一幕，因為被置於醫院或安養處所而非在家中，可能因病而缺乏溝通能力（無法表達自己的心願），也因此臨終者的困境就一直持續著。

　　Kastenbaum（1990）（引自Kastenbaum,1992/2005, pp.29-31）曾經讓學生撰寫自己臨終的場景，但是發現學生不會去省思自我與真實死亡中的關係，許多人將自己隔絕在臨終可能帶來的不安與焦慮之外，即便是「健康死」也掩飾了臨終照顧艱辛的現實面，因此Kastenbaum（2005, p.43）說：「臨終場景固然獨特，但它不能獨立於參與人之價值、衝突與關係之外。我們常視臨終者為一個個體，但他們同時也是我們未來命運的縮影。」。臨終照顧是將身、心、靈三者結合在一起，然而臨終照顧變得更系統與規則化之後，也可能導致照顧機械化的「過度官僚」作風（DeSeplder & Strickland, 2005/2006, p.13）。

　　臨終照顧可以選擇在家照顧，因為「家」對大多數人來說是一個有意義的地方，是病人熟悉的場域，又有與自己關係密切的人在，也不像醫療機構那樣按表操課、家人也較有彈性（DeSpelder & Strickland, 2005/2006, p.15）。Deeken（2001/2002）提到近年來許多死亡都是在醫院裡面發生，在某人臨終時不讓家人陪伴，讓家庭被疏離，這是不適當的。家是一個人的最初與最終，讓臨終的人可以在家度過最後一刻是很重要的。

　　不只病人需要重要的社會支持、照顧者亦同，不管國內外，主要照顧責任大多還是落在女性身上，照顧者容易有挫折感、疲勞、悲傷與無助，也面臨「自己必死」的生命議題，雖有「喘息服務」（respite service，讓家人可以休息一下）可以協助減輕照顧者的壓力（DeSpelder & Strickland, 2005/2006），但是這樣的服務在國內依然欠缺、或是未考慮實際情況的適用性，因此仍需要進一步評估。

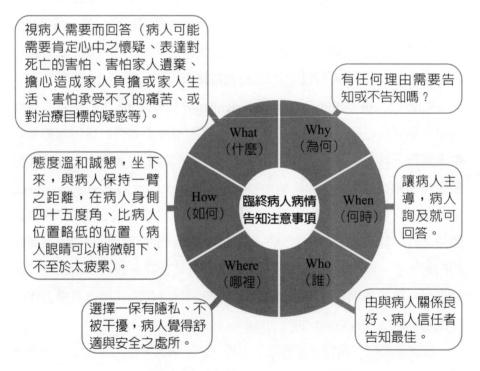

視病人需要而回答（病人可能需要肯定心中之懷疑、表達對死亡的害怕、害怕家人遺棄、擔心造成家人負擔或家人生活、害怕承受不了的痛苦、或對治療目標的疑惑等）。

有任何理由需要告知或不告知嗎？

態度溫和誠懇，坐下來，與病人保持一臂之距離，在病人身側四十五度角、比病人位置略低的位置（病人眼睛可以稍微朝下、不至於太疲累）。

讓病人主導，病人詢及就可回答。

What（什麼）　Why（為何）

How（如何）　臨終病人病情告知注意事項　When（何時）

Where（哪裡）　Who（誰）

選擇一保有隱私、不被干擾，病人覺得舒適與安全之處所。

由與病人關係良好、病人信任者告知最佳。

（引自 Kastenbaum, cited in 鈕則誠等，2005, pp.160-162）

喪禮

　　讓大家聚在一起，彼此支持，是喪禮很重要的一個功能。對於哀慟的人來說，在事件發生初期，其知覺可能會混亂、不真實，也都可以理解，因為對於失落的反應有許多面向（Strickland & DeSpelder, 2003）。雖然喪禮冗長的過程，也是人們規避死亡所採取的技巧之一，然而喪禮也具有社會意義，是一種社會認可的儀式，同時也表示生者對逝者的記憶與追悼、允許情緒做適當宣洩、更堅定人們的信仰、連結社會支持網路、也重新與家庭傳統做連結（Marrone, 1997, p.380）。

　　義大利的喪禮，在結束之後，親友像開派對一樣慶祝，彼此聊聊與逝者的過往小故事，也是極富療癒的模式。東方如我國的傳統喪禮就辦得較為正統而嚴肅，主要是肅穆的氣氛，有時會讓人覺得不寒而慄；以美國來說，在告別式之前，會讓親友瞻仰遺容，葬儀社通常會以死者本身生前的習慣（如有無戴眼鏡）與裝扮來做遺體的修飾，而棺木本身就像一張舒服的沙發，死者展現的就像平日生活的模樣，連幼稚的孩童都願意去探視，不會讓人有恐怖、焦慮的感受。也曾聽說過歡樂的本國葬禮，因為子孫依據死者的性格與希望，特別安排歡樂氣氛的告別式。由此觀之，葬禮的安排也可以事先詢問將逝者，以吻合其期待最重要。

小辭典解說

　　「善終照顧」（或「緩和醫療照顧」）的發展是從「重治療的醫療模式」轉變為「重照顧的全人關注模式」，包括重「自主、尊重、生命素質」的價值觀、「非失敗」、「重溫暖」的態度與舒緩治療方法等（張盈堃、林綺雲，2004a, p.35）。

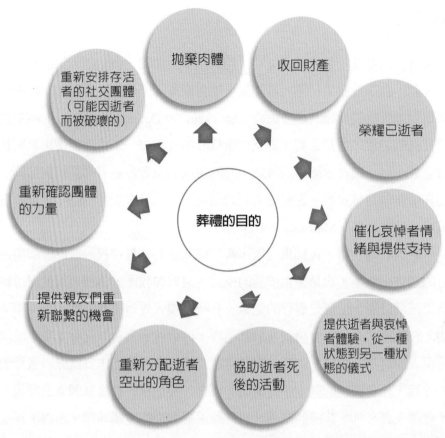

（引自 Aiken, 1994, cited in Marrone, 1997, p.382）

安樂死

安樂死常與「尊嚴死」一起使用，是以尊嚴迎接死亡的一種方式。
安樂死有積極與消極兩種，前者是以提早結束患者生命為直接目的的醫學
處置，後者則是不做延長生命的人工醫學處置（如人工心肺、氧氣罩）、
或是將其停止使用，消極的安樂死是被認可的（Deeken, 2001/2002, pp.29-
30）。

贊成安樂死的理由是：（一）每個人都有自由選擇的權利，包括安樂死的權利；（二）醫學科技的發達延緩了患者生命，但對患者本身是一大痛苦，因爲剝奪其生活品質與人性尊嚴；（三）有些絕症病患痛苦難當，患者親友亦難承受。而反對安樂死之理由爲：（一）依據人類生命神聖性原理，理應尊重生命、不可肆意剝奪；（二）安樂死等於助長自殺與殺人的念頭、不符人性；（三）允許安樂死就助長醫生、家屬或其他人士的濫用；（四）有生命就有希望，況且現在醫生誤判的情況很多（傅偉勳，1993, pp.77-78）。

德國在2015年11月通過「利他性協助自殺」法案，但是這樣的立法引發許多的爭議，有人舉出希特勒時代就是將身心障礙者以類似「優生法」的理由加以謀殺，況且所謂的「利他性」判定非常主觀。

器官捐贈

器官捐贈是從捐贈者處移植活體組織或細胞給接受者，並維持所移植器官在接受者身上運作正常（DeSplder & Strickland, 2005, p.41），簽署器官捐贈通常是在生前預約死後將自己器官捐贈給需要的人，協助他人減輕痛苦或恢復健康。

器官捐贈涉及對於死亡的判定與文化國情（像我國與日本尊重大體的完整性，解剖與捐贈都是禁忌）。我國人對於遺體有「保持完整」的想法，因此希望死者安息，不希望有解剖的情況發生，即便遺體有破損或受傷，也希望可以修飾完整，這樣的思考也會影響到對於器官捐贈的意願與行動。對於死亡的判定，臨床上主要是依據脈搏、心跳、呼吸的停止，目前是以「腦死」來補充；也就是在脈搏、心跳、呼吸停止之後，細胞就開始漸進式地死亡，在無氧狀態下，大腦神經只能維持五至八分鐘，而皮膚與結締組織的細胞可以繼續存活幾個小時（DeSplder & Strickland, 2005, pp.30-31）。

　　公共政策也會影響器官捐贈，包括是否可以利用人體之外的動物器官。美國加州在駕照上就有捐贈器官的一欄，有些州還有喪葬補助或免稅的福利，也讓器官捐贈有增加趨勢（DeSplder & Strickland, 2005）。器官捐贈還涉及移植器官的部分，因為儘管被判定死亡，卻依然用維生器具維持生命，牽涉到醫療、法律與道德的複雜議題。

家庭作業

一、虛擬一下自己的葬禮，包括希望的儀式、舉行的地點、場地布置等，
　　也可以做行程的安排。

二、描述自己曾經瀕死的經驗與事後的想法。

三、介紹一本繪本，並說明可以用來做「生命教育」的目標為何？

第九章　充實大學生活

存在主義哲學家齊克果說：「一個人本身到底是什麼，也就是說，他自身所具備的東西，才是最關鍵的。」（韋啓昌譯，2014，p.39）

「自身的擁有越豐富，他在別人身上所能發現得到的就越少。」（韋啓昌譯，2014，pp.62-63）

楔子

再過一個多月就要畢業，這位大四女生急急來求助，她大哭著說：「我的一生都被我爸毀了！他要我填這個自己不想念的科系，我這幾年都過得很痛苦！現在要畢業了，我的同學都知道自己要做什麼，有的考公職、念研究所，或是出去找工作，但是我什麼都不會！」

我問：「妳這四年的成績如何？」她說都是低空飛過，我道：「好厲害！即便妳不喜歡這個科系，成績還可以維持，表示妳很有能力。」「可是，如果我不念這個系，情況就不一樣！我恨我爸爸！」

「妳父親爲妳選了這個科系，這是妳不能選擇的，但是接下來要怎麼過大學生活，卻是妳自己的選擇！妳可以選擇快樂或痛苦過生活，妳選擇了後者，也浪費了許多時間去抱怨。」我說。

「這怎麼能怪我呢？是我爸讓我進來這個學校的！」她依然堅持。

「妳爸爸只替妳決定了這個學校與科系，但是是妳在念書、過生活啊！」

接下來的幾次諮商，這位女大生了解了自己的選擇之後，還是非

常懊惱與焦慮：「可是，現在只剩下一個多月了！」

　　「妳知道嗎？我認為妳很有勇氣，雖然是現在才發現，但是總比以後發現要好！現在開始，一切都不嫌晚！」

學生生態改變

　　大學文憑至少可讓四成的學生可以獲得重要的工作、在職位上晉升極速（Scheele , 2005），以往學歷是讓個人可以翻轉社會階層的重要管道，現在還是如此。許多大一剛進來的新生，對未來充滿了好奇，但是大學對他們來說，有很多的新鮮與挑戰。在考大學之前，他們的人生是可以預測與計畫的，因為一路走來都是升學考試，而師長們也對他們很優渥，許多事物都為他們準備得好好的，學生只要埋頭念書就好。但是一進了大學，前面的目標沒有了、或是變得很模糊，加上第一次離家獨立生活，可以自由安排與運用自己的時間、沒有他人的管束，有些人宛如脫韁野馬，所謂的「自由」慢慢演變成「放縱」，後來就「回不去了」，有少數同學以上網玩電動的方式來逃避現實的壓力，更有甚者是以酒精或是毒品來麻醉自己，走上了不歸路。有些傳統的好學生，一進入大學，反而在學業各方面都比不上同儕，感到十分挫敗。之前聽說許多大學生畢業後只想自己開咖啡店，最近有機構調查，台灣37%的年輕人沒有夢想，也讓人重新去思考現在的大學生要的是什麼？Sdele Scheele（2005）說得好：「大學是希望的實驗室」（College is an experiment in hope.），也就是可以追夢踏實的第一步。的確，學生進入大學，許多是第一次負笈外地、經營獨立生活，也會體驗到許多的「第一次」。

　　有一回我上教育心理學的課。一位經常坐在第一排座位的男同學有一

次請假，翌週第一堂下課，他捧著厚重的教科書走到講台：「老師上個禮拜我沒來。」我點頭說我知道，接著他道：「所以上一次的重點請妳幫我畫。」我瞠目結舌，後來我告訴他：「這位同學，以前上大學之前，老師們都希望你們考上好學校，所以許多事務都代為處理了，現在你上大學，許多的心態與處事方式都要做調整，包括讀書策略。書是你讀的，自己抓重點。」

　　許多大學生首次面臨許多自由、可以自己做決定的機會，該如何判斷、作智慧的決定，也挑戰了他們的「自律」能力。自律（或「自我規範」）是過好生活的先決條件，許多缺乏自律能力者，給自己與社會帶來許多的問題，而自律者通常在面臨負向或不好經驗時，會表現出較佳的「復原力」（或「韌力」）（Segerstrom, Smith, & Eisenlohr-Moul, 2011, p.25）。

　　前幾年目睹學生生態的迥異，做了一個小型研究，也發現不少同事有一些憂鬱與擔心，因為他們發現現代的大學生素質較差，而對於學習目標較不明確，學習態度較為被動、個人中心，不若以往的學生認真，也不重視基礎能力的養成，不願意抓住學習機會或參與率低，自信指數較差，加上對未來不確定、不相信努力會有所成果，也較功利與市場導向，家長也有過度保護傾向，與人之間的關係淡漠、也相對影響教師之教學熱誠（邱珍琬，2013）。無獨有偶，大陸來台學生對於台灣學生的看法也可以參照，包括台灣學生：（一）懂得享受生活、也在生活中展現創意；（二）人際互動較熱絡；（三）家人關係較親密；（四）人情味較濃郁；（五）較早接受性教育、性別界線較模糊；（六）敢於表現自我創意；（七）上課互動多且活潑；（八）團隊合作經驗多；（九）民主素養展現在學生的自主性與平權意識上。當然也看見台灣學生的挑戰，它們是：（一）文化衝擊較多；（二）對外面世界關注少；（三）缺乏競爭意識、少國際

觀；（四）危機意識較低；（五）發言少條理；（六）缺乏硬底子功夫；（七）主動學習的積極性較低；（八）容易有小圈圈（邱珍琬，2014）。這些研究結果，也讓我重新思考所謂的現代大學教育目標與策略，包括自己想要成就的生命為何？與人的關係、生命意義的創造，而最重要的是人格與道德修為的養成，因為這才是一個人安身立命之根基。

大學是通識教育不是職業養成所

許多人進入大學以為是進入職業養成的所在，因此很在乎技能或專業的學習。世界上各國的大學教育，除非是技職體系，要不然其目標大多是以「博雅」或「通識」教育為基礎，同時讓學生涉獵一些該科系的專業科目，而不單只是為企業培養人才，最重要的是生活能力的養成。絕大部分的專業知能，還是要學生進入社會之後，慢慢養成與精煉。要將大學視為一個人力、接觸、理想、力量創意與機會的資源（Scheele, 2005, p.3），也就是在大學生活中，積極主動去探索、去學習、去連結，而不是只完成教師規定的作業或活動，得到滿意的成績即可，倘若以這樣的「傳統好學生」心態唸大學，勢必喪失掉許多可以學習成長及獲得支持的機會。

一、高等教育市場化趨勢與其影響

大學教育目前受到「市場化」（marketisation）的影響，一切以「產出」為目標、要學生符應就業市場的趨勢，甚至失卻其原本的教育立場，如同我國近幾年來「餐旅科系」的蓬勃發展，然而近期的調查發現，真正從事餐飲工作者只有十分之一，接下來這些餐飲科系的未來該如何？在2016年，政府已經裁撤許多餐飲科系的招生人數。英國學者（Molesworth, Nixon, & Scullion, 2009）同樣也對高等教育的「市場化」感到憂心，學生對於大學教育目標只放在於「獲得學位」（have a degree）而不是「成為

學習者」（be learners），消費社會不僅破壞了大學生轉化成具批判思考「學者」的潛質、也毀損了教育的其他功能。就連大學本身在規範學習成果時，也以「科目」連結「能力」的方式做評估，完全忽略了教育的基本目的，回溯到高中之前的教育，原應是品格與公民養成教育，這些都已經被嚴重忽略，甚至恐龍家長常常假借其他政治權力、干涉教師教學，教師動輒得咎、不敢也不願意去管束學生行為或修正其價值觀，全然讓公民道德養成教育崩盤，這也是近年來社會事件層出不窮的肇因之一。

　　當然，時代在演進，也許不是朝大多數人想要的方向，電腦與網路科技的突飛猛進，大家也只能跟著潮流走。Bok（2006/2008, p.44）提到：「學生隨意對待課業的態度，反映該時代的精神，可能比反映課程的本質還多。」學生雖然只是社會的一份子，不應該承擔所有改變的責任，然而也不能置身於這些脈絡之外，畢竟國家社群的未來還是在年輕一代身上，短視近利的學習態度不能夠支持長久，也容易讓自己無法有堅固的實力去因應世界與社會的變化。

二、如何善用大學時間

　　對許多大學生而言，進入大學也是初次離家、經營獨立生活的開始，許多人面對著突然擁有的自由時間與選擇是充滿困惑的，加上沒有師長在一旁耳提面命，很容易就失去控制、放縱生活，結果不僅是在學業與學習上無法跟進，更容易因為沒有生活方向與目標而產生無意義感或存在的虛空，進而以毫無建設性的方式排遣時間或填補空虛，造成個人、家庭與社會的成本耗損，因此怎樣規畫自己的大學生活就是成功關鍵。

（一）每日時間與工作安排

　　「時間管理」是大一學生進來第一個面臨的挑戰。每個人一天都只有二十四小時，要如何安排將「該做」的事（通常與自己的角色及責任有關）完成，同時也能兼顧自己喜歡做的事？的確需要智慧的判斷與處理。

如果可以在前一天先將翌日要做的事項，按照其優先次序先寫下來，會比較清楚哪些項目有急迫性應該先做，那些可以稍緩進行，當然與人約定要見面或討論也要列入。若是把「該做」的事先完成，也給自己爭取了許多的時間與空間可以做額外運用。當然，總是以「該做的事」爲內容，生活會很無趣、好像都被義務綁著走，因此不妨在其中列出幾項自己「喜歡」做的事作爲酬賞與調劑之用。現在有手機與電腦科技的協助，行事曆的登錄與提醒就不是難事。時間管理得當、加上自律，就可以按時就寢、不須熬夜，也維持身體健康！許多大學生熬夜、爆肝是常事，年輕的本錢不要隨便揮霍，許多是事後補不過來的。

　　許多同學上大學之後遭遇到許多適應上的問題，或許因爲以往的生活都被安排了、自己只要遵循即可，沒有人教你該如何過生活，然而現在卻要自己全權處理、並負起責任，難免會覺得辛苦或困難，只要願意去嘗試、也請教他人，應該很容易就度過難關、也學會新的知識及問題解決的能力。上大學不是來上學，而是學習過生活，倘若自身對大學沒有期待，當然也不會有更多更新的學習與體驗，反而是誤用了大學（Scheele, 2005, p.5）。大學的功能是勝過文憑的，若你的目標只是混一張文憑，那麼你所獲得的也就僅限於此了！

　　時間管理最重要的是設定優先次序：個人一天都只有二十四小時，但是即便忙碌，並不表示生活充實，因此要有「優先次序」觀念，要先決定好什麼事情是應該且必須先做的、哪些事情可以稍後慢慢完成。

　　如果個人有額外的學習或功課要完成，也可以用「最低限度」的方式來安排。像是希望增加自己的英文閱讀能力，若是每天讀一篇China Post的社論、可能負擔太重，那麼就將其設定爲半篇、也是自己可以應付得來的，就以「半篇」爲限；倘若今天心情與時間都容許，完成了一篇社論的閱讀，那麼就恭喜自己，明天的閱讀依然以「半篇」爲限，按照這樣的

進度，每天都會有進展，也不會在原地踏步！總而言之，「行動勝於一切」，有行動、距離目標就更近！

表9-1　個人一天工作行事曆舉隅

「該做」的事	喜歡做的事
討論團體報告	走路三十分鐘
完成諮商理論覺察週誌一篇	與同學一起吃晚餐
準備明天的「人類發展」的第五章	聽空中英語
去圖書館查資料	閱讀半小時
洗衣服	打電動半小時

（二）適當有效的讀書方式

大學生最重要的角色還是學生，因此如何讓自己在四年之內可以有效學習是優先考量。大學課程與高中課程有很大不同，倘若沿用高中讀書的方式，往往抓不到重點、也覺得要讀的東西太多，因此可能要更改一些既有的讀書習慣或策略。課前預習是最重要、也最有效率的，若有任何問題，就將其寫下來、在課堂上或下課時提問，或與同儕討論。大學教師基本上只問學生懂不懂，不會為學生畫重點，而「學問」就是「學了要問」，不是單憑教師的授課就足夠。如果加上課後複習，在考試前稍微複習一下，就可以從容應考、不須緊張。倘若閱讀教科書有不理解的地方，可以先蒐羅及閱讀其他相關書籍，或許就可以了解，與同學共讀、或是請教師長，也是不錯的途徑，千萬不要讀而未解、敷衍了事！

讀書策略的部分，可以請教資深的學長姊或老師，將一些他人使用過的有效方式、花時間去嘗試一下，看看適不適合自己？或是可以加以改良的？要注意每一種讀書策略，都要給自己一段時間去嘗試與練習，不要只試一次、認為無效就放棄，這樣往往會惡性循環、找不出適合自己的有

效方法。在做讀書或作業計畫時，可以採用「化整爲零」（將要學習的資料分成塊狀或零散的）或「化零爲整」（安排一整塊時間可以將之前零散學習的做統整）的進度。計畫要在自己可以完成的範圍內（不要太勉強自己的速度或進度），每天做一點點就不會在原地踏步（有開始就較易結束），同時要預知可能發生的狀況（如期中考），先採取行動（如借書、找資料等），也少花時間做不必要的事（如抱怨、責怪、生氣與沮喪）。

此外，大學教師有時候不喜歡考試，而是用團體報告或行動作業的方式考核，有些紙筆考試會有選擇、名詞解釋或申論題，一般高中畢業生較少有申論題的訓練，因此也要了解該如何答題、邏輯安排、以及文字使用的簡練性，這些也都可以就教於授課教師或學長姐。

（三）報告提前準備

團體報告需要商量與討論，提前作準備是最好的，時間的管控上要注意；個人報告有時候是需要長時間思考、找資料，當然也是提前作準備工作最好。報告最好在作業繳交前二至三週完成，因爲生活有太多瑣事，若是時間抓得剛剛好，很容易因爲其他事務插入、而無法如期完成，特別是一些還需要蒐集資料才能完成的作業。

因爲同時修許多門課，因此要特別注意每一門作業的繳交時間，在自己書桌前貼個大月曆，在上頭註明作業繳交時間、提醒自己。不少大學生會在交作業之前熬夜完成作業，他們認爲自己效率很高，但是品質不佳。其實作業的品質正反映了學生對於此門課程的態度，若學生不在意，授課教師當然也不會在意。

（四）團體合作作業要提前討論與分配工作

在大學許多同學第一次碰到團體作業與口頭報告，因此要格外注意。授課教師通常都會在上課第一堂課發下（或公布在網站上）本學期該課程之課程大綱，裡面有一些作業與評分標準，也會開放讓同學提問，甚至就

開始分組，因此第一堂課絕不可缺課。

　　團體報告分組，因為是第一次，可能彼此還不熟悉，然而經過了一學期的合作，許多人心中都會有評斷，倘若是做事不負責或是偷懶的成員，以後大家口耳相傳、就不會繼續與該成員合作，這位成員在班上以後就會有很多苦頭吃。若是上通識或者跨學系的課程，彼此很陌生，通常會湊數成團體，若無願意負責的人主其事、做統籌分配，團體成品也是一團亂！如果自己是較負責的人，可能會學到許多教訓，覺得叫不動團體成員、成員繳交的作業品質亦差，若自己很計較成績，可能就會更難過！然而這也是大學需要學習的一部分，團隊作業可以讓大家學會如何適當分工與合作，討論有效率，以及篩選掉不負責任的同學。

　　在大學階段有許多與他人合作的經驗，許多授課老師會要求同學合作一份成品出來，因此也可以養成同學分工合作的能力。然而，許多同學的團隊合作較重視前面的「分工」（每個人負責的部分）、嚴重缺乏「合作」的觀念與行動。往往一份報告在一、兩次討論工作分配之後，就沒有再聚會討論，頂多只是將每個人負責的部分傳輸到某位（通常是負責口頭報告的）同學手中，由此人負責統整而已！依照這樣的「團隊」模式，常常是錯誤百出、造成團體成員彼此怪罪攻訐的結果。好的團體報告應該是有周詳的討論、公平的分工、所有成員將統整之後的成品仔細檢視一遍，然後一起討論可以改進之處、也讓口頭報告者演練幾次，這樣的作品才算是「合作完成」！既然是「團體報告」也就是代表這一個團體，每個成員都有責任，因此最後的團體成果應該是所有成員都看過、滿意的。

　　在上台報告時，若只是責成一人作口頭發表，該負責人也應該要先將整份報告鉅細靡遺地看完、也詢問有疑慮的部分，自己要先練習幾次、在時限內將報告重點說出來，配合適當的簡報PPT。但是許多的報告是「自己負責的部分自己報告」，不僅缺乏統整、時間上也使用太長，結果當然

也不令人滿意。既然自己都不滿意了，評分的老師標準是不是也相同？

（五）要會玩也會唸書

　　適當的休閒與娛樂，可以讓自己恢復元氣與創意。現在的年輕人較重視自我與創意，也不吝於表達自我，然而也較想看見立即的速成結果、不願意在基本功上做努力。有大陸交換學生發現台灣大學生對於玩樂很在意，常常都在思考如何排遣時間、讓生活不單調（邱珍琬，2015），然而卻也顯現了對未來的無夢想與計畫。玩樂可以達到休息、恢復活力與增加創意的目的，只是死讀書，卻不會讓一個人快樂或有更高成就。玩樂與學業可以平衡並進，個人的身心健康也可以兼顧。

　　參與並投入自己喜愛的社團，不僅可以培養能力、與不同的人互動（培育人際智慧），了解不同人的才能、並委以適當責任，還可以學習如何讓一個活動成形並展現。有些人或許會思考社團所需要花費的時間，擔心社團會占據自己太多時間，這就回歸到第一個「時間管理」的智慧。

　　大學生活中也有許多創意玩樂，不需要埋首在電腦與手機遊戲或搜尋引擎裡，許多人已經是上癮一族、卻渾然不知，等到事態嚴重，已經損及其他生活功能、人際與家庭關係諸多面向之後，想要治療或補救，已經為時甚晚！在都會生活的人，每天都在鋼鐵森林（高樓大廈）的包裹之下，難得見到大自然美景，也因為大部分是在室內活動，視野所見有限，也可能是視力受損的原因之一，對症下藥之方自然是多與大自然接觸，至少讓自己可以活動與走動。大自然也是很好的療癒能手，不僅讓身心可以獲得釋放與解脫，也可以讓人心胸更開闊、寬大能容。

（六）善用資源

　　所謂的「大學」除了是最高學府，其所擁有的資源也較之其他各級學校要多，包括軟、硬體（如圖書、實驗、特殊教室等設備）的設施，而軟體資源裡面又以網路、師資、學長姐等最重要。有人說大學就是要「大大

地學」，主要是因爲這些資源都擺在那裡，只要學生願意去找、去利用，才能發揮最大效果。當然還有許多資源並不限於在大學校園裡，可能在地社區或是其他機構內，學生願意拓展自己的領域、踏出舒適圈，其所學習或獲得的就更多。現在學生都可以跨系、院或校去選修，甚至可以到不同縣市或區域的學校修課，只要時間與心力許可，沒有人會阻攔你的學習與探索。

大學裡面最棒的還有可以與同儕及教師做智性討論或辯論，可以學習不同觀點與看法，也可以刺激自己的思考。因此不妨多花時間與同學或不同系級的同儕有更多學術或是人生智慧的交流。

三、如何充實大學生活

大學時期是人生最輝煌的一段時期。許多人第一次脫離了父母親的呵護，開始獨立生活，也爲邁進入社會做準備。許多同學在家裡都備受寵愛，家長們也許不願意勞煩孩子動手分擔家事、甚至凡事都替孩子做好，但是「萬能」的家長常常會養成「無能」的下一代，倘若希望孩子早日養成獨立自主的能力，父母親就要有「放手」的準備，而在放手之前，也培養孩子諸多方面的自理、問題解決的能力。

有人提到在大學必修的學分有：課業、社團、人際（包括親密關係）、打工與服務。現在許多大學都增加了「服務時數」，希望同學可以從現在開始就貢獻社會，從服務周遭社區與人群開始。

（一）自律與良好生活習慣

在大學裡，幾乎都要開始住宿生活，即便與人分租，彼此也會因爲生活習慣不同而引發爭端或衝突，因此這正是表現出以往在家中生活習慣與自律能力的一環。

許多大學生在住宿過程中，常常因爲家人沒有約束、或特別提醒，以至於不管是就寢時間、垃圾傾倒、使用電腦或手機、沐浴習慣等，在在

都與同住的人有許多差異，若室友較爲寬容，可能還過得去，然而目前許多學生也都是家中獨生子女，家人寵愛有加、往往溺愛不敢約束，結果一到團體中生活、處處掣肘，怪罪他人卻不知反省改進，最後搞得天怒人怨、得不償失。在大學裡，有機會與不同的人接觸，有更多機會去反思與比照，會更認識與了解自己，可將大學視爲「自我發現之旅」，因爲只有自己可以將自己變成怎樣的一個人，也就是可以度過一段悲喜參半的改變、實驗、有所歸屬、與貢獻的過程（Scheele, 2005, p.4）。自律也包含健康管理，要學習有效、也要養成運動習慣，運動的功效可以讓自己身心愉悅、減少憂鬱，也及早養好自己的健康本錢。大學生幾乎都是以外食居多，要注意鹽與糖分的吸收，也不要太常吃一些高熱量或添加物過多的食物，最好少吃消夜。

　　自律的內涵有時間管理、良好生活習慣養成、負責任、金錢管理、自我檢討與改進等等諸多面向，不一而足。一個人的自律與習慣，通常也表示此人是怎樣的一個人，通常較自律的人，會讓人比較信任、願意依靠。

電腦／手機上癮症候群（測試自己是否為上癮的危險族群）

◎填寫時請注意，以下列數字表示你的實際情況：若「不適用」則填寫 0，「極少」則填寫 1，「偶而」則填寫 2，「常常」則填寫 3，「經常」則填寫 4，「總是」則填寫 5，請**誠實作答**。

1. 你上網停留的時間超出你預期。
2. 你為了花更多時間在網路上而忽略了家事。
3. 你寧可沉浸在上網的興奮感，而不願意花時間與伴侶一起。
4. 你在線上與網友建立新關係。
5. 有人跟你抱怨你在網路上花了太久時間。
6. 你學校成績或作業因為花在上網的時間而受到影響。
7. 你在做該做的事之前，會去檢查電子郵件。

8. 你的工作表現或生產力因為上網而受到負面影響。

9. 你會因為別人詢問你上網做什麼而覺得受攻擊或將其祕密化。

10.你常常為了避免去思考生活中的不快樂而以上網來舒緩情緒。

11.你期待自己想要再次上網。

12.你害怕生活中要是沒有網路就會無聊、空虛或無趣。

13.當上網時若有人來煩你，你會咆哮、大叫或很煩。

14.你因為熬夜上網而睡眠變少。

15.當離線時，你會一直想要上網、或是幻想自己正在上網。

16.你發現自己上網時常說「再幾分鐘就好」。

17.你試圖要減少上網時間卻失敗。

18.你試圖要隱藏自己上網的情況。

19.你選擇上網而不願意與朋友出去。

20.當你不上網時，會覺得沮喪、情緒不穩或緊張，但一旦上網這些症狀都消失了。

◎計分結果：

24-49：你是一般的上網族，雖然有時候上網時間有點長，但是基本上可控制。

50-79：你因為上網偶而或常常會出現問題，應該要好好思考一下上網對你的影響。

80-100：你上網行為已經造成嚴重問題，應該減輕上網對你的影響，並直接討論這些問題、不要迴避。

（引自 K. Young）

（二）學會獨立與合作

　　不管是在學業、社團或一般生活上，同時需要獨立運作及分工合作的能力，真正有成就的人是可以建立個人勇氣、與同儕或他人一起合作、發展與了解組織統籌的能力，以及首次嘗試建立專業的形象（Scheele, 2005, p.60）。因此，成就不是個人能力就可達成，而是需要有能力認識不同能力的人、善用他人能力（把他擺在適當的位置）、結合他人、與他人溝通合作，共創雙贏局面！

　　許多學生之前依賴家人慣了，一旦需要自己獨力去完成一件事務，常常因為沒有能力或膽識而無法動手去做，極少數人則是選擇逃避，然而絕大多數人還是會嘗試、慢慢養成能力。一件事情做得不盡完善，不要只會檢討別人或怨天尤人，而是先做自我反省，看看自己有沒有思慮不周之處？可以改進的為何？倘若需要感謝或是道歉，也都需要及時。許多的能力都是要先去嘗試，而不是光用腦子想想而已！失敗可以讓我們學會更多、也知道改進得更好。

　　與人合作之前的溝通討論也是必要的，在堅持己見的同時，也可以學習如何妥協與斡旋，甚至從他人的觀點與經驗中學習。

（三）適當參與活動與社團

　　許多活動或社團的學習，都可以拓展課堂所學。參與學校社團活動，可以增加與人互動及學習的機會，倘若擔任社團幹部，還可以深入了解活動如何計畫、資源連結、執行與評估等技能，也為自己打下了人脈與領導的基礎。許多學生申請國外學校繼續進修，在申請資料上也會強調社團或活動的參與經驗，其所要凸顯的就是：學習可多方面，不限於學業一項。

　　從活動或社團可以學習到的有（Scheele, 2005, p.58）：可以促動或影響一個團體；協調、造成「雙贏」的能力；學習與執行合作與團隊的藝術；自然地學習到新的生涯選擇。

　　義工服務也是一個不錯的選項，可以踏出校園、開始接觸社區，並提供自己的能力回饋社會。目前許多大學都有「服務學習」的必修課程，目的就是希望學生可以嘗試踏出所熟悉的舒適圈，開始與社會連結，為未來踏入社會做準備。學生對於服務時數當然有不同的態度，其實也展現了其願不願意多學習的動機，我們往往看到願意付出心力的學生，在擔任服務或義工工作中，不僅可以更肯定自己、建立自信，也為自己建立更多良善、有意義的人脈與網路，同時在利他的服務中有快樂的心靈酬賞，這些

也都不是在課堂上可以習得的。

　　學生踏出校園，可以接觸不同的人、對於現實世界有更多的認識與理解，也有助於其減少未來進入社會的焦慮，即便是從事似乎微不足道的義工或服務，也可以讓人有不同的領悟。曾有學生在服務失智老人後，更知道如何及珍惜與家中長輩的相處，也看見老人容易滿足的單純幸福，對於不同族群更能悅納欣賞！有些科系甚至有「實習」課程，讓學生可以接觸第一手的實務經驗，對想要從事的工作有進一步了解與體會，也增長了信心與挫折忍受力。

（四）從被動到主動

　　在大學之前，學生的許多學習都由師長所主導，甚至連課程重點都一手包辦。進入大學之後，面臨著許多可用的資源，若無主動自發的行動，就可能沿襲著舊習，慢慢會退縮、甚而退回自己的世界裡，情況更糟。

　　倘若將進入大學比擬像劉姥姥進大觀園，一點也不為過！主要是抱持著好奇與謙虛的心態，凡事不會就問，可以讓自己的大學生活更多采多姿！大學裡提供有許多資源，學生也可以將觸角伸到校外去，因此重點在於「會不會」使用、「願不願意」使用。學習就像是將一塊海綿放入水中，被動者只是等待時間、讓海綿可以慢慢浸潤，主動者先將海綿擠壓到最小面積、放入水中，其吸水的速度與時間就更快！

　　大學生一進入大學，學校會安排許多相關的重要活動，讓學生可以熟悉學校不同單位與人事，最重要的是圖書館的介紹。圖書館內有諸多資源，每一位大學生都需要去了解、並懂得如何使用，像是書目怎麼查、電子資源有哪些？如何取得與引用？要怎樣才不違反著作權法？這些圖書館內也都有人員可以協助，只要學生願意問就可以。也因為目前資訊豐富、又容易取得，有人說圖書館就像二十四小時的超商一樣好用，的確不假。

　　有些同學或許是因為選系時未能了解該系所學，或是因為家人及其他

因素進入某系，然而開始學習之後，卻發現所學與自己期待不符，大多數人會甘於「愛其所擇」、繼續努力，少部分人卻開始抱怨、責怪他人，甚至「擺爛」、不作爲，白白浪費了許多時光。倘若碰到這樣的情形，若能力所及，趕快考轉學（系）考，不要繼續荒廢時光，因爲當你在懲罰（擺爛）自己的同時，也在懲罰最關心你的家人（尤其是父母親）。

積極主動不是讓自己很忙碌而已，即便只是課業上的學期，積極主動的人可以從不同管道來學習，也與教師、同儕或其他人建立良好關係與資源，甚至會跟進自己所學、學得更深入有系統，同學也從自己參與的課程、社團、活動或社區服務裡學到自己的定位、對自己更深具信心；此外，不僅與他人建立有意義的關係與廣拓人脈，還可以深耕自己的興趣與能力（Scheele, 2005）。一般人不容易踏出自己熟悉的「舒適圈」，因此也不太敢去嘗試新的事物，加上不敢辜負家人的期待，也因此限制了自己探索的範疇。學生缺乏主動動機的另一個重要因素是「害怕失敗」，往往在還沒有嘗試之前就打了退堂鼓，主要是預想太多可能的障礙、阻擋了實際行動，這也是「自我限制」的一種結果。Scheele（2005, p.13）建議大學生：找出自己喜歡某科的部分，而不是去找自己不喜歡的部分，或許就可以用更正面的態度面對課程，許多的學習要投入也才會有收穫。另外，也不要自限於自己的主修科系，而願意跨足其他（包含校外）有興趣的學系或課程，許多大學讓學生可以有「自由選修」的學分，這些自由選修的課程最好是有系統、聚焦在某一個能力上，不要浪費。

另外，大學殿堂較少師生威權的考量。同學閱讀資料或是教科書，有任何問題都可以提出來與同學或老師交流、互動，這才是真正主動的求知態度。不要將教師當作唯一的知識權威，而是可以與談、學習與辯論的智性同伴。

（五）維持與家人關係

　　許多人上大學、也是第一次離家獨立生活，因此有許多的自由與新鮮，少數人好不容易掙脫家人的羈絆，想要好好享受自由的空氣。家人是我們的最初與最終，是一個人最重要的歸屬，儘管彼此之間有意見不同，但是因為血濃於水，還是心心念念。

　　通常大學生在離開家之後，與家人的關係會產生微妙的變化，也可以從一段距離之外，去思考及探討與家人的關係，通常會有不同的領悟，像是以往是「被照顧」的角色，現在則是擔任主動關懷與照顧者。有些人想要維持原本的親密，有些人願意做一些行動去修補關係，也有人想藉著距離、去發展自我，當然也有人寧可維持疏離。上大學或許就是許多人開始離開家的第一步，之後就要踏入社會、展現自己的能力貢獻社會，因此不妨花一點時間去思考：該如何與最親密的家人維繫適當的關係、彼此有支持，同時也可以維持個人的獨立性？

　　在中國傳統的家庭中，因為是集體文化、重視表面的和諧，加上有父子關係的「上對下」倫理約束，因此常常犧牲了「自我」，大學生初次負笈外地，與原生家庭有了距離，也給自己爭取了一些自我空間，可以培養自己獨立自處的能力。只是如何在與家人親密及自我獨立之間取得平衡，也是需要學習的功課。有些人與家人關係不佳，或許拉開了距離之後，有不同的思考與領悟，也可以趁此去修補與家人的關係，承認並肯定每個人的位置。

（六）人際關係與營造

　　人際學習是在大學最重要的功課之一，不僅可以交到志同道合的好友，認識不同背景的人，連結許多的人脈與資源，甚至未來都可以讓自己的生活持續有這些加持，這些也都是培養自己的「人實力」、還多了一些認識自己的機會。在大學之前，有些人比較不在乎自己的交遊圈，因為重

點可能在升學，加上同窗都是有共同目標、少利益瓜葛，所以即便自己不受歡迎、或沒有多少好友，似乎不是很重要的事。然而一旦進入陌生縣市與環境，面對的是嶄新的課程與人物，以往若無較佳的人際關係或技巧，就多了一層生活阻礙。固然絕大部分大學裡，都有校友或是學長姐制度，系所也會安排人士協助與適應新生活，讓新入學的新鮮人不至於感到孤單或無所措手足，然而這段時間過後，還是要靠自己去探索與了解。

人際關係是個人健康最重要的指標，只有極少數人是因爲心理疾病而導致人際不佳，一般大學生都需要慢慢拓展交友圈，從不同的人身上學習，也讓自己更增人際及人生智慧。當然不少人仍然會與之前的朋友連絡，彼此定時見面聊天，或是固定有連絡，在維繫舊有情誼的同時、也擴展人脈，讓自己的生活更惬意。只是人生過程中，每一個過程都可以有新的人際關係發展，不要輕易錯過！

許多同學開始住宿，或許幾人共同租一層樓，與室友之間的關係有時還勝過同班同學，然而因爲彼此生活緊密，不免會有生活習慣不同需要協調的地方，這也是考驗自己與人相處的一個重點。許多人進入大學最不能適應的是人際關係，也常常與高中以前的人際關係做比較，會發現高中之前的人際關係較單純、較少利益衝突，那是因爲大家有共同目標（考大學），而且生活單純，何況大部分同學都住在學校鄰近區域；然而一進入大學，卻發現許多人的目標不一樣了、也會爲自己利益要手段與心機，加上個性若較爲害羞、不太敢主動與人互動，在建立關係上就會有較多的挫折。當然要在大學建立好關係不容易，畢竟大家都自不同的縣市來、背景亦異，加上目標不同，開始有了利益糾葛或是競爭關係，要建立如高中之前的單純情誼不很容易，但是只要有心、願意，還是可以交到好朋友。

在大學裡最常接觸的應該是老師。大學上課與高中之前相比大不同，因此也需要慢慢學習。一般教師都有所謂的「辦公室時間」（office hours），可以與學生互動與討論，有成就的學生也會建立自己與教師的「良師」關係，將教師視爲重要資源之一。教師秉持著「先學覺後學」的惜才之心，也願意獎掖後進、爲社會培養優秀人才，然而許多學生不願意與這樣的「權威」專業人士有更多的接觸，可能也與教師不願意花時間給學生有關，委實可惜！有些同學還有機會擔任老師的教學或研究助理，依據所負責的不同工作，也會有不同的學習。

　　當然也有人開始有親密關係的經驗，不要一開始就是一對一交往，而是從一群人出遊開始觀察，可以更清楚彼此的性格與眞實性，若決定交往，也不要將自己的交遊圈縮小（支持系統的重要性），至少有朋友或同學在，像是有許多眼線一樣、也聽聽別人的觀察，可以更清楚親密伴侶的一切，以免後悔或受傷！若有親密伴侶，讓更多的人知道是不錯的處理，有些人會擔心家人的意見、甚至隱瞞家人，萬一交往不如預期或出事，反而會讓家人更難過。

（七）安全教育

　　除了大都會（如台北市或新北市）的學校，學生在交通上以大眾運輸居多，也較少交通事故發生，但是除此之外的其他縣市大學生，通常會以機車或腳踏車代步，公私立大學院校學生機車車禍的比率甚高，幾乎每學期平均有五百起車禍事故發生，也釀成嚴重死傷。學校會有相關的交通安全宣導，但是宣導規宣導，執行的還是學生本身，因此自身安全還是要重視。

　　學生在校外租屋，大多數學校也都會提供相關租屋網站、甚至是優質租屋訊息，然而這卻不能遏止有些不良房東或房客。有些學校（如屏東大學）每學期都要求導師做賃屋訪視，去檢視學生租屋的現況以及安全措施（如消防、租屋品質、樓梯緊急出口等）是否足夠？將這些資訊也傳給校方參考。有些租屋處並不限於學生住戶，還有社會人士、或是從事不法行

業者，這些也都需要校方與當地警務及消防機關緊密切合作，才可以減少學生租屋的危險。

學生尚未步入社會，一般說來極爲單純，有時候在路上或是街上，不免會被人趁機行騙或行搶（雖然手機或網路詐騙也常見），這些也都要時時提醒與注意。加上不少同學在校外尋找打工、增加收入的機會，也要注意可能的拐騙或意外事件；此外，與朋友或同學聚會，不要隨便食用飲料或來路不明的食物，自己想要飲用的水帶在身邊較爲安全。

另外，學生的親密交往對象，有時候並不是校方或是導師可以掌握，被騙情騙色、暴力相向、或是流入娼家，也時有所聞。有些學生迷信教派，去參與非法或詐騙的機構，通常都是事後才被發現。倘若發現不對勁，最好先通報導師，而每個學校也都有校安單位二十四小時開放服務，要善用這些資源，懂得保護自己、也適時求助。

雖然上了大學會體驗許多的「第一次」，然而有些事物連第一次都不要嘗試，像是嗑藥、酗酒或賭博，這些不良習慣容易讓個體迷思自我，也可能會毀了一個人的一生。

（八）欣賞不同與接納多元

在大學裡，最先接觸的同班同學可能就來自不同區域與國家，因此有機會與不同的文化有第一手的接觸與體驗，這是學習最多的地方，加上每位同學家庭背景、成長經驗、學習或能力等不同，經由互動與交流，可以了解不同的人、生活形態、價值觀與觀點，讓自己視野與經驗值更豐實。我們在自己家庭出生與養成，若無積極與外界接觸，有時候也圍限了自己的體會與經驗，因此進入大學、面對形形色色的人，除了學習與不同的人交流，也會有更廣闊的心胸去接納、欣賞不同。

要去與不同的人接觸或互動，總是會有一些擔心，然而這些擔心會隨著實際接觸而銳減，最先打破的可能就是對對方的刻板印象或偏見。不少

大學生還可以申請去國外姐妹校作交換學生或留學，這些也都是不可多得的機會，踏出國門自然會開闊視野，看見與體會許多不同，收穫最多的應該是看見自己的優點與限制，也目睹他人的優點與可學習之處。

（九）報告與論文寫作

許多學校還依然保持著大學畢業前要完成論文的規定，通常是多人完成一項（專題）計畫，也有同學是獨力為之（通常較容易申請研究所）。寫報告就是希望養成同學去蒐集資料、分析、閱讀統整，並將其有系統地呈現在他人面前，而論文寫作可以以系統性的科學方式去為一個問題找答案，學習到的不僅是資料蒐羅、閱讀、消化、判斷與統整，還有可能讓自己研究的議題對社會或他人有幫助（如探討新住民兒童的學習困境與優勢）。

報告或論文有時候需要實作的工夫，不管是設計問卷或量表（量化研究）、或是訪談找文件（質化研究），也都需要與人接觸與接洽，進一步學會做最周全的資料蒐集、分析與解讀，等報告或論文完成，也讓自己對此一題目有更多更新的理解。在進行論文研究時，有需要遵守的學術倫理，而在撰寫報告或論文時，要特別注意「智慧財產權」的部分，尤其是在引用資料時，不少同學幾乎是從網路上直接貼過來，這些也都是違反法律的作法，若處理不好可能會被追回學位，要謹慎小心。

（十）義工與服務

今天你可進入大學學習，不是你個人的成就而已，而是許多社會資源的挹注，才讓你可以繼續學習，因此要心存感激之心。越專業、社會地位越高者，表示從社會拿到的資源越多，更要回饋社會。你現在進大學，不是因為你會念書，而是有很多人協助你達成目前的夢想。許多同學告訴我，因為目前自己沒有成就，所以不知道如何貢獻。事實是：每個人可以長成到今日，至少有過十多年的生活體驗與智慧。因此許多學校有「服務

教育」或時數要滿足，也是有鑒於此，讓大學生可以提早回饋社會、貢獻自己。我自己帶大學部或研究生同學到附近社區或學校擔任做義工，他們普遍感受到有更多的學習、感激與珍惜！

義工服務有許多種類，看看自己時間能夠分配多少、願意從事怎樣的服務，有些義工在服務之前，還需要接受一些訓練、或是有資深義工或督導帶領。義工工作不管其性質或重要性如何，都可以讓大學生開始貢獻自己與能力，也有機會接觸其他的義工或不同的人，會提升自己的生命質感與意義。

（十一）金錢管理

絕大多數同學上大學還是仰賴著原生家庭的資助，許多都有一定的預算，也需要學習在預算之內的花錢方式，也不要花「未來的錢」（還沒有到手的錢，如使用信用卡預借），若是自己還有收入，就要「開源」與「節流」並進。

許多學生進入大學還有打工經驗，但是在打工之前必須要問自己：是需要還是必要？想要學習什麼？再來就是因為加上打工，就會多了一些角色與責任，自己角色的優先次序安排就變得很重要。以前信用卡正開始，有些學生誤以為可以先用「未來的錢」是一件好事，但是後來發現循環利率真是太高了，才知道收斂。不少學生在大學時期就開始為自己的未來儲蓄或投資，也許是為了補習費或出國留學的基金，也有人想要及早還清助學貸款，這些也都是在金錢管理上考量的重點。

讓你在大學更成功

一、態度的重要性

「態度」可以看出一個人對於事情與自我的自信與負責。不管是擔任哪一個工作或職位，展現出願意學習、知錯能改的態度是很重要的。倘若

有人對自己應該負責的部分卻展露出不在意、不以爲然，當然就很難期待其成果，「只求六十分」或「敷衍塞責」的做事與求知態度，也可以預測其對自我未來與生活的不要求與不求甚解，自然也十分不牢靠。

在課堂上上課，不管是選擇坐哪一個位置，專心學習的態度是騙不了人的。許多想要學習的同學都會搶前面幾排的位置，因爲這樣比較不會受干擾、也較能夠專心。有些同學上課，以爲自己人「到」就行，結果在課堂裡打瞌睡、玩手機、聊天或做自己的事，以爲全都在「檯面下」、台上老師應該不會發覺，但是「事無隱而不形」（所有的事都會露出痕跡），老師心知肚明，有時爲了維持同學的面子而不說破，但是心裡已經有底。

其實在課堂上上課專心、認眞，就是表現對自己與教師的尊重，學生若不尊重自己，又怎能苛求他人的尊重？即便與教師或同儕有不同意見，也不需要以挑釁或攻擊的字眼陳述，在大學殿堂，大家都有權利表達自己的意見或想法，在心平氣和的情緒與氛圍下表現，彼此都受益。

二、我們選擇做怎樣的人、成就怎樣的人生？

存在主義者提到人雖然有死亡的限制，但是也有選擇的自由——選擇自己該如何過生活！許多人都將自己想像成「受害者」，也就是說他們今天之所以淪落到此地步，都是環境或他人所逼迫，自己沒有責任，雖然不能概括所有的人，但這就是很典型的「選擇」卻不願意負責任的問題。

我在大學任教這些年來，發現普遍的問題在於：自律（包括時間管理）與合作。許多學生似乎將「分工合作」拆成兩個不相干的部分，通常是完成了前半部的「分工」（也就是開個會、分配好每個人要負責的部分）、卻忘了最重要的是後半部的「合作」。以團體報告來說，幾位同學將要找的資料分成幾個主題或部分，然後在口頭報告前，由其中一人花時間將大家的作品湊成一篇報告，上台時也是由每個人負責報告自己的部分、沒有互相照會或先做統整，因此報告成品零散而無組織。還有同學不

在乎自己的態度，總是敷衍塞責、得過且過，卻在緊要關頭或申請研究所時，還希望老師替他／她寫推薦函，眞是讓人哭笑不得！

大學生活是許多人夢寐以求的新生活，也是大部分人脫離父母親、開始獨立生活的起點。「自由」的大學生活同時伴隨著「責任」，也就是之前的生活大部份是由父母親打點、父母親也接下了連帶的責任，然而現在開始，學生自己開始有選擇的自由，卻往往忽略隨之而來的「責任」，而「責任」是逃脫不了、也擺脫不掉的，必須自己扛起。

三、未來導向的時間觀教會我們什麼？

對於時間，有三個向度的解釋，它們是客觀的、主觀的與文化的。客觀的時間指的是一天有二十四個小時、一小時有六十分鐘；主觀的時間是指個人對於時間的感受，像是快樂時時間就短、痛苦時時間很長；而文化上的時間指的是不同民族或文化有其獨特的時間紋路（Levine, 1997/2006, p.1）（像法國或義大利人的生活步調就較優閒，亞洲國家的較爲緊湊）。而一般人的時間感是「未來式」，因爲我們生活的時間架構是「永遠有明天」。現代人感覺忙碌不是時間不足的問題，而是不夠專注、壓力以及缺乏深層動機（Klein, 2006/2008, pp.187-188）。此外，我們似乎只忙著做或完成一些事務，「做」是不是表示「存在」或「過生活」？有些人甚至會有「工作狂」的情況發生，將自我的價值全部放在工作上，一旦閒下來，就不知如何自處，這其實也是另一種極端。

雖然我們對於時間的觀念是未來取向，但是未來就是每一個當下（此時此刻）的累積，因此珍惜每一個當下，就是我們可以做的。哈佛教授「幸福學」的老師Tal Ben-Shahar博士曾經整理學生的「十個獲得快樂」的摘要，它們是：遵從你內心的熱情，多和朋友在一起，學會失敗，接受自己全部的喜怒哀樂，簡化生活，有規律地鍛鍊身體，充足的睡眠，慷慨，心懷恐懼仍依然向前的勇氣，常常表達感激（引自楊育正，2014,

p.240），這些快樂有些非常簡單（如多和朋友在一起，簡化生活，充足的睡眠，有規律地鍛鍊身體），但是我們在平日生活中卻發現這樣的快樂是一項奢侈；而較深層的心理需求（如遵從你內心的熱情，學會失敗，接受自己全部的喜怒哀樂，慷慨，心懷恐懼仍依然向前的勇氣），也需要在每一次的經驗中去反省與改進。

四、立足台灣、放眼天下

　　大學生不關心天下事或國事，似乎已經成爲常態，多年前的「太陽花事件」雖然反映了部分大學生對於國事的關心，但是還不足以展示大學生對於周遭世界的關懷。「地球村」的概念已經影響到生活在地球上的每一個人，經濟、科技、宗教或激進信念，讓每一個地球成員都不能置身其外，ISIS的恐怖攻擊已經遍地開花，歐洲難民的大舉遷徙也造成許多國家的擔憂。

　　現代的年輕人已經不像以往那樣，只是與身邊的人競爭，而是要與全世界的年輕人一爭天下，倘若還是安於目前自己的情境、像井底之蛙那樣不知天高地厚，未來如何走出台灣、創發出自己的夢想？有些人誤以爲學習英文就是世界化，殊不知未來是誰的世界還不知道？趁著年輕氣盛，有無限的潛能時，多去探索、嘗試與試驗，不要自拘於狹隘的觀點與自信，偌大的世界與知識還等待我們去發現哩！

家庭作業

一、訪問一位家人：「如果生命可以重來，你想要改變哪一段？原因是？」

二、訪問父母親的生命成長史，記錄成五分鐘短片（可安插重要相片與音樂）。

第十章　我的未來與生涯規畫

　　每個人在社會中成長，社會也挹注了許多資源給個人，因此每個人回饋或貢獻社會的最直接方式就是工作，然而工作並不只是餬口的生計而已，它還蘊含著個體想要過怎樣的生活的具體、積極意義。

楔子

　　有一位大三學生，沉迷於網路，這種現象從大二上就開始，因為他父親要他在這個科系學習，但是不理會他的志趣，加上從未離家的他要開始新生活，許多的事都需要自己去動手、負責，於是他在幾次挫敗之後，選擇退回到虛擬世界。起初，許多同學還會叫他起床、或是在老師點名時打電話叫醒他，但是日夜顛倒的生活已經成為習慣，他也不在乎成績如何。學校老師打電話邀請家長來校商量學生的未來，但是父親堅持不肯出面，系裡老師努力救了他三年，總是給他寬待與包容，但是並沒有讓他振作起來，後來就順其自然，他也面臨退學的結果。然而家長在獲知孩子被退學的消息後，寫信給系上每一位老師，嚴厲譴責老師的「沒有愛心」、沒有善待他的孩子。

　　還有一位男同學，是以黑馬姿態進入大學，很快就發現自己不喜歡被管束、也不喜歡所學，將時間花在交女友、打工上，成績馬上出現危機，他也很聰明，善加利用了可以休學兩年的機制，只是這樣的處理方式，讓他沒有固定的班底或朋友，系裡請家長來幾次，也無法讓孩子改變生活方式，學生也沒有能力轉系或轉學，最後師長與父母親達成共識：先讓孩子去服役，讓生活與體驗成為他當然的老師。

大學是許多人求學生涯的最後一階段，接著就要進入職場、發揮自己的能力，也是進入人生另一個階段「獨立自主」的開始，儘管還有許多人繼續進修研究所課業、甚至是博士班，最後還是要進入社會，而且很快地我們就會發現：經濟上的獨立與自我概念有極大相關。我們從之前的許多社會新聞裡都看到：一旦一個家庭中的男主人失業，影響的不只是家庭生計與生活，還會對其家人情緒有負面打擊，甚至損及男主人的顏面與自尊，因此有男主人攜家帶眷自殺者，他的想法就是：如果他沒有工作，一家人即將陷入困境，乾脆一了百了！生涯牽涉的面向極廣，可見一斑！

生涯與生活的規劃

我們的人生有三分之一以上的時間在工作，雖然工作是維持生計、貢獻所能之所在，卻也是完成夢想、成就自己的一部分，因此如何選擇職業、適應工作，甚至從工作中產生熱情與承諾，就變得非常重要。心理學家佛洛依德、阿德勒等人都提到生命任務中很重要的一項是「工作」，阿德勒甚至提到「社會興趣」，是指每個人都希望能對社會或他人有貢獻，「工作」就是每個人貢獻社會最直接的方式。

工作不僅表示了個人有能力，屬於自信的一個面向、也是自我的一部分。女性通常是在經濟獨立之後，特別感受到信心的提升，而許多成年男性已經將工作視為自己重要的一個元素卻不自知，等到失去工作時，才發現嚴重受到影響，舉家自殺的悲劇事件幾乎都是由一家之主的男性所主導，可見男性若無賺錢的工作之後，不僅懷疑自己的能力、同時也害怕自我價值因此蕩然無存，才衍生「認為」家人會因此而陷入絕境，所以採取下下策來解決問題。

生涯選擇不是一次就完成或決定，而生涯不是只有選擇喜歡、可以適任的工作或職業而已，而是除了工作之外，生活型態、休閒、不同角色

的協調、與同事和家人關係、個人嗜好與興趣、學習教育、退休計劃等等
也含括在內。協助孩子自小就開始計劃自己未來生活的型態，做必要的準
備，可以讓孩子的生活有目標、也減少了徬徨耽擱與摸索的時間。家長會
希望孩子唸好書、擔任有發展性的工作、過好生活，但是許多孩子沒有看
到這麼多、這麼遠，因此可能只會認為父母親只是「逼」他們唸書，以為
「書中自有黃金屋」！當然孩子的生命經驗不像成人，會侷限到他們對於
生命與自己願景的看法，這也無可厚非，而也因此家長與師長的角色就變
得很重要，他們可以是孩子「生命的導師」。

　　「生涯規劃」的觀念在我們考試領導教學的社會中比較晚才受到重
視，許多人開始「正視」自己想要的生活時，最明確的可能是投考高中或
職校、在高中選擇組別、以及大學填寫志願之時。但是有多少人可以選擇
自己的「第一志願」？因此許多人就花了很多時間在懊悔自己沒能如願上
「最喜歡的」科系或學校，卻忽略了人生其實還有其他很好的選擇與發
展，不是以第一志願定終生，當然若能「擇我所愛」當然最好，「愛我所
擇」才是真正驗證自己能力的結果。許多大學生進入大學科系，有時候不
是自己單獨的決定，而是受到家人或其他因素的影響，有些人可以安於那
個位置、並作努力，有些人則是鬱鬱不得志、甚至放棄了希望與生活。因
此在大學的生涯輔導裡，還需要加入轉系或重考的可能性。大學生在此階
段最重要的任務就是了解自己的興趣、能力與價值觀，如何在學業上成功
以及未來可以從事的職業族群。

　　固然賴以維生的「職業」與生涯發展關係最密切，但是隨著工作而來
的家庭生活、家人關係、教育與進修、休閒、以及退休生活都有相當緊密
的關聯，而這種種就構成了一個人的生活型態。一個人希望在這一生成就
什麼？成為怎樣的人？對社會有什麼貢獻？希望被人家記得什麼？這些都
是一個人的「自我實現」的方向，而如果可以早些清楚了解自己要的是什

麼，就可以做較有系統的規劃與準備；一個人想要的東西或成就，可能也因爲年紀或是觀念改變而有所變動，事先的規劃也可以協助個人做一個彈性的生涯計劃、確立較爲實際的目標來滿足自己的需求。

生涯受到我們自己的個性與興趣、能力、喜愛的生活方式、原生家庭、市場的需求，以及我們想要爲社會所做的貢獻所影響。所學的科系並不是生涯決定的唯一指標，還得加上我們的其他能力，特別是人際與合作的能力及智慧。

自我概念與生涯

諸多生涯理論，第一個考慮的要項就是「了解自我」，接著才是去了解工作世界、以及工作與自我的速配性（Sharf, 2010）。自我概念（self-concept）在生涯發展上佔了極關鍵的因素，個人對於生涯的渴望與選擇，就表示個人在生涯上的自我概念（Rojewski, 2005）。自己的個性如何？對什麼有興趣、能力又如何？有哪些重要的價值觀？希望過怎樣的生活？想要從事的工作與自我生活形態的搭配又如何？這些都脫離不了個體對自身的了解。有人喜歡獨立作業、有人喜歡團隊合作，有人喜歡數據、有人喜歡與人接觸，有人喜歡朝九晚五的上班時間、有人愛挑戰不定時的工作……，這些也都是想要從事生涯的重要考量面向。

Super（cited in Savickas, 2005, p.49）的生涯發展理論也將「自我概念」視爲核心，而個人生涯的發展也是自我概念的發展與執行過程，Super將個人生涯發展分爲五階段，也就是隨著年齡的進展而區分爲成長、探索、建立、管理與脫離（退休），然而因爲目前人類壽命延長、健康情況良好，因此即便有人六十多歲自職場退休，還有可能開啓另一個生涯路徑。另一位生涯理論學者John Holland就將個人特質與生涯的關係，發展成一套極爲實用的理論，他認爲生涯選擇與適應正是個人性格的延

伸（Sharf, 2010, p.129），其理論也得到許多研究的證實，他將生涯視爲「個人」、「環境」、以及「個人與環境互動」的決定，也就是個人成長到青少年晚期，就可以依據個人興趣與特質來了解未來職業取向，一共有六個職業面向，它們是「傳統」、「務實」、「投資」、「調查」、「社會」與「藝術」。當然，這六種職業面向（或環境）不是單純可以區分，而是呈現一種總和的情況，因此Holland使用了三個字母的模式來代表，像是簿記的工作涵括了傳統、調查與社交（CIS），諮商師的工作可能是SAE（社交－藝術－投資）。此外，決定要做什麼性質的工作、甚至一生都努力投注，不只要看個人性格與能力，還得要搭配目前社會與經濟發展等潛在性的考量，像是目前科技網路的新興工作，讓就業市場有極大的變化，傳統工作式微，取而代之的是文創與觀光等非煙囪事業。

Super的生涯發展成熟因素

1. 職業選擇取向	1. 有關職業選擇與利用職業相關資訊
2. 有關喜愛的職業計畫與資訊	2. 有關個人想從事的職業資訊
3. 對某項職業喜愛的一致性	3. 職業選擇的穩定性
4. 清楚了解自己的特性	4. 包含對該職業的態度
5. 對所喜愛職業的智慧	5. 對於選擇、能力、職業活動與興趣的關係很了解

（引自 Super, cited in Sharf, 2010, p.227）

表10-1　Holland的六種人格形態與職業面向

性格特質	內涵
務實	較不與人互動、乏彈性、務實、順從、重視物質、自我效能高、坦白、自然、節儉、較少頓悟、誠摯、固執、堅持、疏離
調查	分析、獨立、理性、小心、智慧、保守、複雜、反思、隨性、批判、悲觀、不傲慢、好奇、準確、不受歡迎
藝術	複雜、不切實際、開放、無秩序、衝動、原創、情緒化、獨立、敏銳、表達性強、內省、有理想、直覺型、想像力豐富、不順服
社交	有權勢、喜助人、負責、合作、有理想、善社交、具同理心、和善、有技巧、友善、耐心、善解人意、慷慨、具說服力、溫暖
投資	喜獲利、有活力、喜冒險與刺激、輕浮的、樂觀、順從、有自信、有野心、喜歡表現、喜社交、喜掌控、外向、喜歡說話
傳統	小心、較無彈性、堅持、順從、拘束、務實、謹慎、依照既定程序、謹慎、防衛性、順服權威、節儉、有效率、有次序、較缺乏想像

（引自Spokane, Cruza-Guet, 2005, p.26）

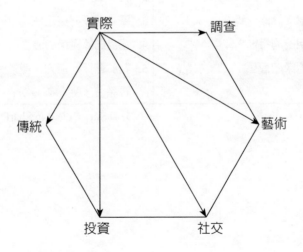

Holland的六種職業性格面向（引自Spokane, Cruza-Guet, 2005, p.27）

生涯決定

一、影響生涯決定的因素

（一）原生家庭與重要他人的影響

　　一般人對於生涯的選擇通常都受到原生家庭、重要偶像等的影響，像是家長的工作或期待，甚至是家庭經濟情況，有所尊敬或崇仰的人從事的工作也會激發個體對該職業有嚮往或興趣，進而去了解與學習該職業所需要的能力。許多大學生選擇科系還是受到家長的重要影響，家長可能也忽略了孩子的興趣或能力，而專以未來職業的穩定或發展性做考量，像是近年來經濟不景氣，許多家長都希望孩子可以進入教育系所、或投考公職，以確保未來衣食無虞，卻較少讓孩子有選擇與發揮的空間，孩子不一定感興趣，再則現在教師與公職名額少、考試競爭激烈，有許多流浪教師都找不到落腳處，家長們卻還不改變想法，徒然造成孩子在生涯選擇上更多的阻礙。有些孩子只知道朝向最夯的職業走，不去衡量自己的興趣與能力，沒有同時做適當準備，也容易在生涯發展上遭遇挫折。

　　家長們對於孩子未來生涯發展的考量周全者，就不會只單就職業類別、聲望、收入等做標準而已，還會注意到孩子要怎樣過生活、過得好的方向去做考慮。在孩子年紀尚幼時，可以多鼓勵他們去發展自己的興趣、探試能力，甚至開始作有計劃地培育，也要在「維生」技巧之外，多一些生活樂趣與哲學的身教及薰染。家長們也可以讓孩子從實作中去獲取經驗、遭受挫敗卻不氣餒，慢慢從督導協助的角色放手，讓孩子可以養成獨立作業的能力。有些家長願意將孩子帶到自己工作場合去觀察或實習，不僅讓孩子目睹工作的意義與重要性，也同時讓孩子可以體會家長的辛苦劬勞、懂得珍惜與感激。

　　此外，女性在受教育過程中也不免受到社會期待（包括男性較受注意

與鼓勵、女性的主修或從事何種行業）。女性在生涯選擇與決定上受到原生家庭的影響勝於男性，除了傳統性別刻板印象的主（自己的價值觀與認定）、客觀（社會對於女性的期待與職業刻板印象）因素，加上許多女性同時需兼顧許多角色（職業婦女、母親、妻子、媳婦、或單親母親等），較容易有角色衝突，此外多數男性仍認為家事屬於女性服務範疇、較不願意分攤，而在職場上，女性也常因為自己家庭的角色而被懷疑能力、或是對工作承諾的程度，這當然也影響其升遷機會。女性的多重角色會影響其身心健康，但是也有人（Barnett & Hyde, 2001）提出多重角色的好處（如對某一角色——如工作——的不滿、可以在另一角色——如母親——中得到補償，多出來的收入，額外的社會支持網路等）。社會上「男尊女卑」的觀念還是持續，使得許多女性不敢追求高學歷或成就，因為就女性而言，學歷越高、擇偶對象就越少，男性的情況卻正好相反！女性在職場上也常受到忽略與歧視、薪資不等、玻璃天花板效應等。女性的確需要更多的楷模（包括非傳統女性職業），政策與機構的制度改善，以及社會破除對性別的諸多刻板印象（Betz, 2005），才得以讓女性有更多發揮、貢獻的空間。

（二）想要過的生活

生涯的選擇還要考慮到自己喜歡的生活方式（如壓力、室內或戶外、升遷機會、經濟收益、可否兼顧家庭與事業、希望得到成就或富裕生活、固定或是彈性上班時間、對社區貢獻或是個人成就等等），在專業知識與技能上的準備，相關技能的學習與獲得，進修管道與機會，市場需求的考量等條件。一般人一生中的重要工作包括學習、工作、社區服務、家庭成員與休閒活動，從這裡也可以了解一個人最重視的是什麼？想要如何利用時間？

Zunker（1975）的研究發現一般人有幾個與生活型態有關的考慮方

向，它們是：財務取向（希望生活舒適、社交生活活躍、有聲望地位的職業），社區取向（希望可以積極參與社區活動、服務他人），家庭取向（結婚有家庭、強調孩子的學業成就、提供家人舒適安全的生活），工作成就取向（挑戰性的工作、與不同的族群接觸、希望對社會有很大貢獻），工作領導取向（在工作中有其領導地位、聲望與影響力，在工作升遷上有相當潛力），教育取向（可以經由閱讀與進修或專業上的成長、成為家長會一員），建構工作環境取向（喜歡固定工作時間、壓力小、有足夠休閒、沒有太多工作上的責任），休閒取向（有許多機會可以渡假、從事自己嗜好的事），流動取向（可以常常去旅遊、可以常常變換工作地點與性質），中度安全取向（低壓力、工作步調緩慢、可以輕鬆過日子、低財務危險），戶外工作休閒取向（喜歡在戶外工作、或是享受戶外休閒活動）（cited in Zunker, 1990, pp.84-86）。每個人想要過的生活方式大約可以從這些方向來看，而工作與職業的選擇也可以從這些方向來做考量。

（三）經濟、政治與社會因素

　　現在社會與經濟現實，已經不是專才就可以擁有舒適的生活，可能還需要第二專長或是夫妻都工作、才可以過較為滿足的生活。生涯選擇的最初可能會考慮到自己的興趣（如喜歡資料、數字、還是與人互動）、個性（喜歡獨立作業還是團隊合作）、潛能（或性向），再則就要把較為現實的因素（經濟現況、市場供需、經濟收益、事業發展升遷可能等）納入思考，而知識與技術的日新月異，在職進修或是更進一步的生涯發展技能都是必要的。

　　時代進步，現在社會無法擺脫網路躍進、日新月異，電腦能力已經是「必備」的先決條件，加上全球化競爭壓力，語言能力也不可或缺，而新新一代許多已經不相信「努力可以成功」的傳統工作價值，儘管師長們還是強調基本功的工夫，但是「速成」的信念已經很普遍，這也是全球的趨

勢、似乎是不可挽的狂瀾。傳統的許多工作需要有新的創意研發，才足以吸引消費者的目光，所以世界各國瘋狂於「文創」，有時候甚至無法顧及品質。日本與歐洲有許多年輕人即便已經成人，卻還賴在原生家庭裡、依賴父母親過生活，這就是所謂的「啃老族」，經濟上不能完全獨立、又怪罪經濟不景氣，所以還是過著「半獨立」的生活；從正面來說，可以就近照顧父母親，但是對於已經準備好要重新過「兩人生活」的父母來說，又是另一層負擔！

（四）價值觀與興趣

價值觀與興趣影響生涯選擇最劇，不同的價值觀可能選擇的職業選項也不同。像是主修貿易的，可能喜歡變化、被認可、有經濟酬賞、具影響力、獨立作業、與人互動等；主修藝術者，會表達出他們崇尚創意、表達、被認可、或具影響力（Gordon, 2006, p.68）。興趣就是喜歡做的事或嗜好，可以用來打發時間、休閒娛樂，也自中獲得成就感。在選擇與決定自己想要從事的生涯時，有必要檢視自己的價值觀（什麼對我最重要）；價值觀指的是平穩的一種信念，是自己行為所遵循、有其重要性次序，也會指導自己的選擇或評價（Schwartz, 2003, cited in Rounds & Armstrong, 2005, p.309）。價值觀可以是工具性的（有關自己想要的行為，如有野心的、服從的）與終極性的（人為何要活在世上，如安適的生活或平等）（Rounds & Armstrong, 2005, p.308）。

如果工作上的價值觀與自己堅持的價值觀有所扞格（像是認為誠實最重要的，在工作場域卻只能說「部分的實話」，或是認為把事做好就可以的，卻發現還需要打通人際關係），也許就不容易待下去，或是認為「是非」很重要的人去擔任律師，可能挫敗感就很大，因為他／她會發現主持正義的行業不是律師可以為之。

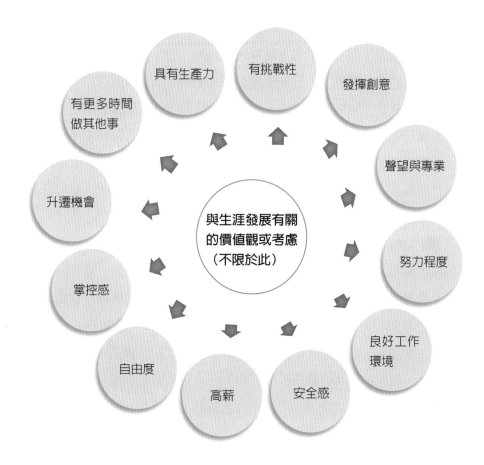

具有生產力　有挑戰性　發揮創意　有更多時間做其他事　聲望與專業　升遷機會　努力程度　掌控感　良好工作環境　自由度　高薪　安全感

與生涯發展有關的價值觀或考慮（不限於此）

（五）自己的能力與熱情

　　如果自己想做的工作與興趣是一致的，自然就容易在工作中投入熱情與心力，也會希望在職場上有晉升機會、擔任更重要的職務。只是第一次找的工作可能與自己興趣不是十分吻合、或是與當初自己的想像不同，那麼還是靜下心來，看在這個位置上自己可以學習到哪些能力與知識？也可以培養實力、做下一個工作的跳板。最令人擔心的是：有些人習慣一直換工作，「滾石不生苔」的結果，不僅在工作上覺得無趣、也沒有意願去學習不同的能力，無法累積經驗，永遠就只能做一些「可替代性」（自己都可以被取代）很強的工作，反過來也折損了自己的信心。

許多工作若沒有第一手經驗去嘗試與了解，往往獲得的不是最正確的觀念。像是多年前有位學生告訴我，她以後想要在大學當教授，她說：「教授工作真是太簡單了，只要每個禮拜來上兩、三堂課就可以。」有一回在一個研討會上碰到這位學生，當她聽到講師提到大學教授需要教學、研究與服務三者兼具，有時候為了做研究到清晨才回家，就打消了念頭！

要在一個工作崗位上待久不容易，即便不是自己最喜歡，但是可以「愛我所擇」，在其中慢慢發現興趣，甚至培養熱情與能力，才有可能繼續堅持下去，要不然很容易就耗損或耗竭。

（六）能力與工作之間的速配性

在了解自己的個性、興趣、想要過的生活與能力之後，接著就要考量自己能力與工作的速配程度，不是能力佳就一定可以從事自己喜愛的工作，而是要看自己的能力是不是工作上所需要？有些人誤以為在校成績好，應該就是表示能力好，但是成績與能力不是呈正比關係（即成績好能力就好），反而是那些自認為成績好的，一進入職場卻發現自己處處不適應，但是卻發現那些成績表現不如己的如魚得水。基本上專業能力可以在職場上慢慢養成與精煉，反而是與工作有關的其他能力（如合作、協調、配合、組織、推理能力、願意聽他人意見等）或挫折忍受度，才是決定自己適不適合這個行業的主要關鍵。

二、生涯計劃

Danish與D'Augelli（1983, cited in Zunker, 1990, p.81-82）針對如何擬定生涯計劃提出了一個架構，包括：（一）了解、認清所需技術發展的層面（有問題解決、做決定、做計劃等技巧，設定目標的過程，以及生涯資源與利用）；（二）做決定技巧（明白個人特質，遭遇生活挑戰時不同的決定策略）；（三）找出協助系統（公設或私人生涯諮商地點、資源、與教育或職業訓練的提供，社會支持系統）；（四）找出就業市場的需求與

如何運用的方式（包含了對未來工作角色的了解）；（五）找出與生涯和
生活相關處理技巧（職業滿足的條件、壓力來源、行為的修正配合、與壓
力處理技巧）。

　　生涯計劃不必是遠程的，而是一段時間有個小小目標，這樣也較容易
維繫下去，因為目標若過大、時間過久，可能會因為見不到立即結果（或
結果不如預期）而容易灰心喪志。每一個目標底下會有一些「子目標」，
然後依據子目標擬定想要達成的能力或成就，以及可以進行的步驟，每隔
一段時間做檢視，就可以看出與既定目標的距離，甚至可以採用心理學裡
的「增強策略」，在達成小目標之後，給自己一些酬賞，鼓勵自己繼續往
前。倘若不清楚自己未來想要從事何種工作或不知如何擬定計畫，可以尋
求學校諮商中心或就業輔導中心的協助。

列出哪些對自己最重要，然後選出前三名

• 成功	• 平等
• 成就	• 健康
• 助人	• 家庭
• 聲望	• 好玩
• 地位	• 規則
• 金錢	• 尊嚴
• 權力	：

三、生涯是結合自己的個性、興趣、價值、需求、能力與想要的生活形態的總合

　　一般人誤以為所謂的「生涯」就等同於「職業」，這其實不符合「生
涯」的定義，即便目前國、高中生在學校做生涯測驗，也明顯感受到測驗
所評估的不只是個人的興趣與能力而已，還有「自己想要過的生活」的元

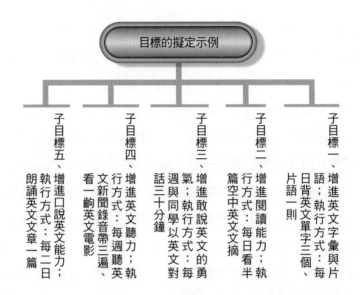

目標的擬定示例

子目標五、增進口說英文能力；執行方式：每二日朗誦英文文章一篇

子目標四、增進英文聽力；執行方式：每週聽三遍、英文新聞錄音帶、看一齣英文電影

子目標三、增進敢說英文的勇氣；執行方式：每週與同學以英文對話三十分鐘

子目標二、增進閱讀能力；執行方式：每日看半篇空中英文文摘

子目標一、增進英文字彙與片語；執行方式：每日背英文單字三個、片語一則

素。如果未來找的工作或職業，只是爲了餬口、求生存，但不一定是吻合自己的喜愛與生活模式的，那麼做起來很辛苦、甚至痛苦，也不會花太多時間讓自己更投入、或從工作中衍生意義。有些中年轉業的人，其大半原因是因爲「終於可以去做自己喜愛的工作了」，以前的職業雖然讓他們不愁衣食，但是卻無法讓其感受到滿足或自我實現，因此在子女成長或是經濟壓力已經減少的時候，就可以開始去做自己喜愛的事。

決定大學生生涯的重要元素

- 學業成就。
- 自我效能的信念與條件。
- 人與環境的配合（自我探索能力、價值觀與興趣；生涯探索與計畫能力；從學校到職場的轉銜技能）。
- 職業目標。
- 與工作相關的技能與行為。
- 積極性（肯定、承諾、主動準備、覺察與直覺）。
- 從重要他人那裡獲得的情緒與工具性支持。

（引自 Lapan, 2003, cited in Turner & Lapan, 2005, p.426）

四、在大學期間的培力工夫

許多大學生誤以為自己在學校所學的就足夠讓自己找到一份好工作，卻忽略了大學實際上是通識或博雅教育。根據統計，有七成以上的大學畢業生所從事的工作不是自己本科系所學，儘管大學有系所的專業分別，但是基本上只是初入門的訓練而已，沒有更專精。倘若學生希望可以讓自己專業程度更深，就必須另外花時間、甚至花錢去學習，而在職場上的第一手經驗，是讓自己極速邁入專業的重要元素。

在職場上所要求的不只是專業而已，還需要有創意、與人互動與合作、甚至是壓力與挫折容忍程度，而這些也都是大學生活過程中的「潛在課程」，雖然沒有明說，其實已經蘊含在內。像是上大一國文，除了了解更多的好文章之外，也讓自己的審美觀、生命哲學有了不同的觸動，這些就是「潛在課程」。在校修業期間，增加自己的挫折忍受力（即使失敗也不擔心）、人際關係與合作／妥協能力、問題解決與做決定、尋找需要的資源並做判斷等，也都是一生可以受用的能力。目前企業界用人，不再執迷於名校，在專業能力養成過程中，更重視團隊的合作、積極努力與創意等相關能力。

許多人在大學階段就已經開始接觸職場，打工是最直接的經驗，然而打工卻不一定與本科系有關，可以學習的也因人而異。即使只是擔任家教老師，除了要對自己所教授的課程清楚了解之外，還要知道學生的學習形態、有效的教學方式，此外加上一些好玩與創意的點子來設計教案，這樣學生學習時不會感到枯燥，老師教起來也不會無聊，更有成就感。倘若打工可以與自己專業所學作連結，當然更好，若不能直接有關連，行有餘力就去擔任志工，讓自己有第一手的直接經驗，對未來的工作或生活自然是加分。

即便有許多同學對於自己科系所學不是很有興趣，然而在主客觀情

況下又無法轉系或轉學，也可以善加利用在學這段時間，運用廣大的資源（如旁聽、修外系課程、參加補習班或技能班、自修等），去學習自己想要的能力，同時建立人脈，充實自己的生活，也為自己的未來鋪路。

表10-2　大學生有關生涯的困擾

缺乏資訊	未能決定	個人問題
• 未能將職業資訊與目前主修做連結。 • 缺乏有關職業的一般資訊。 • 詢問他的主修可以從事哪方面工作。 • 不知道如何取得生涯資訊。 • 由於缺乏資訊，因此在兩個主修或生涯領域之間無法做選擇。	• 發展上尚未臻成熟，沒有想去涉及與學業生涯探索及做決定有關的事項。 • 在與生涯有關的事物上，需要去評估自己的優勢和限制。 • 未能將對自己的認識與生涯做連結。 • 因為不想要從事主修的生涯而轉換主修。 • 缺乏做決定經驗與技巧。 • 未能設立生涯目標。	• 無法想像自己在職場上工作的模樣（無職業自我概念）。 • 缺乏做決定的自信（或自我效能）。 • 缺乏動機去探索生涯選項。 • 受限於職業刻板印象，也篩選掉實際的生涯選擇。 • 未能做出決定。

（引自 Gordon, 2006, pp.49-50）

對生涯的錯誤迷思

• 成功就是找到對的生涯（事實上是找到自己有興趣、適合自己的生涯）。 • 獨立自主最重要（事實上是還需要團隊合作能力）。 • 若不知道自己想做什麼，一定是哪裡出問題了（事實上許多人是慢慢摸索嘗試之後才找到自己喜愛的工作）。 • 男女性應從事不同工作（事實上是現在已經較沒有性別的刻板印象與限制了，一切以興趣及能力為考量）。 • 生涯必須與主修連結（事實上是有七成以上的人所從事的工作與主修無關）。

（引自 Scheele, 2005, pp.110-115）

五、了解並運用可以利用的資源

（一）學校及網路資源

　　學校圖書館或是相關資訊網頁，提供同學一些便利可及的網路與資訊服務，甚至有些學校會開設一些課程讓學生選修，三不五時提供成功人士到校演說或經驗傳承，或者是與業界合作的一些計畫，讓學生可以做中學。學生搜尋與判斷資料的能力也很重要，現在網路發達，任何資訊都可能出現，但是只有具備良好的判斷能力與智慧，才可以協助自己做有效、正確的決定。

（二）人力資源

　　在校的老師都可以是學生的良師、督導、諮詢來源，甚至是人脈系統的一環。學生不僅對於自己所學的前景有疑問，可以請教師長，而需要養成的能力或準備，也可以就教於師長；有些師長本身的人脈（如推薦信、認識業界人士）也是潛在的助力之一。家人當然是我們最基本的支持系統，此外，在學校或校外與不同的人（教師、同學、職員或社區人士）接觸，不管是經由課程、社團、活動等途徑而認識或建立關係的人，都可能是自己最大的資源。當然學生同儕或學長姐，也是需要建立的網路資源，不僅可以彼此互通訊息、支持，加上世界很小，他日在職場上碰面或遭遇的機會也是有的。

（三）學生或就業輔導中心

　　學生輔導中心也會提供一些興趣或性向量表與測驗，或是有線上測驗讓學生自行運用，若需要進一步資訊或諮詢，也可以與諮商師或老師面談。許多學校設有「就業輔導中心」，裡面有較周全的職業資訊提供，甚至有專門的生涯輔導人員駐守協助。

（四）自行主動伸出觸角去探索、嘗試

　　學生視自己經濟與時間許可，也可以參與校外的許多公私立機構（包

含補習班）所提供的技能學習或體驗，以增厚自己的實力；義工服務也是增進自己能力的一個途徑。主要端賴自己願意投注的時間與心力。

六、畢業後騎驢找馬

畢業後可以立即找到自己想要從事的工作當然最好，然而八成以上的人還是需要經過摸索與試探一段時間之後，才知道自己要的是什麼。給自己三到五年的緩衝時間，多方去嘗試想要從事的工作、也從中學習，慢慢累積專業與生活經驗及才能，為下一個更靠近自己理想的工作而努力。

如果以打棒球來做比喻，想要一擊就打出全壘打是不可能的，不妨先上壘再說，然後再慢慢推進壘包、最後奔回本壘。不僅是工作，連工作的轉換或調職都是如此，倘若想調回台北市，不妨先調回靠近台北的縣市或區域，最終目標是台北，這樣的計畫與進度是較務實且漸進的，也比較容易成功。

表10-3　工作價值觀

工作價值	需求
成就	發揮能力、成就。
舒適	活動、獨立、變化、補償、安全、工作環境。
地位	晉升、認可、權威、社會地位。
利他	合作夥伴。 社會服務。 道德價值。
安全	公司政策。 督導（人與機械）。
自主	自動。 創意。 責任。

（引自 Rounds, Henly, Dawis, Lofquist, & Weiss, 1981, cited in Rounds & Armstrong, 2005, p.311）

家庭作業

一、訪問未來自己想從事職場的一位資深員工，詢及工作項目、資格、能
　　力與升遷機制。

二、跟隨家長之一進入其工作現場一天，了解其工作內容之後，訪問其在
　　工作中的收穫與挑戰。

第十一章　現代人的挑戰

楔子

日本311大海嘯，讓人類見證了大自然的力量，即便日本多年來爲了防範海嘯等天然災害，下過了許多苦工與努力，卻在一夕之間全然毀滅。然而全世界也看到日本國民的「忍術」與自律，即便生命受到威脅、未來似乎無著落，卻依然在等待救援或領取物資時，遵守既定的秩序與規範，讓全世界人類自嘆弗如！海嘯之後的國際救援，台灣人捐輸最多、將近四十多億日幣，也展現了人類的悲憫之情，即便日本官方沒有致謝的動作，民間的感謝動作卻沒有少過。

當代人類面臨的挑戰

許多人都曾經問過這樣的問題：「我們爲什麼要活著？」比較普遍的答案就是「追求快樂」，但是進一步想：每個人要的快樂似乎不一樣。有些人認爲自己應該要讓許多人知道（聲望），有些人認爲有錢或是物質上的優渥享受最重要（利益），有些人不要物質上的享受、追求靈性的滿足等等。

存在主義哲學家叔本華說：「所有侷限和限制都有助於增進我們的幸福。」（韋啓昌譯，2014, p.174）因爲我們隨著年歲增長、可以接觸的世界與眼界變寬，很容易也把自己的慾望或擔憂養大，當我們適當規範自己活動的範圍，就可以減少外在誘因，精神上的制約也可以消除內在的動因，然而卻也可能因此而覺得無聊，而人類也會爲了驅趕無聊而去追求娛

樂、派對、狂歡快感、還有酗酒、賭博、吸毒等無建設性的上癮行為。當
然，無聊也可能是因為生命缺乏目標所引發的情緒，或是害怕孤單才讓自
己變得非常忙碌。

現代人面臨著哪些挑戰？應該如何因應？

一、暴力與媒體

電視媒體、網路遊戲處理死亡的方式基本上是好玩、可逆性的，雖
然殘忍、但是迅速，死亡雖然可怕，但是卻距離遙遠（Marrone, 1997,
p.15），這三種方式會嚴重影響在成長中的孩子、對死亡有不正確的認
知，甚至進一步影響其對於生命的態度。Robert Kastenbaum建議對於死亡
要用「趨避衝突」（approach-avoidance conflict）的方式去了解（cited in
Marrone, 1997, p.25）。媒體也有其專業倫理需要遵守，即便許多學者提
醒媒體自律行動的發揮，但是電視或平面媒體處理死亡的方式，往往為了
嘩眾取寵、把專業擺在一邊。美國911恐怖攻擊的前幾分鐘，CNN還在播
放雙子星大廈被飛機撞擊、人們自高樓躍下的驚恐畫面，但是未及十分
鐘，這些畫面都不見了，因為媒體知道千萬觀眾可能會有二度創傷、或替
代性創傷產生，是不符合專業倫理的，因此彼此提醒與自制，這也展現了
美國媒體界的尊嚴與可信度。

然而日常生活中，媒體上有許多象徵性暴力，似乎也成為兒童社會化
過程的一部分。媒體、音樂也充斥著暴力與性，讓閱聽者誤以為暴力是現
實生活的一部分，也讓閱聽者對於真實世界的暴力不敏銳、少同理，甚至
不願意去協助受害者，而暴力死亡也是美國青少年死亡的第二大原因（第
一個是意外）（Wass, 2003）。美國總統歐巴馬日前表示他已經厭倦了國
內經常發生的濫殺無辜案，最近幾年校園或公共場域的濫殺案件層出不
窮，已經讓人覺得防不勝防！

太多的暴力讓人「無感」、麻木、也會減少同理心，許多的暴力電玩

也麻痺了人的感受，甚至將遊戲與現實混爲一談，把遊戲裡的暴力帶入現實生活中，造成實質的傷害與傷亡。

二、全球化與經濟問題

交通與通訊的便利，使得許多的事物不是影響某區域而已，而是會影響到所有地球村的成員。像是氣候變化，北極冰雪融化，影響的不只是北極熊的生存議題，也已經嚴重影響全球各地的氣候與物產，造成許多區域糧食不足的問題，還有些島嶼國家因爲地平面上升、沒有了國土，必須要遷徙到其他大陸。北韓試射飛彈，所恐嚇的不是南韓而已，幾乎是全球戒備！化學武器與恐怖攻擊也是如此，沒有人可以豁免。

全球不景氣，前些年歐盟許多國家面臨經濟崩潰的情況，國家產業或出口衰退，也在在影響著在裡面生活的我們。我國政黨的惡鬥、權力之爭，使得國家停滯了這麼多年，不僅是經濟、建設的步調，連教育也都賠了進去！許多家長不再以國內台灣大學爲馬首是瞻，而是讓子弟走出國門，去增長自己的國際競爭力！

全球化影響的還有競爭力。以往是自家人互相競爭、比能力，現在每一個人都要與自己居處地之外的人競爭，甚至要離開舒適的家鄉、到國外去討生活。全世界都在搞文創，希望從中可以衝出有益經濟與人才發展的出路，像是美國的電影事業更有多元發展，旅遊景點的設計與亮點，是許多國家希望可以投注的重點，到底會發展到怎樣的程度，這也尚需要觀察。搞創意不是無厘頭或是不一樣就好，背後的意義與目的爲何很重要，其基本目標是希望可以讓人類生活更便捷、有趣味！

三、科技、醫學與電腦進步神速

因爲科技、醫學與電腦的進步日新月異，人類壽命因此延長許多，老年人口增加，同時年輕一代又因爲經濟壓力與養育責任，使得「少子化」

趨勢也日益嚴重，人口成長有青黃不接的壓力，也逼得世界各國不得不重新擬定退休年齡與福利政策。發展中國家（如印尼、越南）輸出人力來照顧已發展國家（如美國、台灣）中的老年人，而許多老年人重新就業或延後退休，也會讓年輕一代認為取代困難、升遷不易。

科技發達，也會有誤用的時候，像是基因改良食品到底可以解除饑荒或食物不足的困境，還是延後危害人類的時間？目前也都還沒有定論。醫學固然也讓許多病菌無所遁形，卻也同時因為抗生素的濫用，造成更多的「超級細菌」的產生（像是Mers與茲卡病毒）；醫學的進步讓人類壽命延長，但是也延長了失能的時間，如何讓人類過得長壽又健康，也是醫學與科技的下一個目標。

現代快速的生活步調，也激起了一股反抗力量，許多人開始倡導「慢活」或簡單生活，希望可以回歸到較不複雜的時代，多些心靈沉澱與提升的可能性。

四、意識形態與戰爭

許多國家內戰不斷，也許是因為資源分配的緣故，但是「意識形態」是最主要的原因，彼此為了信念、權力與利益互相殺戮爭戰，根本不將民眾性命放在眼裡，環顧國際之餘，回頭看看國內的政治情況不也是如此？升斗小民要的只是安全舒適的生活，沒有想要去爭權力，但是政治一定會影響裡面的升斗小民，因此要置身其外也不太可能。國內長期的藍綠爭鬥，甚至可以讓一家人因為政黨立場不同而反目、大打出手，所消耗的不只是經濟發展與國際競爭力，人心的不安與信任崩毀，才是最難恢復的！

世界資源有限，為了爭取資源，強權國家就會利用政治力或發動戰爭方式來奪取，只因為現代國家，了解到戰爭的可怕與後續社會成本的龐大投注，會先使用外交或政治力量來解決，然而另一方面彼此都是諜對諜，在運用外交管道的同時，也不斷擴張武器與軍力，弱國就可能成為最後的

輸家！

五、自然與人為災害頻仍

地球暖化、地震頻仍、海嘯、颱風或颶風，這些自然災害幾乎防不勝防！地球暖化已經讓若干地平線上的國家消失，而天然的大海嘯也讓南亞損失了近二十六萬人命。以近鄰日本來說，對於防震的預防措施做得比一般國家要先進、周全，但是311海嘯卻也將所有防震措施做了嚴格檢驗，傷亡人數上數萬人。

天然災害令人擔心害怕，「戰爭」與恐怖攻擊是人為的災難，其恐怖甚至超過自然災害。近年來全世界受到ISIS恐怖主義的威脅，即便是素來認為與恐怖主義無關的國家或地區（如台灣）也戒慎恐懼，擔心萬一成為對方攻擊目標，該如何因應？反擊恐攻的其中一個管道就是戰爭，目前絕大多數國家都了解戰爭的可怕，所以會儘量避免，但是有些國家或人民卻因為信仰或制度不同，以製造戰爭來爭奪資源、掌控權力，戰爭就不能避免。

由於全球資源有限，所以世界各國的有識之士也極力在為環境保護與資源保存做努力，只是有時候國家必須要考量「經濟發展」與「環境保護」的優先次序為何？通常不可兩者兼得，就必須做不同程度的權衡。開發中國家重視「經濟發展」，已開發國家想要著重「環境保護」，大家的步調不一致，效果就有限。另外，環境保護的同時，也希望在新的資源還未到位之前，可以減低資源消耗的速度，這也牽涉了資源分配的問題，而資源分配，也造成了貧富不均的問題，貧富不均太嚴重，在國際間就會釀成戰爭，在國內就會有社會運動與革命。

六、心理疾病人數激增

美國與北美近年來發生多起校園或社區濫殺案件，有許多與心理疾病

或壓力有關。國內中小學或是社會，情殺、隨機殺人新聞頻傳，鬧得人心惶惶、不能安適。或許是因為診斷工具越來越縝密與先進，也可能因為現代生活的壓力源更多，加上個人調適不當，才會造成心理疾病人口激增。心理疾病所造成的犯罪案件，不能只仰賴法律處置，因為這些人還是會回到一般社會中生活，若不加以治療，其危害會持續且更大！

　　基本上絕大多數的心理疾病是可以治療、回歸到正常生活功能的，只是許多人對於心理疾病了解不足，加上擔心去就醫或求助的「汙名化」（別人怎麼看我、或自己擔心他人的眼光），有少數甚至沒有所謂的「病識感」（不認為自己生病），因此沒有適當處置或醫療的潛在病患更多。絕大多數的心理疾病患者沒有傷害他人的傾向，只有極少數如「反社會人格」、「躁鬱症」等，伴隨攻擊他人或自我攻擊的潛能者，才會有傷害他人或犯罪的可能。美國的醫療制度是顧及身體與心理兩個層面，政府或醫療院所在照顧病患的身體健康同時，也提供心理諮商或診療的服務。目前我們社會上許多的傷害案件，不管是超車、暴力對待他人、隨機傷人，多數與情緒管理有關，這也是教育、醫療與法律可以著力之處。

七、藥物氾濫與上癮行為

　　因為科技發達，造成生活太輕鬆、便利，不需要像以往的人類一樣，為了餬口而奔忙，再加上許多的電腦及娛樂選項，因此為了打發時間與無聊，許多人迷上了電腦遊戲或是藉由藥物，讓自己不需要去煩惱這些生命的終極意義，造成更多人迷失在藥物或電腦世界裡、不可自拔！美國及北歐一些國家，將大麻的管制減少，改列為「娛樂性」或「助興」藥品，甚至可以在一般商店販售，使得栽種與販售的人口增加。藥物危害人類的不是工作的生產力而已，還會破壞大腦功能、產生心理疾病，進一步還犧牲了家庭與個人生命！

　　台灣的吸毒人口已經成倍數增加，許多意外或自殺數據也與藥物脫離

不了干係，而勒戒治療的效果不如預期，這些主客觀因素將會造成不久將來國力與人力的嚴重傷害及損失。

現代人如何面對挑戰

現代人在面臨這些前所未有的諸多壓力與挑戰時，該如何因應與面對？

一、生命哲學的必要性

現代人在面對生活的快速步調、日新月異的科技與電腦網路，還有經濟情況的詭譎多變，以及暴力充斥，在極度不安全的環境下，會思考生命要怎麼過？便利的生活機能，雖然也讓人類可以有更多的時間花在休閒娛樂或智性的創發上，但是也容易讓人感到厭倦、無聊，不知道該怎麼過日子，所以有人浸淫在電腦遊戲與網路、嗑藥或酗酒、虛無的歡樂或性愛中，用這些來麻痺自己，卻不去思考或進行建設性的生活方式。

生命哲學是每個人安身立命之所在，也就是引導自己生活、自己之所以存在的終極意義。生命哲學不是晦澀難懂的道理，而是很簡單的原則，只是我們在日常生活中極少去觸碰這樣的議題，或許也較少有人願意與我們做對談。

生命哲學教育應該結合家庭、學校、社會及媒體的力量共同圓成，不是學校教育可單獨爲之，凸顯的是生命教育的重要性。教育的終極目標是讓每個個體都可以發揮潛能、貢獻社稷，了解自己在生命中的使命與意義，願意去努力完成、少些遺憾與後悔。

二、生命長度與質感

當醫學科技突飛猛進的同時，人類活到八、九十歲已經不是問題，然而隨著生命的延長，失能機會也大增，全世界目前也面臨著人口老化、少

子化等青黃不接的問題，發展中國家開始有人到發展國家擔任老人照護的工作，許多的貿易或產品也因應老年人口而創新蓬勃。接下來需要探討的是：要怎樣過好生活？

生命的重點不在於長度，而在於質感、廣度與深度，即便每個人手中拿的牌不一樣，但是每個人都有權利將手上的牌打好。要如何將手上的牌打好？最重要的是過反思的生活，「反思」還不夠，需要進一步的行動做改進與改善才有作用！

我們平日就要注意好好保養自己的身體，因為這是我們的最大本錢，最好有適當作息與習慣，不要從事有害身心的活動，即便是生病，也提醒我們要更細心養護。楊育正醫師（2014, p.112）說：「疾病讓我變成一名『新生』，讓我了解，原來我還有許多未竟之處、未解之事，原來我還有很大的可塑性。」即使是生病，也會讓人有不同體悟，願意面對接下來的挑戰與試煉，甚至是做一些改變。如同心理學家Frankl也提到「受苦」（suffering）也是一種生命體驗，可以讓我們對於生命有不同的檢視與領會，主要在於面對的態度。

三、人性永遠領先科技

電腦手機與電視等三C產品的發展，讓人類生活有重大突破，然而卻也開始看見之前沒有預期的許多負作用。然而儘管科技發達，這些科技其目的也是要服務人類、讓人類過更好的生活，科技被誤用，當然也是人性的結果。我們唯一可以相信的是：人性應領先科技，因為科技還是由人類的腦力所研發出來，理應將人性擺放在首位，也就是回歸到道德層面。

既然科技的研發與進步是以人類福祉為第一優先，那麼在研發的同時也必須考量到其可能的利害與優劣，該如何防制？而不是以利益為首要。像是智慧手機的發明，連結了傳統電腦的功能與便利，卻也讓更多人的眼睛受到藍光傷害、生活被手機綑綁而不自知，彷彿沒有手機就不能做事或

過生活，也有人沉迷手機功能與遊戲，耽誤了做正事及與人正常互動的機會，難不成以後要靠手機治國？

我們要謹記：科技是服務人類，而不是替代人類。

四、回歸生活、返璞歸真

現代人將工作與遊樂視爲優先，甚至占據了大半的生活，較少有機會去品嘗與體驗生活。之前觀光事業似乎也是以觀覽風景及文化刺激爲主，但是目前有許多人想要體驗深度旅遊，浸潤在文化之中，因此許多的「原創」吃食文化也應運而生。「創造的關鍵在於我們抱持著什麼態度過生活」，而「閒暇（閒適）是文明創造的基礎。這個閒適指的是時間、空間與心情三個向度的從容、自在與閒逸」（李仁芳，2015, pp.35 & 38），深度旅遊就包含這三個向度，旅客會願意花時間去體驗生活，讓心境有轉換的空間。如果說台灣特有的「農舍文化」是有閒有錢階級的「閒適」生活展現，那麼「深度旅遊」就可以是升斗小民實踐「閒適」生活的寫照。所謂的「過好生活」就是「好好過生活」，不是嗎？

第十二章　從這裡開始

　　任何事，只要有開始就不難。難的是想太多、擔心太多，連第一步都無法邁出去，當然也就沒有完成的可能性。

　　作家吳淡如曾說：「人生不是學到、就是賺到。」人生最重要的就是去體驗、去做，自然會有所學習或收穫，當然有些事情明知其不可為（如嗑藥），就不需要去嘗試。

楔子

　　很多人擔心自己不會成功，或是事情做完結果不如預期，所以就停滯不前。如果有夢想，何妨從自己目前可以著手的地方開始？即便只是小小一步或是動作，也都往前邁進了一些。不要小看每天小小的進度，這些也都可以累積成極大的能量。像是每天念一首詩，一週就有七首，一個月就有三十首，一年呢？

　　每個人都只能過一種生命，也只有一次死亡的機會，因此要好好珍惜。我們可以做的就是「真誠、認真地活在當下」，不必去憂慮未來或緬懷過去，除非過去有值得我們學習與提醒之處，真真實實地活在當下的此時此刻，就為自己織就了未來。「活在當下」的另一個積極意義也就是：「當下」，通常也是我們所可以掌控的，過去已經發生，未來有許多變數、也不是我們可以操控。

　　「生命教育」很重要，但是該怎麼教、怎麼學？這就是最重要的思考面向。正反面的素材或經驗都可以讓我們學習與思考，因此隨處隨時都可以是生命教育的素材與機會。有學者提及生命教育的課程流於膚淺或制

式化，有時候甚至會有傷害，這些都是值得進一步去思索與調整的問題，而許多的死亡研究是以量表或問卷爲探索工具，「受訪者的個別意見與文化脈絡的深層意含其實是看不見的。」（張盈堃譯序，2007, p.14），這也提醒我們生命教育的研究可以採用量化與質化的不同方式。生命教育的實施成果也被質疑，因爲認知上與情緒上的改變不是同一件事，Warren（1998）建議生命教育工作者應該要致力於「**幫助個體處理他們所關切的死亡，而不是試圖以絕對的標準或目標形塑他們的關切**」（陳芳玲、張盈堃譯，1998/2007, pp.189-190），換句話說就是提升個人的死亡與生命意識及檢視個人的態度是最重要的（陳芳玲、張盈堃譯，1998/2007）。

我們生活周遭，隨手都是生命教育的好教材，也都可以在日常生活中學習及履行。將學校所上的「生命教育」視爲入門課，激發學生對於自己在生活中的覺察、思考與改變行動，就是培養健全人格、對社會有貢獻的人。生命教育不一定要從死亡開始，或以死亡爲唯一討論議題，而是從生到死（甚至死後），從自身到周遭人群與社會、世界、人類，也都與我們的生存息息相關，都可以納入生命教育。

生命所要成就的課題與任務

我們的一生都聚焦在知道自己想要成就爲怎樣的一個人、不能成爲怎樣的一個人，知道自己「能」與「不能」、「潛力」與「限制」、發掘自己的獨特性也欣賞他人的特點。有人說「活動活動，活著就是要動」，活著與死了的最大差別就在於：只有活著才可以成就一些事情，死了只有讓人記得曾經做過或還沒有做的事情。「生命教育」的範疇很廣，師長或父母親可以讓孩子了解哪些內容呢？

一、學習接受人生的不完美，也享受這些不完美

　　雖然能夠很漂亮地完成一件工作或是作品，是一般人很希望達成的目標，但是世界上的許多人事物並不能這樣盡如人意，我們必須要與「不完美」（或「不同的完美程度」）共同生存。父母親可以讓孩子知道人生下來就是不完美的，而人的一生**就因為這個不完美，所以可以學習許多、經驗許多**，生命就是學習的過程。不要苛責孩子犯錯，因為人會犯錯，但是人偉大的地方就是有學習的能力，可以從犯錯中學習、並加以修正，讓下一次更完美！

　　看看周遭的人事物，也觀察大自然中的傑作，不一定是「無缺點」，但是無損於它的美麗與可愛。有障礙或缺陷的人，不是上天刻意的惡作劇，而是每個人都是不完美，但是卻都有生存的權利，都有可以貢獻人類社會之處，每個人的存在都有其意義與目的，這就是上天公平的地方！也許「比上不足、比下有餘」會讓我們好過一點，但是可以欣賞不完美或是缺點，就讓人多了一分美麗人性。就如Frankl（1978）所說（引自金樹人，1998），**生命本身不具意義，而是有覺察能力的人類感受到生命的有限，願意為自己有限的生命創造出其意義來**！生命的缺憾在於有死，還有其他的老、病、困挫與災難，但是這些正是人可以努力的理由──努力與掙脫現有的生命限制，活出自己的生命型態來！缺陷與不同讓我們學會欣賞、同理與寬容，接受自己不完美的樣子，喜愛自己，也才會願意做相當的承諾與努力，為更美好的遠景盡一些心力！從另一個角度來看，不完美也就是「限制」，在限制中可以更激發人的創意，從「有限」中尋求解決方法。

　　哲學家沙特（Sartre）說人是自己生命的創造者，自己的生命型態由自己負責。生來不完美是一個既定事實，不必因此怪罪父母親或他人，接受事實、也願意承擔一切的後果，就是負責的表現。而每個人的不完美

也很獨特，我們找不出兩個不完美相同的個體，May（1953, p.120）說得好：人的存在有別於其他物體的就是人有個別性，而這個獨特的個別性只有靠「意識」與「負責」的選擇才能成就！「意識」到人存在的限制，然後做負責的選擇，才能完成這個任務，也因此人越能覺察就越自由，覺察到自己限制、與其他可以選擇的項目，所以才可以做自由的選擇；誠如Frankl（1986）以集中營的情況做說明，雖然許多人都被關在一個陰冷污穢的地方，身體固然受到嚴重限制，但是人依然有自由，有人利用想像、宗教與期待的方式，讓自己的心靈馳騁飛翔，不會將心思放在目前狹隘、恐怖的情境，這也就是「覺察」自我處境→看到更多選擇→自由的人。

　　生命不管完美滿意與否，最終還是要自己負責（結果），做或不做、失敗或成功，都是自己要擔起最後的責任，相似於中國人「蓋棺論定」的說法，沒有一個人可以逃避。師長可以在教育上用力的就是以身示範，讓孩子學會接受自己、包括自己所有的全部，也激勵孩子唯有因為不完美，所以人生才有許多可以努力的目標！

二、活在當下

　　人生要少些遺憾，那麼就儘量不要做讓自己後悔的事。「活在當下」除了劍及履及之外，也包括及時訂正錯誤、修補關係、道歉以及原諒。過去種種不可追，以後種種也不能預期，我們唯一可以把握的就是當下的一切，去完全經驗有限的「當下」，做可以的努力，就會少留遺憾。而且「當下」很快就會成為「過去」，是稍縱即逝的，不允許拖沓。

　　「當下」的觀念可以讓人們充分去打開自己的感官與覺察，也投注充沛精力，不把時間與精神花在無意義的追悔上，也不必去夢想不切實際的未來，而是把握先機、該做就做。我們在日常生活中的體驗也如此，當欣賞一個很棒的陶藝時，全神貫注、很興奮、感覺很美，這就類似Maslow所說的「巔峰經驗」（peak experience），當然這個感受一下子就

消失了，下一次如果再碰見、同樣的感受不一定會再度出現，但是這種「巔峰經驗」就是生命中的一種領悟與體驗，給生命的衝擊很大！

　　俗話說「今日事今日畢」，用來做為存在主義的詮釋「當下」很恰當。生命是一直往前的，我們擁有的只是「暫時」的「現在」，過去與未來都不在我的掌握中。「當下」還提醒我們要「及時」，不要去拖延、找藉口、留遺憾，該做什麼、該說什麼，當機立斷！有一本繪本《我永遠愛你》，就是一個很好的範例，故事中的主角每天都對他的愛犬說：「我永遠愛你」，所以當狗狗年紀越來越大、最後死亡了，他沒有遺憾，因為他把每一天想說、想做的都儘量做了，包括表達他對愛犬的愛。父母親在日常生活中也可以教導孩子如何在一天結束之時，反思自己一日所作所為，有遺憾的記得修補，如果明天或是將來有想要完成的事情，就將它們寫下來，不必帶到睡夢中，讓每一天都過得很充實。

三、從不同的角度看事情

　　既然世界上有各種形形色色不同的人，我們的生命意義就在於「經驗」，接觸不同的人事物、也可以學習到許多。世界真美，因為有不同的人事物，所以好美！從自己的角度看事情，有自己主觀獨特的個人性，從他人的角度看事情，可以有同情、同理與關懷，也知道自己思想的不周到處，從不同的角度看事情，可以更寬容、有彈性、更開放、給自己更大解決的空間與能力，也可以活得有生氣、不拘泥、樂觀！每個人既然只能夠過一種生命，卻可以從與不同人的交流互動中、了解與體認到不同生命方式，許多的學習就在其中！

　　在爭論時，設想自己是對方，就不會堅持只有絕對的對與錯，也可以理解別人的感受；從不同的角度看事情，也意味著人可以有彈性、可以幽默，輕鬆自在的思考會激發更多的創意與樂趣，也在同時保存了自我（self）的完整性（May, 1953, p.61）。

　　「樂趣」（fun）是許多心理學派都會提到的人生要務，May（1953, p.96）特別提到「歡樂」（joy）是人生目標之一，它的出現是在我們實現了人的特性所伴隨而來的感受，也就是我們經驗到了自己的價值與尊嚴、肯定自己存在的目的。有能力從不同的人觀點看同一件事物，不僅讓自己視野拓展，也體會到了不同的樂趣。舉個例來說，孩子騎腳踏車出遊，沿途停下來看在路中間的一條毛毛蟲，過了一會兒看到旁邊有其他小朋友在玩、也好奇湊過去看，結果回家的時候、忘了把車騎回來。家長想想孩子這一趟「驚異之旅」，設想自己就是孩子本身，在這麼一小段路上就有那麼多好玩、精采的事件發生，而且好快樂，孩子都可以參與到，而家長也可以感同身受，也就不忍苛責了！生命固然有許多事情是我們想要完成的，但是忙碌並不能遮掩我們的焦慮（May, 1953），既然壽命有限，人生的無限寶藏也就在於我們內心的自由、創造的樂趣、真實完全的體驗與享受！

　　要孩子學習享受生活、創造生活樂趣，父母親與師長不要以為玩樂就是不好，生命如果已經這般拘束、無聊，就必須要增添一些樂趣、好玩在裡面。會玩的孩子通常也比較不會鑽牛角尖、較有彈性與創意，父母親與孩子共享玩樂，也是生命的陪伴與學習。

四、愛己也愛人

　　人生下來都是孤獨的，我們是獨自來到這個世界、也將獨自離去，但是人與人之間的關係卻破除了人是孤單存在的迷思，人的孤單是事實，而「自我」也是因為有他人的存在才產生（May, 1953）。我們與他人的關係、生命經驗的交換與互動，都是美麗的遭遇，誠如哲學家唐君毅先生所說：每個人都是浩瀚宇宙中孤單存在的星球，唯有藉由彼此偶爾交會的光芒，激發一些熱力、削減孤單。雖然可以讓其他人愛我、相對地也代表了我的價值，但是人最偉大的價值還是來自「愛自己」，因為自己是獨一無

二的特殊個體、有自己要成就的生命樣態、自己是有價值的，而在這個世界上與自己最親密的人還是自己，最大的生命力量也源於自己，因此了解及珍愛自己是很重要的。愛自己之後、才有能力去愛別人，一個不愛自己的人、不會認為自己有價值，自己沒有價值又怎能去肯定他人或期待他人來愛？當然愛自己也有一個限度，不是犧牲他人的利益來成就自己，也不是自我感覺良好，這就是過度的自私與自戀，最後還是會傷到自己。人活在世界上是與其他人共同生活的，除了肯定自己生存的價值之外、也尊重他人同等的權利，在人群中生活，自己有收穫、也會回饋與貢獻。

每個人在世界安身立命的幾個面向是：與自己的關係、與周遭的人、與周遭環境（May, 1953, pp.126-132）、以及與宇宙（Witmer & Sweeney, 1991）的關係，而這些面向是相互重疊、不可孤立的。人最親近的就是自己，但是我們卻很少花時間與自己相處、甚至會害怕，這種「存在」的孤獨與空虛是正常的，但是也因此會阻礙了人與自己最親密的接觸與了解。我們與他人的關係是希望發展有意義的關係、可以有歸屬感，自己的工作可以有能力與創意發揮、對他人有貢獻，這些都是人際關係與交會中企圖成就的目標。人身處於環境中，雖然受其限制、但是也可以在限制中創造新機！而人知道自己生命有限、生存條件也有限制，所以追求另一高層的生活哲學價值與宗教信仰，去發掘生命的意義、以及人在宇宙中的地位。

「愛」是一種能力，也是意志與勇氣的表現，愛可以抗拒「死」、讓生命有另一意義的延伸（May, 1969），生命雖然有時而盡，但是「愛」卻可以留存在他人生命中，持續其影響。父母親可以在這方面著手的是讓孩子喜歡自己、也去關愛他人，讓孩子從與人交會互動中有所歸依、得到情緒上的滿足。

五、拿起與放下

生活中總是會碰到一些不是我們意料中的事物或是結局，這是生命的

現實。孩子慢慢長大的同時，會發現自己能力增加、但是也開始失去一些東西（包括童真、撒嬌的權利、父母親的注意等）。對於生命中持續不斷發生的失落，最好的因應態度就是學習懂得「拿起」與「放下」，這也是人類最難的功課，因為人皆有情，因為「情感」的連結、捨棄就變得不容易，也因為人貪戀輕鬆的天性，會企圖逃避應該擔負起的責任。

　　「拿起」包括自己所要負責與承擔的責任與義務，「放下」包括接受不能改變的事實、與寬恕需要原諒的人及自己。不要太執著於既有或是去擁有，而是可以用「得知我幸、不得我命」的「平常心」態度去對待，比較不會有太重的得失心、太多的牽掛與怨懟；可以給的就貢獻出去，可以拿來用的也不必計較一定要好的，但是因為責任終究還是會落在自己身上，該挑起時就挑起，省得後來負擔太吃重。懂得如何拿起、如何放下，就是生活的智慧與能力的表現。

　　父母親會強調孩子應負的責任、也適時給予責任去承擔，可以培養孩子的能力、也過較為負責的生活。但是「放下」的功課卻是需要長時間的努力、甚至是遭受困挫之後才體認到的事實，當「放下」可以讓自己與他人更輕鬆，何不？另外，家長也要學會「放手」，因為孩子有自己的人生要發展，不要老是想要保護孩子、為孩子做安排，雖然對父母親來說「收手」（保護、監督）的確容易多了，但是也讓孩子依賴、被動、沒有夢想，這樣的生活是會令人窒息的。

六、珍惜與及時

　　生命如此短促，而其終結又不可預知，所有發生在我們生活中的也都值得珍惜，不管是好的經驗或是不好的經驗、喜歡或不喜歡，都可以讓我們體驗到生命的真實與全貌，讓我們嚐到箇中滋味。生命最直接、也是無可取代的部分就是「經驗」（experience），可以真真實實、身歷其境，感受到第一手的體驗。父母親有時會捨不得孩子去冒險、受傷害，但是有

些生活的技能也必須傳授，讓孩子從經驗中學習，也是養成其能力的不二法門，讓孩子知道珍惜、也要父母親知道表現珍惜開始。

家長捨不得孩子受害，當然需要負保護之責，然而父母親通常都只能陪孩子一段路，因此讓孩子學習到生活能力是最重要的。畢竟孩子還是要自己走人生大半的路，父母親的陪伴有限，而外面的世界也不是舖滿紅地毯、不會受傷，因此及早讓孩子從挫折或失敗中學習韌力與忍受力，他們自然會修正做法、也養成不輕易放棄的精神，這就是最棒的生存力！

許多體驗與能力也需要「及時」，有時候不必要思考太多，這樣就消耗了行動力、甚至踟躕不前。學會珍惜，就能夠有柔軟心；學會及時，就少些懊悔。

七、學會感謝與原諒

可以懷著感謝的心過生活，就比較不會去計較人我，「原諒」就是承認人的不完美、也願意給彼此機會修補關係。生命要過得真誠實在，「感謝」與「原諒」的能力很重要。

一般人對於感謝還可以輕易做到，畢竟別人幫了我的忙、理應表示感激之意，但是說「對不起」、甚至原諒對方對我們造成的傷害，在實行起來時的確有點困難度。原不原諒當然是個人的選擇，我們一般會覺得「不原諒」的人力量彷彿比較大、因為「掌控」了原諒對方的力量，其實「不去原諒」是一種負面的力量，它常常是提醒我們要記得一些不愉快的事，因此我們就必須花費心力去生氣、怨恨或是想要報復某個特定的人，就心理衛生的立場是很不明智的；如果某個人曾經傷害了我，不願意原諒的心情就會讓我的生活添加了一些不愉快的陰影、而且還無時無刻地存在。其實原諒是一股很大的正面力量，由自己本身釋放出來，不僅心上的負擔因此而減輕，也是讓彼此有重新開始生活或相處的可能。遑論對方是不是願意接受原諒、或者根本不認為自己造成了傷害，這些都不是原諒者可以控

制的、也不需要去在意，最重要的是對於自己生命的承諾，在原諒對方的同時，我們也已經原諒了自己，這是多麼大的解脫啊！

我們在日常生活中通常會將事情做完或是告一段落，不希望半途而廢、或是做得七零八落，「謝謝」、「對不起」或「原諒」也常常是作為一件事情告一段落的很好結尾方式。絕大部分知道自己來日無多的人，都會利用剩餘的時間想為一些未了的事做個完結，主要不是要給對方一個交代、而是給自己，希望自己可以走得比較少遺憾。但是我們絕大部分的人是不知道生命何時會結束的，因此如果是在知道自己大去之日無多時、才想要企圖做一些補償，往往會留下更多遺憾，不如將每一天當作生命中可能的最後一天，把握當下，也把該做、該交代的、該說謝謝與對不起、可以原諒的，趕緊去做，可以讓每一天都有個漂亮的「完結篇」。父母親在平素生活中所表現的寬容動作，即使只是禮貌性的運用「謝謝」、「對不起」與「我原諒你」，都可以傳達內心的悲憫與人性，這些都是孩子可以效仿的功課。

談到生命教育、談到死亡，其實也要談到生命中可能的失去、以及一些危機處理，一個功能良好的家庭除了有開放良性的溝通之外，最重要的一點就是處理危機、解決問題的能力！

八、成為別人生命中的貴人

我們在人生路途上會遭遇兩種貴人，一種是協助、鼓勵、欣賞我們的人，另一種是給我們磨難、痛苦、訓練的人，他們都是讓我們的生命更有厚度與質感的貴人，我們都要感謝。正因為人與人、生命與生命之間是互相影響的，因此我們會期許自己可以成為他人生命中的「善」貴人，讓他人的生活更好過，畢竟不是每一個人都像希特勒那樣，為了提升人性而做出慘絕人寰的行為，但是我們自己的「轉念」及轉化的力量很重要。

參考書目

中文部分

王珍妮（譯）（2001/2002）。生與死的教育（*SEITO GHI NO KYOUIKU,* by Alfons Deeken, 2001）。台北：心理。

李仁芳（2015）。巷弄創業家。台北：聯經。

余德慧（2006）。臨終心理與陪伴研究。台北：心靈工坊。

吳秀碧等人（2006）。生命教育的課程設計原理與教學模式。收錄於吳秀主編「生命教育：理論與教學方案」（pp.33-59）。台北：心理。

林美珠、田秀蘭（譯）（2013）。助人技巧：探索、洞察與行動的催化（*Helping skills: Facilitating exploration, insight, and action,* by Hill, C. E., 2009）。台北：學富。

林家妃、侯小龍、高梅桂與林碧華（2001）。生命教育對國中階段教學之影響。收錄於何福田主編「生命教育論叢」（pp.167-187）。台北：心理。

林綺雲（2004a）。死亡教育與輔導：批判的觀點。載於林綺雲、張盈堃、徐明翰著（pp.3-10）。生死學——基進與批判的取向。台北：洪葉。

林綺雲（2004b）。從社會建構論談國人憂鬱與自殺現象的隱憂。載於林綺雲、張盈堃、徐明翰著。生死學——基進與批判的取向（pp.186-204）。台北：洪葉。

邱珍琬（2006）生死學討論會對準諮商員生命態度影響研究。生死學研究，**4**，119-162。

邱珍琬（2013）。大學生生活樣態——以南部一公立大學為例。中正教育

研究，**12(1)**，29-70。

邱珍琬（2014）。大學生知覺從原生家庭帶來的傷痛與影響。亞洲家庭暴
　　力與性侵害期刊，**10(1)**，53-86。

邱珍琬（2015.12）。大陸學生眼中的台灣學生。高雄應用科技大學人文
　　與社會科學學刊，**1(2)**，27-45。

金樹人（1998）存在主義諮商法，收錄於賴保禎、金樹人、周文欽、張德
　　聰（編著）：諮商理論與技術（修訂再版）（pp.151-172）。台北：
　　國立空中大學。

周孟嫻、紀玉臨、謝雨生（2010）。臺灣自殺率具空間群聚嗎？模仿效
　　應或結構效應。人口學刊，**41**，1-65。

韋啟昌譯（2014）。人生的智慧（*The wisdom of Life*, by A.
　　Schopenhauer）。台北：新雨。

紐則誠、趙可式、胡文郁編著（2005）。生死學（二版）。台北：國立空
　　中大學。

黃雅文、張乃心、蕭美慧、林泰石、林珊吟、范玉玟、賴彥君譯
　　（2006）。生命教育（*The last dance*: *Encountering death & dying I*, by
　　A. A. DeSplder & A. L. Strickland, 2005）。台北：五南。

張善楠（譯）（2008）。大學教了沒：哈佛校長提出的**8**門課（*Our*
　　underachieving colleges, by Bok, D., 2006）。台北：天下。

張盈堃譯序（2007）。載於林綺雲、徐有進、張盈堃與陳芳玲譯。死亡
　　教育與研究——批判的觀點（*Death Education & Research*: *Critical*
　　Perspectives, by W. G. Warren, 1998）（pp.11-15）。台北：洪葉文化。

張盈堃（2004a）。解構死亡：兩種「後」的論述。收錄於林綺雲、張盈
　　堃、與徐明瀚著：生死學——基進與批判的取向（pp.54-86）。台
　　北：洪葉文化。

張盈堃（2004b）。建構生死學教室。收錄於林綺雲、張盈堃、與徐明瀚著：生死學——基進與批判的取向（pp.127-164）。台北：洪葉文化。

張盈堃、林綺雲（2004a）。死亡社會學是什麼。收錄於林綺雲、張盈堃、與徐明瀚著：生死學——基進與批判的取向（pp.31-53）。台北：洪葉文化。

張盈堃、林綺雲（2004b）。基進取向的死亡教育與研究。收錄於林綺雲、張盈堃、與徐明瀚著：生死學——基進與批判的取向（pp.90-126）。台北：洪葉文化。

陳正國（譯）（1997）生與死的雙重變奏——人類生命策略的社會學詮釋（*Mortality, immortality, and other life strategies,* by Zygmout Bauman）。台北：東大。

陳金燕（2003）。自我覺察在諮商專業中之意涵：兼論自我覺察督導模式。應用心理研究，18，59-87。

陳素幸（譯）（2008）。時間的生命學（*Zeit :derstoffausdem das leben ist,* by S. Klein, 2006）。台北市：大塊文化。

馮克芸、黃芳田、陳玲瓏（譯）（2006）。時間地圖（*A Geography of time,* by R. Levine, 1997）。台北：商務印書館。

麥慧芬譯（2015）與生活和好：克里希那穆提寫給你的**28**道生命習題（*What are you doing with your life,* by J. Krishnamurti, 2001）。台北：商周。

傅偉勳（1993）死亡的尊嚴與生命之尊嚴。台北：正中。

楊育正（2014）在我離去之前——從醫師到病人，我的十字架。台北：寶瓶。

廖月娟（譯）（2014/2015）凝視死亡（*Being mortal: Medicine & what*

matters in the end, by A. Gawande, 2015）。台北：遠見天下。

賴保禎、金樹人、周文欽、張德聰編著（1998）。**諮商理論與技術（修訂再版）**。台北：國立空中大學。

羅寶鳳（2001）從終身學習的角度看生命教育的推展。收錄於何福田主編「**生命教育論叢**」（pp.105-116）。台北：心理。

鄧運林（2001）國中小死亡教育課程建議。收錄於何福田主編「**生命教育論叢**」（pp.275-294）。台北：心理。

劉永毅譯（2016）。**當下的覺醒：你到底是誰？啟動意識的更高層次**（*Stillness speaks,* by E. Tolle, 2003）。台北：橡實文化。

劉震鐘、鄧博仁譯。**死亡心理學（第二版）**（2005）（*Psychology of death,* by R. Kastenbaum, 1992）。台北：國立編譯館、五南出版社

TVBS Focus, **6/27/14 1900 news**。台北：聯億公司。

英文部分

Attig, T. (2003).Respecting the spiritual beliefs of the dying and the bereaved. In I. Corless, B. B. Germino, & M. A. Pittman (Eds.), *Dying, death, & Bereavement: A challenge for living* (2ed.)(pp.61-75). N.Y.:Springer.

Algoe, S. B., Fredrickson, B. L.,& Chow, S-M. (2011). The future of emotions research within positive psychology. In K. M. Sheldon, T. B. Kashdan, & M. F. Steger (Eds.), *Designing positive psychology: Taking stock & moving forward*(115-132). N.Y.: Oxford University Press.

Barnett, R. C., & Hyde, J. S.(2001). Women, men, work, and family: An expansionist theory. *American Psychologist, 56,* 781-796.

Bastian, B., Kuppens, P., De Roover, K., & Diener, E. (2014). Is valuing positive emotion associated with life satisfaction? *Emotion, 14*(4), 639-645. DOI:10.1037/101069000

Betz, N. E. (2005). Women's career development. In S. D. Brown & R. W. Lent (Eds.), *Career development & counseling: Putting theory and research to work* (pp.253-277). NJ, Hoboken: John Wiley & Sons.

Carter, R. T. (1991). Cultural values: A review of empirical research and implications for counseling. *Journal of Counseling & Development, 70*(1), 164-173.

Cashdan, S. (1988). *Object relations therapy: Using the relationship*. N. Y.: W.W. Norton & Company.

Christ, Siegel, Freund, Langosch, Hendersen, Sperber,Weinsten, L., (1993). Impact of parental terminal cancer on latency-age children. *American Journal of Orthopsychiat, 63*(3), 417-425.

Cormier, L. S. & Hackney, H. (1993). *The professional counselor: A process guide to helping*. Boston, MA: Allyn & Bacon.

Constantine, M. G., Miville, M. L., Kindaichi, M. M., & Owens, D. (2010). Case conceptualizations of mental health counselors: Implications for the delivery of culturally competent care. In M. M. Leach & J. D. Aten (eds.). *Culture and the therapeutic process: A guide for mental health professionals* (pp.99-115). N.Y.: Routledge.

Conyne, R. K., & Cook, E. P. (2004). Understanding persons within environments: An introduction to ecological counseling. In R. K. Conyne & E. P. Cook (Eds.), *Ecological Counseling: An innovative approach to conceptualizing person-environment interaction*(pp.3-35). Alexandria, VA: American Counseling Association.

Cooper, M. (2008). Existential psychotherapy. In J. L. Lebow (Ed.), Twenty-first century psychotherapies: Contemporary approaches to theory & practice (pp.237-276). Hoboken, N. J.: John Wiley & Sons.

Corey, G. (1991).*Theory and practice of counseling and psychotherapy* (4th ed.). Pacific Grove, CA: Brooks/Cole.

Corey, G. (2001). *The art of integrative counseling*. Belmont, CA: Brooks/Cole.

Corey, G. (2009). *Theory and practice of counseling and psychotherapy (8th ed.)*. Belmont, CA: Brooks/Cole—Thomson Learning.

Corey, G. (2001). *The art of integrative counseling*. Belmont, CA: Brooks/Cole.

Corey, G., Corey, M. S. & Callanan, P. (1993). *Issues and ethics in the helping profession*. Pacific Grove, CA: Brooks/Cole.

Corr, C. A. (2003). Death education for adults.In I. Corless, B. B. Germino, & M. A. Pittman (Eds.), *Dying, death, & Bereavement: A challenge for living* (2nd ed.) (pp.43-60). N.Y.:Springer.

Corr, C. A., Nabe, C. M., & Corr, D. M. (2000). *Death and dying, life and living (3rd ed.)*. Belmont, CA: Wadsworth.

Coyne, J. J., Barrett, P. M., & Duffy, A. L. (2000). Threat vigilance in child witnesses of domestic violence: A pilot study utilizing the ambiguous situations paradigm. *Journal of Child & Family Studies, 9*(3), 377-388.

Dryden, W. (1999). *Rational emotive behavioral counseling in action* (2nd ed.). London: Sage.

Dryden, W. (2007). *Rational emotive behavioral therapy.* In W. Dryden (Ed.), *Dryden's handbook of individual therapy (5th ed)*(pp.352-378). London: Sage

Eddy, J. M. & Alles, W. F. (1983).*Death education.* St. Louis, MN: The C. V. Mosby.

Edleson, J. L. (2004). Should childhood exposure to adult domestic violence be defined as child maltreatment under the law? In P. G. Jaffe, L. L. Baker, & A. J. Cunningham (Eds.), *Protecting children from domestic violence— Strategies for community intervention* (pp.8-29). N. Y.: Guilford.

Ellis, M. V., Hutman, H., & Chapin, J. (2015). Reducing supervisee anxiety: Effects of a Role Induction Intervention for clinical supervision.*Journal of Counseling Psychology,*取自http://dx.doi.org/10.1037/cou0000099 8/5/15 檢索

Emmons, R. A.,& Mishra, A. (2011). Why gratitude enhances well-being: What we know, what we need to know. In K. M. Sheldon, T. B. Kashdan, & M. F. Steger (Eds.), *Designing positive psychology: Taking stock & moving forward*(248-262). N.Y.: Oxford University Press.

Erickson, E. H., J. M. Erikson, & H. Q. Kivnick (1986).*Vital Involvement in old age: The experience of old age in our time.* N.Y.: W. W. Norton & Company.

Firestone, R. W., Firestone, L. A., & Catlett, J. (2003).*Creating a life of meaning & compassion: The wisdom of psychotherapy.* Washington, DC: American Psychological Association.

Fraley, R. C., Hudson, N. W., Heffernan, M. E., & Segal, N. (2015). Are adult attachment styles categorical or dimensional? A taxometric analysis of general and relationship-specific attachment orientations. *Journal of Personality & Psychology, 109*(2), 354-368.

Fraley, R. C., Roisman, G. I., Booth-LaForce, C., Owen, M. T., & Holland, A. S. (2013). Interperaonal and genetic origins of adult attachment styles: A longitudinal study from infancy to early adulthood. *Journal of Personality & Psychology, 104*(5), 817-838. DOI:10.10337/a0031435

Frankl, V. E. (1986). *The doctor and the soul: From psychotherapy to logotherapy*. New York: Vintage.

Gable, S. L., & Gosnell, C. L. (2011).The positive side of close relationships. In K. M. Sheldon, T. B. Kashdan, & M. F. Steger (Eds.), *Designing positive psychology: Taking stock & moving forward*(265-279). N.Y.: Oxford University Press.

Gilliland, B. E., James, R. K., & Bowman, J. T. (1989). *Theories and strategies in counseling and psychotherapy (2ⁿᵈ ed.)*. Eaglewood Cliffs, NJ:Prentice Hall.

Gladding, S. T. (1999). The faceless nature of racism: A counselor's journey. *Journal of Humanistic Counseling, Education & Development, 37*(3), 182-187.

Glasser, W. (1975). *Reality therapy: A new approach to psychiatry*. N. Y.: Harper & Row.

Goldenberg, H., & Goldenberg, I. (1998). *Counseling toay's families (3ʳᵈ ed.)*. Pacific Grove, CA: Brooks/Cole.

Goldman, L. (2000). The meltdown process in children's complicated grief: A casestudy.收錄於台灣地區兒童生死學教育研討會(pp.32-34)。國立彰化師範大學通識教育中心、共同學科。

Gordon, V. N. (2006). *Career advising: An academic advisor's guide*. San Francisco, CA: Jossey-Bass.

Halbur, D. A., & Halbur, K. V. (2006). Developing your theoretical orientation in counseling and psychotherapy. Boston, MA: Pearson Education, Inc.

Hames, J. L., & Joiner, Jr. T. E. (2011). The dog woman, Addie Bundren, and the ninth circle of hell: Positive psychology should be more open to the negative. In K. M. Sheldon, T. B. Kashdan, & M. F. Steger (Eds.), *Designing positive psychology: Taking stock & moving forward*(313-323). N.Y.: Oxford University Press.

Herlihy, B., & Remley, T. P. (2001). Legal and ethical challenges in counseling. In D. C. Locke, J. E. Myers, & E. L. Herr (Eds.), *Handbook of counseling* (pp.69-89). Thousand Oaks, CA: Sage.

Hurry, A. (1998). Psychoanalysis and developmental therapy.In A. Hurry (Ed.), *Psychoanalysis & Developmental Therapy* (pp.32-73). London, England: H. Kamac (Books) Ltd.

Ivey, A. E., & Ivey, M. B. (2008). *Essential of intentional interviewing: Counseling in a multicultural world.* Belmont, CA: Thomson Brooks/Cole.

Jankowski, M. K., Leitenberg, H., Henning, K., & Coffey, P. (1999). Intergenerational transmission of dating aggression as a function of witnessing only same sex parents vs. opposite sex parents vs. both parents as perpetrators of domestic violence. *Journal of Family Violence, 14*(3), 267-279.

Kalish, R. A. (1985).*Death, grief, and caring relationships* (2nd ed.). Belmont, CA: Wadsworth.

Kashdan, T. B., & Steger, M. F. (2011). Challenges, pitfalls, & aspirations for positive psychology. In K. M. Sheldon, T. B. Kashdan, & M. F. Steger (Eds.), *Designing positive psychology: Taking stock & moving forward* (9-21). N.Y.: Oxford University Press.

Kellogg, S. H., & Young, J. E. (2008). Cognitive therapy. In J. L. Lebow (ed.), Twenty-first century psychotherapies: Contemporary approaches to theory & practice (pp.43-79). Hoboken, N. J.: John Wiley & Sons.

Kubler-Ross, E. (1969). On death & dying. N. Y.: Collier Books.

Kubler-Ross, E. (1969). On children & death. N. Y.: Macmillan Publishing Company.

Lambert,N. M., Fincham, F. D., Gwinn, A. M., & Ajayi, C. A. (2011). Positive relationship science: A new frontier for positive psychology? In K. M. Sheldon, T. B. Kashdan, & M. F. Steger (Eds.), *Designing positive psychology: Taking stock & moving forward* (280-292). N.Y.: Oxford University Press.

Larson, J. H., Peterson, D. J., Heath, V. A., & Birch, P. (2000). The relationship between perceived dysfunctional family-of-origin rules and intimacy in young adult dating relationship. *Journal of Sex and Marital Therapy, 26,* 161-175.

Leach, M. M., Aten, J. D., Boyer, M. C., Strain, J. D., & Bradshaw, A. K. (2010). Developing therapist self-awareness and knowledge. In M. M. Leach & J. D. Aten (eds.). *Culture and the therapeutic process: A guide for mental health professionals* (pp.13-36). N.Y.: Routledge.

Leffert, M. (2010).*Contemporary psychoanalytic foundations: Postmodernism, complexity, & neuroscience.* N.Y.:Routledge.

Littlewood, J. (1993). Denial of death and rites of passage in contemporary societies. In D. Clark (ed.) *Sociology of death*(pp.69-84). Oxford, UK: Blackwell.

Locke, D. C. (2001). ACES at its best: Celebrating the human spirit. *Counselor Education & Supervision, 40*(4), 242-241.

Marrone, R. (1997). *Death, mourning, and caring.* Pacific Grove, CA: Brooks/ Cole.

Martin, S. G. (2002). Children exposed to domestic violence: Psychological considerations for health care practitioners. *Holistic Nursing Practice, 16*(3), 7-15.

May, R. (1953).*Man's search for himself.* New York: W. W. Norton & Company.

May, R. (1969). *Love and will.* New York: W. W. Norton & Company.

Mellor, P. A. (1993). Death in high modernity: the contemporary presence and absence of death. In D. Clark (ed.) *Sociology of death* (pp.11-30). Oxford, UK: Blackwell.

Molesworth, M., Nixon, E., & Scullion, R. (2009). Marketisation of the university and the transformation of the student into consumer. *Teaching in Higher Education*, 14(3), 277-287.

Monk, G. (1997). How narrative therapy works? In G. Monk, J. Winslade, K. Crocket, & D. Epston(Eds.), *Narrative therapy in practice: The archaeology of hope* (pp.3-31). San Francisco, CA: Jossey-Bass.

Morrel, T. M., Dubowitz, H., Kerr, M. A., & Black, M. M. (2003). The effect of maternal victimization on children: A cross-informant study. *Journal of Family Violence, 18*(1), 29-41.

Mosak, H. H. (1995). Adlerian psychotherapy. In R. Corsini & D. Wedding (Eds.), *Current psychotherapies* (5th ed)(pp.51-94).Itasca, IL: F. E.Peacock.

Mulkay, M. (1993).Social death in Britain.In D. Clark (ed.) *Sociology of death*(pp.31-49). Oxford, UK: Blackwell.

Naaman, S., Pappas, J. D., Makinen, J., Zuccarini, D., & Johnson-Douglas, S. (2005). Treating attachment injuries couples with emotional focused therapy: A case study approach. *Psychiatry, 68*(1), 55-77.

Nichols, M. P. (1992). *The power of family therapy.* Lake Worth, FL: Gardner.

Nichols, M. P. (2010). *Family therapy: Concepts and methods (9ᵗʰ ed.).* Boston, MA: Allyn & Bacon.

Niles, F. S. (1993). Issues in multicultural counselor education. *Journal of Multicultural Counseling & Development, 21*(1), 14-21.

Nuttall, A. K., Valentino, K., Wang, L., Lefever, J. B., & Borkowski, J. G. (2015). Maternal history of parentification and warm responsiveness: The mediating role of knowledge of infant development. *Journal of Family Psychology, 29*(6), 863-872.

Nystul, M. S. (2006). *Introduction to counseling: An art and science perspective* (3ʳᵈ ed). Boston, MA:Pearson.

Park, C. L. (2011). Meaning and growth within positive psychology: Toward a more complete understanding. In K. M. Sheldon, T. B. Kashdan, & M. F. Steger (Eds.), *Designing positive psychology: Taking stock & moving forward* (324-334). N.Y.: Oxford University Press.

Pedersen, P. (1988). *Handbook for developing multicultural awareness,* Alexandria, VA: AACD press.

Pirkis, J., Blood, R. W., Beautrais, A., Burgess, P., & Skehan, J. (2006). Media guidelines on the reporting of suicide. *Journal of Crisis Intervention & Suicide Prevention, 27*(2), 82-87.

Rice, F. P. (2001). *Human development* (4ᵗʰ ed.). Upper Saddle River, NJ: Prentice Hall.

Richardson, T. Q. & Molinaro, K. L. (1996). White counselor self-awareness: A prerequisite for developing multicultural competence. *Journal of Counseling & Development, 74*(3), 238-242.

Ridley, C. R. (2005). *Overcoming unintentional racism in counseling and therapy: A practitioner's guide to intentional intervention (2nd ed.).* Thousand Oaks, CA: Sage.

Rojewski, J. W. (2005). Occupational aspirations: Constructs, meanings, and application. In S. D. Brown & R. W. Lent (Eds.), *Career development & counseling: Putting theory and research to work* (pp.131-154). NJ, Hoboken: John Wiley & Sons.

Rounds, J. B., & Armstrong, P. I. (2005). Assessment of needs and values. In S. D.Brown & R. W. Lent (Eds.), *Career development & counseling: Putting theory and research to work* (pp.305-329). NJ, Hoboken:John Wiley & Sons.

Roysircar, G., & Gill, P. A. (2010). Cultural encapsulation and decapsulation of therapist trainees. In M. M. Leach & J. D. Aten (eds.). *Culture and the therapeutic process: A guide for mental health professionals.* (pp.157-180). N.Y.: Routledge.

Salovey, P.,& Mayer, J. D. (1990).*Emotional intelligence. Imagination, Cognition & Personality, 9,* 185-211.

Santrock, J. W. & Bartlett, J. C. (1986).*Developmental psychology: A life-cycle perspective.* Dubuque, IA: Wm. C. Brown

Savickas, M. L. (2005). The theory and practice of career construction. In S. D. Brown & R. W. Lent (Eds.), *Career development & counseling: Putting theory and research to work* (pp.42-70). NJ, Hoboken: John Wiley & Sons.

Scheele, A. M. (2005). *Launch tour career in college: Strategies for students, educators, & parents.* Westport, CT: Praeger.

Sharf, R. S. (2010). *Applying career development theory to counseling* (5th ed.). Belmont, CA: Brooks/Cole.

Sharf, R. S. (2012). *Theories of psychotherapy & counseling concepts & cases* (5th ed.). Belmont ,CA: Brooks/Cole.

Segerstrom,S. C., Smith, T. W., & Eisenlohr-Moul, T. A. (2011). Positive psychophysiology: The body and self-regulation. In K. M. Sheldon, T. B. Kashdan, & M. F. Steger (Eds.), *Designing positive psychology: Taking stock and moving forward* (25-40). N.Y.: Oxford University Press.

Seibert, D., Drolet, J. C., & Fetro, J. V. (2003). *Helping children live with death & loss*. IL: Southern Illinois University.

Seligman, L. (2006). *Theories of counseling and psychotherapy: Systems, strategies, and skills* (2nd ed). Upper Saddle River, NJ: Pearson Prentice Hall.

Silverman, P. R., & Worden, J. W. (1992). Children's reactions in the early months after the death of a parent. *American Journal of Orthopsychiat, 62*(1), 93-104.

Staton, A. R., Benson, A. J., Briggs, M. K., Cowan, E., Echterling, L. G., Evans, W. F., et al., (2007). *Becoming a community counselor: Personal & professional explorations*. Boston, IL: Lahaska Press.

Spokane, A. R., & Cruza-Guet, M. C. (2005). Holland's theory of vocational personalities in work environment. In S. D. Brown & R. W. Lent (Eds.), *Career development & counseling: Putting theory and research to work* (pp.24-41). NJ, Hoboken: John Wiley & Sons.

Stewart, I. (1989). *Transactional analysis counseling in action*. London: Sage.

Stiles, M. M. (2002). Witnessing domestic violence: The effect on children. *American Family Physician, 66*(11), 2052-2057.

Strickland, A. L., & DeSpelder, L. A. (2003). Communicating about death &

dying, In I. Corless, B. B. Germino, & M. A. Pittman (Eds.), *Dying, death, & Bereavement: A challenge for living* (2nd ed.)(pp.7-24). N.Y.:Springer.

Sue, D. W. (2001). Multidimensional facets of cultural competence. *Counseling Psychologist, 29*, 790-821.

The guardian: *S. Korea tries funerals for the living to halt suicides*. (Taipei Times, 1/17/15, p.6)

Tudor, K., & Worrall, M. (2006). *Person-centered therapy: A clinical philosophy*. London: Routledge.

Turner, S. L., & Lapan, R. T. (2005). Promoting career development and aspirations in school-age youth. In S. D. Brown & R. W. Lent (Eds.), *Career development & counseling: Putting theory and research to work* (pp.417-440). NJ, Hoboken: John Wiley & Sons.

van Deurzen, E., &Adams, M. (2011). *Skills in existential counseling and psychotherapy*. London: Sage.

Warner, J., & Baumer, G. (2007). Adlerian therapy. In W. Dryden (Ed.), *Dryden's handbook of individual therapy (5th ed)*(pp.124-143). London: Sage

Wass, H. (2003). Death education for children. In I. Corless, B. B. Germino, & M. A. Pittman (Eds.), *Dying, death, & Bereavement: A challenge for living* (2nd ed.)(pp.25-41). N.Y.:Springer.

Winter, P. (1994). A personal experience of supervision. *British Journal of Guidance & Counseling, 22*(3), 353-356.

Witmer, J. M. & Sweeney, T. J. (1991).*Wellness and prevention as a holistic model for counseling and human development over the lifespan*. Athens, OH: The author.

Yalom, I. D. (1980). *Existential psychotherapy*. N. Y.: BasicBooks.

Zunker, V. G. (1990). *Career counseling applied concepts of life planning (3rd ed.)*. Pacific Grove, CA: Brooks/ Cole.

附錄：生命教育課程大綱示例

課程目標

　　以不同生活角度與體驗探看生命教育領域與實踐，學習者可以有更多省思、行動動力與目標，也對生命現象有眞實體驗、反省、欣賞與珍惜。

課程進行方式

　　講授、討論分享、影片觀賞、體驗作業等。每一堂課上課你必須是「有備而來」，積極參與。

評分標準

1. 參與30%（＊「生死學大會」需閱讀一本生死學相關書籍）

2. 生活覺察筆記（共十篇，每篇以一千字爲限）20%

3. 個人作業：生命教育繪本介紹與分析（找一本生命教育的繪本，以PPT方式呈現，介紹也分析文本，要有批判的論述）20%

4. 團體報告（分組勿超過五人；做「生命史」訪談，**訪談對象五人（根據你們要了解的對象做考量，如身分、年齡、性別或其他）**，必須先找相關文獻資料才設計題目，然後就訪談結果做資料分析「要有佐證陳述」，勿交逐字稿，參考書目十個以上、要引述清楚。**以一萬字爲限**）30%

5. 加分

建議閱讀書目

1. 郭靜晃等（2002）生命教育。台北：揚智。

2. 黃慧眞、簡麗姿等譯（2005）生命抉擇與個人成長（I never knew I had a choice, by G. Corey & M. Schneider Corey）。台北：雙葉。

3. 洪蘭（譯）（2009）大腦當家。台北：遠流。

4. 吳美眞（譯）（2007）15堂孩子必修的人生哲學課。台北：久周。

5. 謝凱蒂（譯）（2009）讓天賦自由。台北：天下文化。

6. 楊中芳（譯）（2010）這才是心理學。台北：遠流。

7. 林宏濤（譯）（2008）菁英的反叛。台北：商周。

8. 侯定凱（譯）（2007）失去靈魂的優秀。台北：張老師文化。

9. 朱德庸（2004）什麼事都在發生。台北：時報。

10. 張美惠（譯）（2001）用心去活。台北：張老師文化。

11. 楊治國（2005）醫生的看與不見。台北：原水。

12. 許添盛（2006）你可以喊暫停。台北：遠流。

13. 朱侃如譯（2008）爲什麼要自殺？（By T. Joiner, 2005, Why people die by suicide?）。台北：立緒。

14. 賈靜蓀、王悅澤（譯）（2001）跳出井底看天下。台北：天下。

15. 陳玉芬（譯）（2004）問題背後的問題。台北：遠流。

16. 廖婉如（譯）（2009）凝視太陽。台北：心靈工坊。

17. 余德慧（2006）臨終心理與陪伴研究。台北：心靈工坊。

18. 李永平譯（1999）曠野的聲音。台北：智庫。

19. 譚家瑜（譯）（2006）記得你是誰。台北：天下。

20. 林火旺（2006）道德——幸福的必要條件。台北：寶瓶。

21. 趙婉君譯（2002）哈佛經驗：如何讀大學。台北：立緒。

22. 李靜宜譯（2005）追風箏的孩子。台北：木馬。

23. 邱珍琬（2001）做自己的諮商師（或「幸福諮商室」）。台北：書泉。

24. 許添盛（2003）許醫師的諮商現場。台北：遠流。

25. 林瑞堂譯（2000）你可以更靠近我——教孩子怎樣看待生命與死亡。台北：張老師文化。

26.鄭玉英、趙家玉譯（1993）家庭會傷人。台北：張老師文化。

27.盧蘇偉（2004）看見自己的天才。台北：寶瓶。

28.薛絢譯（2009）慢的教育。台北：大塊文化。

29.黃孝如譯（2005）這輩子你想做什麼。台北：早安財經文化。

30.洪蘭（譯）（2006）越快樂越健康。台北：遠流。

31.邱珍琬（2005）A+大學生的42把關鍵鑰匙。台北：宏道。

32.林義馨（譯）（2008）最後期末考。台北：大塊文化。

33.呂玉嬋（譯）（2010）爸爸 我的人生功課。台北：大塊文化。

34.鄭嘉斌（譯）（2010）老爸給我的最後一份禮物。台北：商周。

35.生死學相關讀物

36.其他

建議觀賞影片

1. 血熱的心（有關美國同志運動）

2. 為巴比祈禱（同志議題）

3. 攻其不備（種族議題）

4. 我的名字叫可汗（種族議題）

5. 姊妹（種族議題與情誼）

6. 金盞花大飯店（老年退休）

7. 情比姐妹深（同性情誼）

8. 女人至上（女性情誼）

9. 蒙娜麗莎的微笑（女性議題）

10.不是冤家不聚頭（關係霸凌）

11.愛在屋簷下（家庭）

12.天堂的孩子（生命與生命的接觸、改變的可能性）

13.今天暫時停止（思考生命的意義）

14.人生決勝球（生命意義）

15.喜馬拉雅

16.偶然與巧合

17.在黑暗中漫舞

18.天兵總動員

19.喜福會（女性、家庭傳承）

20.二度姻緣三日情（親密關係）

21.一路上有你

22.不能沒有你（祖孫情誼、生命影響生命）

23.吾愛吾父（家人關係）

24.開往心的方向（親情）

25.三個傻瓜（創意、學習與教學）

26.法理難容

27.心歸何處

28.心靈訪客

29.心靈鑰匙（哀傷治療）

30.一路玩到掛（生命探險、減少遺憾）

31.伴我情深

32.等媽媽回來的孩子（悲傷過程）

33.送行者——禮儀師的樂章（喪葬與生命反省）

34.America（男性受虐）

35.少年時代（生命意義追尋）

36.Love happens（心靈創傷的復原）

37.勇氣之名（父親形象與角色）

38.最後一曲

39.莎吉的彩色世界（生命轉變與因應）

國家圖書館出版品預行編目資料

生命教育：從自我到社群／邱珍琬著. －－初
版. －－臺北市：五南, 2016.08
　　面；　公分
ISBN 978-957-11-8694-8（平裝）

1.通識教育　2.生命教育　3.高等教育

525.33　　　　　　　　　　105011786

1BOA

生命教育—從自我到社群

作　　者 ― 邱珍琬（149.29）

發 行 人 ― 楊榮川

總 編 輯 ― 王翠華

主　　編 ― 王俐文

責任編輯 ― 金明芬

封面設計 ― 陳翰陞

出 版 者 ― 五南圖書出版股份有限公司

地　　址：106台北市大安區和平東路二段339號4樓

電　　話：(02)2705-5066　　傳　　真：(02)2706-6100

網　　址：http://www.wunan.com.tw

電子郵件：wunan@wunan.com.tw

劃撥帳號：01068953

戶　　名：五南圖書出版股份有限公司

法律顧問　林勝安律師事務所　林勝安律師

出版日期　2016年8月初版一刷

定　　價　新臺幣380元